U0827653

iHuman
新民説

成为更好的人

海外中国学

日本的阳明学与中国研究

邓红 著

GUANGXI NORMAL UNIVERSITY PRESS
广西师范大学出版社
·桂林·

Riben de Yangmingxue yu Zhongguo Yanjiu

图书在版编目（CIP）数据

日本的阳明学与中国研究 / 邓红著．—桂林：广西师范大学出版社，2018.1

（海外中国学丛书）

ISBN 978-7-5598-0471-6

Ⅰ．①日… Ⅱ．①邓… Ⅲ．①王守仁（1472-1528）—哲学思想—研究 Ⅳ．①B248.25

中国版本图书馆 CIP 数据核字（2017）第 271963 号

广西师范大学出版社出版发行

（广西桂林市五里店路 9 号　邮政编码：541004
网址：http://www.bbtpress.com）

出版人：张艺兵

全国新华书店经销

衡阳顺地印务有限公司印刷

（湖南省衡阳市雁峰区园艺村 9 号　邮政编码：421008）

开本：880 mm × 1 240 mm　1/32

印张：10.375　　字数：280 千字

2018 年 1 月第 1 版　　2018 年 1 月第 1 次印刷

定价：55.00 元

丛书总序

什么是“中国学”？这不是一个可以简单说清楚的问题。中国学与海外学术界常见的三个名称——Sinology、Chinese Studies、China Studies——有着密切的关系。Sinology 一般被翻译为“汉学”，是指中国以外的学者对有关中国传统学术的研究，其中尤以欧洲学术界对中国研究数百年的悠久历史，奠定了“汉学”研究的地位。过去的重点在传统的语、文、史、哲学问，“汉学”所牵涉的是传统经史诠释、文字训诂一类的研究。

在亚洲地区或汉字文化圈，“汉学”同样是历史悠久的研究领域，其界定也有地域和国情之别。在日本，他们将研究中国传统学术的称为“汉学”(Kangaku)，而将自己本国的语言称为“国语”，研究自己母语的学系称“国文系”。在越南，历史上有一段颇长的时间使用汉字，中国的语文被称为“汉文”，河内的汉喃研究院便收藏了大量古代中国输入的汉籍及越南知识分子研究中国文献的汉文著作。而在大陆，对于中国传统学问之研究，则称为“国学”；在台湾，中文系也称“国文系”，道理是同样的。有些人认为汉学(Sinology)

是近年大陆流行的"国学"的前身,这其实是误解。"国学"是有关自己国家的学问,正如"国语"是指自己国家的语言,"国文"是指自己国家的文学,所以在中国本土,"国学"便指中国的传统学问。

但近年因受到种种因素的影响,被称为"汉学"(Sinology)的传统学术研究,开始发生变化,甚至被质疑其实用价值。为了摆脱其传统训诂考据的形象,海外有些学术机构开始舍弃带有古典意义的"Sinology"而改用范围更广和更具有现代意义的名称——"Chinese Studies",虽然仍然以语、文、史、哲为主,但同时涉及近现代中国和海外华人的研究。针对汉学的现代发展,海外有些学者提出"新汉学"或"后汉学"的概念,颇有新意,但并未得到广泛的接受。

面对中国的崛起和西方学术潮流的冲击,学术界近年兴起"中国学"(China Studies)的研究,有些学者甚至提出让"中国学"成为一门独立的学科,建立自己的一套研究方法。"中国学"是"汉学"式微以后在学术界日渐受到重视的领域,范围比"Sinology""Chinese Studies"更为广泛。除了传统文字、文本的研究,中国学也包括政治、社会、经济、文化、出版、信仰、性别研究或周边关系等领域,举凡与中国有关的课题,纵及古今,横跨中外,都可以是中国学的范围。有些学者认为中国学只限于当代研究,其实并不尽然。从"汉学"到"中国学",其转变关键,可谓有迹可循。海外对中国的研究,从传统的语、文、史、哲,到走出传统,延伸到现当代的研究,并以社会科学及多元学科的研究方法去探讨中国课题,反映中国研究的新趋势,也突显人文学科面对时代变迁的挑战而迈向更多元的发展。

《海外中国学丛书》的出版,在于联络、组织海外研究中国问题的学者,推介他们的研究成果与方法,作为中外学术交流的平台。同时,在中文已经成为国际上重要的语言的当下,《海外中国学丛书》采用直接用中文书写的著作,以避免文字翻译的障碍。丛书的作者拥有不同的学术背景,他们在国外所接受的学术训练和熏陶,他们进行研究时所采用的视角和所利用的材料,反映了海外学者研究中国课题的方法和心得。过去学术界常面对学科分类的局限，相关研究往往被割裂出互不相干的成果。《海外中国学丛书》鼓励多元视角和跨领域的研究，突破人文学科和社会科学的传统界限，从宏观的视野、崭新的角度去探讨中国研究，希望假以时日，集腋成裘，为中国学的建立贡献绵薄的力量。

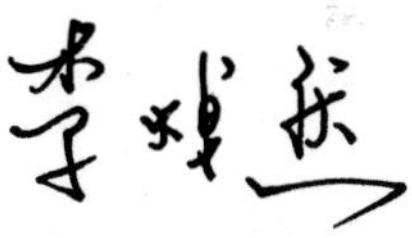

新加坡国立大学
雲茂潮中华文化研究中心

目　录

下篇　日本的中国研究

代　序

邓红教授虽小我十一岁，却是我的学长。我们都是改革开放以后考进武大的，他是 77 级历史系的学生，我是 78 级哲学系的学生。在那个特殊的年代，这两个年级各班的同学，彼此间年龄、经历差异很大，但相处都很融洽。当年邓红兄是我校足球队的球星，很活跃，与我们班的球星们交游，经常来哲学系的宿舍聊天。毕业后我们多年未见，后来知道他在国内工作一段时间后，负笈东洋，在日本求学，又在日本教书。他有时给业师萧萐父先生通信求教，寄赠论著，深得恩师萧先生的赏识与器重，我也是从萧公处才知道他是我们中国哲学史研究的同行。他定居日本后，曾回母校交流学术。2003年，应关西大学东西学术研究中心吾妻重二教授的盛情邀请，我到位于大阪的该校做三个月的访问研究。邓红兄知道我很想拜访冈田武彦先生，便特邀我与内人去九州一游。承蒙邓红兄的陪同与安排，我终于见到了仰慕已久的当代圣贤冈田先生，与他老人家亲切交谈，如坐春风。

邓红兄深受日本学界，特别是九州学派的影响，有朴学之风，做学问很扎实。他对汉代哲学下了很大的功夫，对王充、董仲舒的研究特别深透，发人之所未发，启人良多。近八九年以降，他通过翻译岛田虔次的著作，转向对王阳明的研究，对日本阳明学有真知灼见，厘清了一些似是而非的习见。他对阳明后学邓豁渠《南询录》的整理与研究也有大的功劳，我在给博士生上课时，曾特别以此为例，强调基本功训练的重要性。邓红兄曾受我之邀，多次回母校讲学或出席国际学术会议，使母校师生与会议学人特别受益。

从本书我们可以领略日本阳明学与日本中国学的来龙去脉及重要成果。对我们有冲击力的，是对某些习见据史料而“拨乱反正”。例如，邓红教授认为，“阳明学是明治维新的原动力”乃是“日本阳明学”为了夸大自己的影响、提高自己的权威而臆造出来的神话。“日本阳明学”本身是一场社会运动，但是被人取了“阳明学”这样一个类似于近代学术名词的名字，还添加上了各种学术包装，所以“日本阳明学”有许多令人生疑之处。本书上篇的几篇文章，正确区分把握“日本阳明学”这一社会运动和王阳明哲学思想研究之间的界限，彰显曾在世界阳明学研究中处于领先地位的日本学界的阳明学研究成果。关于董仲舒研究也有一些迷雾，特别是“废黜百家，独尊儒术”的传统说法。作者认为，这是用“诗一样的语言”来表述的不科学的概念，应改为比较准确精密的诸如“董仲舒对策的历史意义”“儒学在中国历史上的地位”之类的思想史命题来表述。在这一研究中，作者有了方法论的自觉。有关中国思想史方法论的讨论，也是本书的亮点之一。

本书对岛田虔次先生学术成就的评论深得我心。岛田先生与业师萧萐父先生是很好的朋友，当年萧先生曾请在华中师大讲学的岛田先生来敝校做了一场讲座，之后两人鸿雁传书，有深度的学术交流。岛田先生有三部著作的中译，都是萧公安排师兄妹们译的。学兄徐水生教授曾到京都大学做过为期一年的访问研究，萧公托水生教授代他去看望岛田先生。在下也曾得到岛田先生的提携，给他提供了一些有关熊十力的材料,是托坂元弘子带给他的。岛田先生专门给晚生写来长信,讨论熊学。岛田先生的著作《熊十力与新儒家哲学》对在下最初的熊十力研究成果予以高度肯定与褒奖,并引用了很多处。

新加坡国立大学教授李焯然先生是世界知名中国思想史研究专家,在明代思想史方面卓有建树。我与李教授也是多年老友,前年他曾邀我到该校讲演。李先生主持海外学者撰写《海外中国学丛书》,本书即是其中之一。邓红教授选择自己近期研究成果中的佳作汇集成本书,我认为是十分难得的佳构。我有幸拜读了电子版,成为本书的第一位读者。我从这部优秀著作中学到很多知识、见解、智慧与方法,深受启发。

是为序。

郭齐勇

2016年4月吉日于武昌珞珈山

自　序

我是1987年去日本九州大学中国哲学史研究室留学的。记得当时九州大学规定参加硕士考试必须要有一名教授推荐，我只好写信回母校武汉大学历史系求救。武汉大学副校长、世界史研究所所长吴于廑先生闻讯马上大笔一挥，手写了一封恳切的推荐信寄来，使我获得了考试资格。顺便说一句，九州大学是日本原七个帝国大学之一，我们四川老乡郭沫若先生的母校，他曾经上过课的九州大学医学部教学楼还依然巍立在医学部的校园里，《女神》就是在那里的教室写成的；他和安娜一家居住过的宿舍我们上学时还存在，离我租借的宿舍只有咫尺之遥。著名中国校友还有郭沫若的连襟陶晶荪（安娜妹夫）、夏衍等。

度过八年留学生活的日本九州大学中国哲学史研究室，曾是日本阳明学研究的重要阵地，涌现出了楠本正继、冈田武彦、荒木见悟、福田殖等著名阳明学大师。在校时曾亲耳聆听冈田武彦、荒木见悟先生的教诲，耳濡目染九州大学阳明学研究传统，翻阅收集了九州大学拥有的大量阳明学方面的资料；福田殖先生还是我的博士论文副指导教师。

我1990年获文学硕士、1995年获文学博士学位(中国哲学史专业),指导教师都是町田三郎先生。町田三郎先生1932年出生于群马县前桥市,是日本战后研究先秦两汉思想的重要学者之一,毕业于日本东北大学,日本中国学实证主义学派金谷治先生的大弟子。曾历任日本东北大学教养部副教授、九州大学文学部教授、纯真女子短期大学校长等职,并担任过日本九州中国学会会长。秦汉方面的主要著作有《秦汉思想史研究》(创文社,1983年)、《吕氏春秋译注》、《孙子译注》、《韩非子译注》等。

町田先生研究秦汉思想史,于是我的硕士论文写的是《王充的气论》,进入博士课程后开始研究日本学者很少涉猎的董仲舒,博士论文为《董仲舒思想研究》。博士论文在我博士毕业时同步出版,当时是日本第一本董仲舒研究专著,二十年后的今天也还是第一本。其中原因可参见拙著《董仲舒的春秋公羊学》(中国工人出版社,2001年)和中文版《董仲舒思想研究》(台北文津出版社,2007年)的序言。博士毕业后的十几年,也还是在董仲舒、王充研究领域里爬梳,直到2008年翻译了岛田虔次著《中国思想史研究》一书后,才开始转向关注阳明学,主要是日本阳明学的研究。

町田先生自1980年代后期开始,转而研究幕末明治大正时期日本汉学的发展史,写下了《日本幕末以来之汉学家及其著述》(台北文史哲出版社,1992年)、《明治の漢学者たち》(研文出版,1998年)、《明治の青春》(续明治の漢学者たち,研文出版,2009年)等著作。记得1990年代初期,町田先生为我们几个中国留学生开设了日本汉学的讲座,主要讲授日本汉学的研究方法、资料收集渠道和古日语的阅读法。毕业后,其中几个来自台湾的留学生都成为台湾的日本汉学研究专家。我转向研究日本阳明学后,不懂的地方直接打电话或干脆驱车前往先生的住宅,直接受惠先生的耳提面命。

编写论文集写下如此回忆文字，不但是为了铭记感谢这些老师们的教诲和关怀，也想借此机会回顾自己在海外研究中国学的历程。

是为序。

邓　红

2016年4月吉日于日本大分

上篇

日本阳明学研究

何谓“日本阳明学”

“阳明学”是日本独创的近代学科名称。“日本阳明学”是19世纪末一些日本人借用四百年前中国明代思想家王守仁的号“阳明”在日本发动的一场社会运动。这一社会运动的发生原因复杂，学术虚构颇多。这个运动和被简称为“阳明学”的王阳明哲学思想研究在名称上有着类似性，但前者是社会运动，后者是学术研究。战后日本的中国哲学史领域里的王阳明哲学思想研究成果丰盛，也简称“阳明学”，但是和作为社会运动的“日本阳明学”有着本质上的区别。

为此，本文拟对“阳明学”一词进行追根溯源后，全面论述“日本阳明学”这一社会运动的来龙去脉、内涵和学术虚构，阐明其和王阳明哲学思想研究的联系和区别。

一 “阳明学”一词的由来

“阳明”是中国明代思想家王守仁（1472—1529）的号。因王守仁筑室阳明洞讲学而名声大噪，自号“阳明先生”或“阳明山人”，世

称“阳明先生”①,称他的学说以及王门学问为“阳明之学”“阳明之说”等。《明史·王守仁传》云:

守仁天姿异敏。年十七谒上饶娄谅,与论朱子格物大指。还家,日端坐,讲读《五经》,不苟言笑。游九华归,筑室阳明洞中。泛滥二氏学,数年无所得。谪龙场,穷荒无书,日绎旧闻。忽悟格物致知,当自求诸心,不当求诸事物,喟然曰:“道在是矣。”遂笃信不疑。其为教,专以致良知为主。谓宋周、程二子后,惟象山陆氏简易直捷,有以接孟氏之传。而朱子《集注》《或问》之类,乃中年未定之说。学者翕然从之,世遂有“阳明学”云。②

这一段应该是“阳明学”一词的原始出处,仍是“阳明之学”的意思。在《明儒学案》里,王阳明本人的学术被称为“姚江之学”(卷十《姚江学案》),弟子们被称为“王门之学”(卷十一以后有《浙中王门学案》《江右王门学案》《南中王门学案》《北方王门学案》等),可见“阳明学”这一称谓,并没有在中国流传开来。

作为一门近代学科的名称,“阳明学”是个典型的“和制汉语”,出现于19世纪八九十年代的日本。在此之前,日本对王阳明一派的学问,也沿袭中国的学问传统,称“姚江”或“王学”。根据所查到的资料,最早在日本使用“阳明学”一词的,是明治维新的志士吉田松阴:

---

① 阳明洞究竟在何处,史书上有多种说法。根据陈来的考证,为王守仁的家乡绍兴会稽山阳之阳明洞。陈来:《王阳明与阳明洞》,载《中国近世思想史研究》,北京:商务印书馆,2004年,第545—559页。

② (清)张廷玉等:《明史·列传第八十三》,北京:中华书局,1974年,第17册,第5168页。

吾曾读王阳明《传习录》。甚觉有味。顷得《李氏焚书》。亦阳明派。言言当心。向借日孜。以《洗心洞札记》。大盐亦阳明派。取观为可。然吾非专修阳明学。但其学真。往往与吾真会耳。①

这一段文章,在学派承传上称王阳明、李贽、大盐平八郎为"阳明派",称他们的学问为"阳明学",和中国明代所说的"阳明之学""阳明之说"同义。不过这只是一次偶然现象,和明治以后"阳明学"一词的流行没有直接联系。

19 世纪末到 20 世纪初叶,日本出现了一场由三宅雪岭、德富苏峰、陆羯南等当时一些鼓吹日本主义的媒体人发动的,批判明治政府以"鹿鸣馆"为表象的全盘西化政策的社会运动。② 由于他们自称这场社会运动的目的是创造日本"国民道德",于是为之取了一个类似于学术流派的名称——"阳明学",为此还先后创刊了几本名叫《阳明学》的大众杂志,作为"阳明学"运动的主要阵地。

1896 年 7 月 5 日,吉本襄在东京创办了大众通俗杂志《阳明学》。这本杂志号称半月刊,每月 5 号和 20 号出版,但有时也不准时。《阳明学》设"阳明学""论坛""讲筵""文林""史传"等栏目,发表一些社论和关于王阳明的事迹与学理的文章。蹊跷的是,现在任何地方都找不到关于吉本襄这个创办人的史料,只知道他号铁华,土佐人(高知县,关于这一点也没有证据,暂且存疑)。1899 年 5 月 20 日第七十九、第八十号合订本为《阳明学》杂志的废刊号。《废刊

① [日]吉田松阴:《己未文稿·入江杉藏に与える书》,载《吉田松阴全集》,山口:山口县教育委员会,1939 年,第五卷,第 177 页。该段引文,日文原文无句读,此处按照原文引用。

② 这个运动的背景比较复杂。一是 1889 年 2 月制定了《大日本帝国宪法》,确立了新的国家秩序。二是 1890 年明治天皇发布了《教育敕语》,而井上奉命撰写《教育敕语衍义》。三是 1895 年日本战胜了中国,号称跨入大国行列。请参见邓红《井上哲次郎的江户儒学三分法批判——以"日本阳明学派"为中心》,载《国际儒学论坛 2009·儒家安身立命之道》,北京:中国人民大学出版社,2009 年。

之辞》提到，废刊理由是《阳明学》连载的《传习录》的解说讲义已经完毕，以后再创立一个《修养报》，以为精神界的修养出力，云云。是为第一个《阳明学》杂志。①

1906年3月，东敬治(1860—1935，名正堂，江户时代著名学者东泽泻之子)创办了一本《王学杂志》，号称要继承《阳明学》杂志的精神，发行主体为经常鼓吹阳明学的明善学社。是为第二个《阳明学》杂志。

1908年，《王学杂志》改名《阳明学》，以新发行的第三卷八号为新《阳明学》第一号。1912年，明善学社改名阳明学会。是为第三个《阳明学》杂志。

与之互动，1907年6月，以石崎酉之允(号东国)为中心，为纪念大盐平八郎在大阪创立了洗心堂学会，翌年12月改名为大阪阳明学会。大阪阳明学会于1914年发行了一本名为《阳明》的小册子式的杂志。是为第四个《阳明学》杂志。

1917年1月从《阳明》第六〇号开始，将小册子扩大为杂志版。并从1919年1月将名字改为《阳明主义》，是为第五个《阳明学》杂志。1928年(昭和三年)废刊。

1896年第一本《阳明学》杂志的创刊，标志着“阳明学”这一近代学科名称术语的正式诞生。

人们不仅要问，为什么以一个日语词“阳明学”，而不是以前举《明史·王守仁传》中的那个“阳明学”为“阳明学”这一近代学科名称术语的正式诞生呢？

首先，从字面上来看，《明史·王守仁传》使用的“阳明学”，还是明代人所谓“阳明之学”“阳明之说”的意思。

最重要的是，19世纪60年代日本近代化进程甫始，日本学者将

---

① 1983年在九州大学名誉教授冈田武彦先生的监修下，木耳社将《阳明学》杂志收集在一起，影印刊行了合订本。

欧洲近代学术门类翻译成汉字术语时,大多使用了“××学”的构词法,譬如将 physics 翻译成“物理学”、economics 翻译成“经济学”等。反之,“××学”的构词法也能给人们这样一个错觉:凡是“××”后面加一个“学”字,似乎都可以构成一个学科门类的称谓,“阳明学”“朱子学”就是利用这个错觉发明出来的。①

物理学、经济学之类的社会科学词汇在 19 世纪末被流亡、留学日本的中国学人如梁启超等原封不动地引进了中国。中国学者也有创造,譬如严复将 metaphysical 翻译成“玄学”或“理学”、sociology 翻译成“群学”,使用的是“×学”的构词法。只是严复式的构词法既拘泥于中国古代思维,而且古汉语型的“×学”的一加一构词法又不符合近代汉语二字熟语的发展趋势,因而大都以失败告终,“玄学”输给了“形而上学”,“群学”输给了“社会学”。

再就是“阳明学”一词的成功流传,似乎和同样也是日本人发明的“朱子学”一词有呼应关系。对此后文将有论述。

二 “日本阳明学”的性质

那么,以《阳明学》杂志为中心展开的“阳明学”的性质是什么呢?

首先,日本学者荻生茂博曾说:“明治二十至三十年(1890 年)以后,为了批判政府的表皮式的欧化政策而由德富苏峰、三宅雪岭、陆羯南等人倡导的作为‘国民道德’的(近代)阳明学,和那个前近代阳明学完全两码事,是所谓旧瓶装新酒的近代思想。”②

① 这样的错觉构词法现在也有人模仿,企图创造出“舜水学”“方谷学”之类的学术门类,但大都不成功。

② [日]荻生茂博:《近代における陽明学研究と石崎東国の大阪陽明学会》,载《近代・アジア・陽明学》,东京:ぺりかん社,2008 年,第 402 页。

冈田武彦先生也曾这样论述创办《阳明学》杂志的初衷：

有识之士忧虑（欧化主义的泛滥），认为不复活传统思想文化，养成人们的道德心，建设道义的国家，就不能发挥国体之精华，发扬国威，在世界列强中保持国家的安泰。①

可见发起"阳明学"社会运动，旨在修正日本明治时代全盘欧化主义的极端状态，以传统思想文化来再造日本人的个人精神，建立新的国粹主义。从这场运动的对象来看，发起者是以一般的日本人为对象的。《阳明学》杂志的《发刊之辞》说：

今天我国作为东邦新兴的一大雄国，处于必须完成自己的任务的位置。然随着世间事物日趋轻便，一国风气逐渐卑下。随着文物日益进步，一国风俗日陷轻浮。随着机关逐渐完整，一国士气逐渐萎靡。……吾人在今日研究阳明学，不外乎为了心学修养，人才陶冶，但吾人发刊的本怀，却在于让天下的人们知道自己的本然任务，革新一代风纪，以裨益国家。②

为"发挥"国体贡献个人，为在东洋发扬日本的作用，完成这些使命是每个日本人的本然任务。鼓吹研究阳明学，就是为此服务的。吉本襄对发行《阳明学》杂志的动机和目的，作了如下回顾：

日清战争（即"中日甲午战争"）战胜的结果，整个社会沉

① ［日］冈田武彦：《复刻阳明学·总论》，东京：木耳社，《阳明学》1983年再版，第一卷，第4页。

② ［日］吉本襄：《发刊之辞》，东京：木耳社，《阳明学》1983年再版，第一卷，杂志《阳明学》第一号第2、3页。

溺于虚名浮荣,在政治、经济、宗教、文学等方面没有了大的真实、大的气魄、大的热血,只汲汲于追求眼前的浮华虚饰。我们深深为之感叹,和宫内默藏①商量后,于明治二十九年(1896年)投资发行了《阳明学》,期望为我精神界的修养起点作用。……企图改革精神界,振救社会良心,挽救国民品行的堕落。②

所以,冈田武彦先生认为,阳明学运动的目的在于:

高举阳明学,以此来革新世间风气,维持国体,发扬国威。也就是持有国际主义思考,主张国粹主义。③

而"国体",在日本指的就是"万系一体"的天皇制。所以"阳明学"不是中国的学问,更不是明代王阳明个人的学问,而是负担建设日本国家建设的日本之学:

以国家来推行阳明之学,日本堪称楷模。……所以我们可以断言,所谓阳明学不是支那之学,也不是明代之学,而是先帝陛下(也即明治天皇)之学。④

从上可见,"日本阳明学"是一场旨在对内涵养日本国民精神、高扬日本国民道义,对外护持国体发扬国威的社会运动。但由于取了"阳明学"这样一个类似于学术研究的名字,并掺杂了一些学术

① 宫内默藏(1846—1925),三重县龟山市人,活跃于明治大正时期的汉学者。著有《宫内默藏全集》两卷。

② 《阳明学》第七十九、八十合刊号《废刊之辞》。原文为文言文,译自[日]冈田武彦《复刻阳明学·总论》,东京:木耳社,《阳明学》1983 年再版,第一卷,《解说》第 1 页。

③ [日]冈田武彦:《复刻阳明学·总论》,东京:木耳社,《阳明学》1983 年再版,第一卷第 7 页。

④ 《阳明》第四十八号社说,大阪阳明学会,1912 年(大正元年),卷首。

内容，给人以鱼目混珠之感。本文在此特地将这场在日本发起的取名为“阳明学”的社会运动，命名为“日本阳明学”。

取名“日本阳明学”特别冠以“日本”二字，首先是要明确“日本阳明学”是在19世纪末20世纪初的日本发生的一场社会运动，既不是中国明代王阳明思想在近代日本的深化和再现，也并非学术思想流派，更和中国没有什么关系。说穿了是几个日本人利用了“阳明”这个名号为自己发动的社会运动取的名字，把王阳明思想中的“心即理”“知行合一”“致良知”当作了运动的口号使用而已。

其次，“日本阳明学”既不是以王守仁（号阳明）为首的哲学流派，也不是日本以及中国的中国哲学史研究领域里的王阳明哲学思想研究——那个后来被简称为“阳明学”的狭窄的学术分野（对此以后我们还要详细阐述）——两者有着根本的区别：“日本阳明学”是一场社会运动，充其量是思想运动，而“阳明学”却是纯粹的学术研究。

再次，在1920年代后期第五本《阳明学》杂志废刊以后，“日本阳明学”这一社会运动在日本实际上已经寿终正寝。战后安冈正笃①等人的宣传活动，只能算是一种社会思潮。

三 “日本阳明学”的学术包装过程

由于“日本阳明学”仅停留在大众杂志《阳明学》的宣传，局限

① 安冈正笃（1898—1983），大阪人，著述家，1922年东京大学毕业时撰写的《王阳明研究》（玄黄社出版）是他唯一带有学术色彩的著作。战前设立金鸡学院，鼓吹军国主义。战后被占领军追放，后来以给政界的右派政治家和一些企业家讲演掺杂阳明学和中国古典的右翼政治理论、写作一些继承“日本阳明学”思想的通俗著述为生，自成一家思想流派。日本学术界称他的阳明学是和“学术性的阳明学理解”对立的“俗说性的阳明学理解”，刚好符合本文对“日本阳明学”所作的“社会运动”的定性。所以除极个别人以外，日本的学者大都极力撇清和他的关系。本文认为他是一个为“日本阳明学”续貂的右翼思想理论家。

于一部分日本媒体人的鼓动，在19世纪末20世纪初的日本起的社会影响其实不大，作用也非常有限。从《阳明学》杂志因经济等方面的困难几经波折，在1920年代后期终于停刊这一事实也可以看出其困窘。

然而，作为社会运动的“日本阳明学”不但拥有“阳明学”这样一个类似于近代学科名称的名字，运动发起人之一的三宅雪岭等为了提高“日本阳明学”的学术品味撰写了貌似学术著作的小册子，一些学术界人士也写了几本“日本阳明学”的教科书来加以配合，给“日本阳明学”披上了学术的外衣。

下面来看看“日本阳明学”的学术包装是怎样完成的。

（一）三宅雪岭的《王阳明》

三宅雪岭（1860—1945），石川县金泽人，字雄二郎。明治时期著名媒体人（journalist），东京大学文学部哲学科第一期毕业生。和志贺重昂等结成政教社，创刊杂志《日本人》，作为在野的媒体人反对明治政府的欧化政策而主张日本主义，发表了许多国粹主义观点，著述有《真善美日本人》《伪恶丑日本人》《宇宙》等。

三宅雪岭对阳明学的主要贡献，在于他早在1883年就写过一本叫《王阳明》（东京哲学书院，1883年）的小册子，塑造了日本阳明学的学术原型。

首先，在《王阳明》中，三宅将王阳明的学说概括为“心即理”、“知行合一”和“良知”（上、下）三章，开创了“日本阳明学”以“心即理”、“知行合一”和“致良知”来理解王阳明哲学思想的三点式快餐理解法的原型。

其次，在《王阳明》一书中，他最先提出日本在江户时代也出现过一个阳明学派。他从中江藤树开始数起，途经熊泽蕃山、三轮执斋、大盐平八郎、春日潜庵，最后到西乡隆盛，创造了日本阳明学的谱系。这个谱系后来在高濑武次郎和井上哲次郎那里得到进一步扩张。①

再就是三宅是"阳明学是明治维新的原动力"这一说法的首倡者。他说:

> 在幕府藩制衰秃的同时,学术也随之拘束弛废。维新时挺身而出的人,大多都修阳明良知学。②

只是《王阳明》还没有使用"阳明学"这一名称。然而,一个媒体人塑造了"日本阳明学"的学术原型,说明这个学术性是多么的可疑!

(二)高濑武次郎的《日本之阳明学》

高濑武次郎(1869—1950),号惺轩,香川县人,东京大学文学部汉学科毕业。井上哲次郎的学生,文学博士。曾任京都大学文学部助教授、教授,立命馆大学文学部长。《日本之阳明学》之外,还著有《中国哲学史》《阳明主义的修养》《老庄哲学》《王阳明详传》等。③

《日本之阳明学》于1899年由吉本襄办的铁华书院出版。《日本之阳明学》以教科书的形式,分发端、陆象山、王阳明、心即理、知行合一、日本之王学者等章节对阳明学进行了阐述。

《日本之阳明学》对"日本阳明学"最大的学术包装,在于将日

① 三宅雪岭和井上哲次郎同为东京大学哲学科第一期的学生。而且在1884年1月,以三宅雪岭、井上哲次郎和井上圆了等东京大学哲学科的毕业生为中心,组成了一个叫"哲学会"的组织。而高濑是井上的直系弟子,可以说这个系谱是他们三人共同炮制的。

② [日]三宅雪岭:《王阳明》,载《三宅雪岭集》,柳田泉编,东京:筑摩书房,《明治文学全集》33,第313页。

③ 北京时代华文书局2014年翻译出版过《知行合一:王阳明详传》(赵海涛、王玉华译)。

本阳明学和中国进行了切割。

人们一直有这样的疑问：清初士大夫在讨论明亡原因时，相当一部分人认为王阳明的思想难辞其咎；在日本学界王学也一直被认为“空疏无物”。在这样的大环境下，为什么几个日本人会将一场旨在塑造近代日本人精神的社会运动命名为“阳明学”？其间的理论障碍是怎样消除的呢？高濑拿出的说法是：

> 大凡阳明学含有二种元素，一曰事业性的，二曰枯禅性的。得枯禅之元素者可以亡国，得事业之元素者可以兴国。中日两国各得其一。①

简而言之，日本继承了阳明学中的事业性元素，也就是好的、正面的、积极性部分，所以国家得以振兴。中国继承的是枯禅性的元素，也就是坏的、负面的、消极性的部分，所以失败了。在日本，这一段话从此成为讲述“日本阳明学”时的名言，同时也被不明真相的中国学者们重复引用。

其次，《日本之阳明学》的贡献，在于将前述三宅雪岭原创但是没有展开叙述的、从中江藤树到西乡隆盛的日本阳明学的系谱，进行了人数上的补充，从9人增加到了35人之多，并对他们的著作和思想作了详细的阐述。这一部分占《日本之阳明学》的五分之四。

（三）井上哲次郎的《日本阳明学派之哲学》

对“日本阳明学”运动的学术包装起决定性作用的，是井上哲次郎的《日本阳明学派之哲学》。

井上哲次郎（1855—1944），筑前国（今福冈县）太宰府人，号巽

① ［日］高濑武次郎：《日本之阳明学》，东京：铁华书院，1899年，第32页。

轩。东京大学第一期毕业生(哲学科),1882年起任东京大学副教授、教授,东京大学文科大学校长(相当于文学部长)等,著有《哲学字汇》等著作。在西洋哲学史研究方面,井上哲次郎是把唯心主义观念论引进日本的重要人物,将 metaphysic 翻译成“形而上学”便是他的创造。

1900年,井上哲次郎出版了《日本阳明学派之哲学》,后来又陆续写出了《日本古学派之哲学》(1902年)、《日本朱子学派之哲学》(1906年),这三本书被称为“井上汉学三部曲”。[1]

井上哲次郎对“日本阳明学”的最大贡献,在于把江户时代所有的学问流派都加以了排序,划分为阳明学派、朱子学派和古学派之类的派别。为了完成这一排序工作,井上和他的学生蟹江义丸(1872—1904)在此前后共同编撰了一套《日本伦理汇编》[2]全十卷。其内容为:第一卷至第三卷:《阳明学派之部》(上、中、下);第四卷至第六卷:《古学派之部》(上、中、下);第七卷至第八卷:《朱子学派之部》(上、下);第九卷:《折衷学派之部》;第十卷:《独立学派之部》。

从他撰写三部曲的思路来看,首先是继续三宅、高濑的工作,把江户时代的阳明学系谱再加以发展壮大,一直延续到在日俄战争中牺牲的广濑武夫[3],并充实了更多的资料,进行了更详细的学院式阐述。

---

① 三本书皆为东京富山房出版,以后除作了几次补正以外,没有再版。

② 《日本伦理汇编》,东京:育成会出版部,1902年。井上构思的排序原本是五分法,可惜《折衷学派之部》和《独立学派之部》最终没有完成,所以本书以三分法为对象。

③ 广濑武夫(1868—1904),大分县人,明治时代的日本海军中佐。1904年日俄战争旅顺港闭塞作战时战死。死后日本军方立即在新闻界掀起了一场宣传广濑所谓英雄事迹的活动,追封他为“军神”。井上为响应这场宣传,在《日本阳明学派之哲学》1924年作的《补正之一》中将广濑补进日本阳明学谱系,并称:“在封锁旅顺口作战中牺牲的中佐广濑武夫,其师和父亲皆信奉阳明学,所以武夫是由阳明学精神修养而成的。”[日]井上哲次郎:《日本阳明学派之哲学》,东京:富山堂,1924年补正版,第602—603页。

但是，仅像三宅、高濑那样，将阳明学派单独抽出来金鸡独立，在江户学术史上很难站得住脚。井上不愧为西方哲学大师，根据对立统一的原则，他为江户的阳明学派设计了一个对立面——朱子学派。然后根据正反合原则，把中立于阳明学和朱子学之间的学者划归为“古学派”，企图折衷二者矛盾的学者归纳为“折衷学派”。最后把都不沾边的学者统统划归为“独立学派”。

井上哲次郎的《日本阳明学派之哲学》，为“日本阳明学”在日本学术界取得了正式的话语权。

四 “日本阳明学”批判

综上所述，“日本阳明学”本身是一场社会运动，但是被人取了“阳明学”这样一个类似于近代学术名词的名字，还添加上了各种学术包装，因此“日本阳明学”有许多令人生疑之处。

譬如，在中国通称“宋明理学”的阳明学和朱子学真是那么尖锐对立的吗？日本真的从江户时代起就有了一个“阳明学派”吗？就连以“阳明学”为近代学科的名称也大有问题：“阳明”是王守仁的号，以一个学者的号为近代学科的名称，除“阳明学”以外绝无仅有。譬如朱熹号“晦庵”，朱子学应该叫“晦庵学”？那么孔子研究就应该叫“仲尼学”？“朱子学”这个名词也疑窦丛生：“子”是中国古代对有学问的男人的尊称，譬如孔子、孟子、荀子。但从来没有“孔子学”“孟子学”“荀子学”的称谓，因为“子”和“学”有重复之义！

本文称这些疑窦为“日本阳明学”的“虚构”。下文将对一些主要的虚构进行揭露和批判。

（一）“阳明学是明治维新的原动力”

相比在日本来说，“日本阳明学”主张的“阳明学是明治维新的原动力”论，在中国更有影响力。梁启超、章太炎、张君劢、朱谦之以及早年孙中山等对这一理论都倍加赞扬。①

然而思考一下就会发现，明治维新成功于1867年（明治元年）。“阳明学”一词如果以《阳明学》杂志创刊标志其诞生的话，时间是1896年；如果以三宅雪岭著《王阳明》一书为“日本阳明学”原型的创立的话，时间是在1883年。一二十年后才诞生的“阳明学”怎么可能是一二十年前的明治维新的原动力呢？这一荒诞神话是如何产生的呢？

如前所述，“阳明学是明治维新的原动力”，是三宅雪岭《王阳明》一书所创立的。然而，雪岭对阳明学和明治维新的关系没有加以直接的论证，只是说列于日本阳明学系谱的西乡隆盛学过阳明学，以及明治维新三杰之一的高杉晋作是阳明学者。

1891年德富苏峰的《吉田松阴》一书将明治维新的原动力归结于发挥对外危机的“国民精神”和建立“民族主义”，把吉田松阴描写为意大利资产阶级革命家马志尼式的“革命家”，认为松阴是阳明学者佐久间象山的弟子，于是明治维新初步和阳明学挂上了钩。②

高濑武次郎对为何“阳明学是明治维新的原动力”作了如下说明：

> 当幕府穷途末路时，英雄豪杰佐久间象山、锅岛闲叟、吉田

---

① 参见余怀彦《王阳明的五百年》第四章《阳明学在日本》，贵阳：贵州教育出版社，2009年，第132—142页。

② ［日］德富苏峰：《象山和松阴》，载《吉田松阴集》，柳田泉编，东京：筑摩书房，《明治文学全集》34，第158页。

> 松阴、高杉东行、云井龙雄、横井小楠等兴起。他们皆以阳明学练习其心胆,高其气格,贯穿道理心肝,填补忠义骨髓,死生谈笑见,能成就撼天动地大事业。

这一段话的可疑之处,在于他列举的这几个人物都不是阳明学者。

本文第一节就举出过,吉田松阴自称"吾非专修阳明学"。

佐久间象山(1811—1864),本名修理,讳国忠,因崇拜宋代心学家陆象山而号象山,这也说明他不是阳明学者而最多只能算是心学者。佐久间是江户时期著名朱子学者佐藤一斋的学生,学的是朱子学,主要在兵学方面有成。井上哲次郎的《日本朱子学派之哲学》第四篇第五章即为《佐藤一斋》。

锅岛闲叟(1815—1871),名直正,幕末时的肥前藩主(现佐贺县)。在明治维新前采取了亲幕府政策但又保持一定距离的态度。致力藩政改革,在藩政教育和人才培养以及建立现代化军队方面有一定功绩。热心于"兰学",但没有学习过阳明学的痕迹。①

云井龙雄(1844—1871),米泽藩士(现山形县),曾跟随著名朱子学者安井息轩学习儒学。幕末时站在幕府方面反对维新势力,维新成功后被明治政府判处死刑。

横井小楠(1809—1869),熊本藩士,政治上批判过锁国和幕藩体制。但学习的是正统儒学,曾任肥前(熊本)藩校时习馆塾长。其诗云:"吾慕紫阳学,学脉渊源深。洞通万殊理,一本会此仁。"②

笔者曾想以批判"阳明学是明治维新的原动力"为题写一篇论

---

① "兰学"即指日本江户锁国时代通过荷兰传入的欧洲科学文化知识。关于锅岛闲叟和兰学的关系,可参见[日]川副义敦撰《鍋島直正——佐賀藩近代化のリーダーシップ》,载《九州の蘭学——越境と交流》,京都:思文阁出版,2009年,第281—288页。

② [日]井上哲次郎:《日本阳明学派之哲学》第四章第三节《横井小楠》,东京:富山堂,1900年,第505页。

文,但经过调查发现,除了本文提到过的三宅雪岭、德富苏峰、高濑武次郎以及井上哲次郎的一些间接性论证,只有 1915 年桑原天泉的《明治维新と陽明学》和 1965 年安冈正笃的《明治维新と陽明学》①之类的社会启蒙通俗读物论述过。包括日本史、东洋史乃至中国哲学史在内的日本学术界从来没有人正式论述过这个问题,日本的大中小学历史教科书上也没有类似说法。

总之,"阳明学是明治维新的原动力"是"日本阳明学"为了夸大自己的影响、提高自己的权威而臆造出来的神话,不值一提。对此早年信奉过此说的孙中山先生也曾说:

> 或曰:"日本维新之业,全得阳明学说之功,而东邦人士咸信为然,故推尊阳明极为隆重。"不知日本维新之前,犹是封建时代,其俗去古未远,朝气尚存;忽遇外患凭凌,幕府无措,有志之士激于义愤,于是倡尊王攘夷之说以鼓动国人。是犹义和团之倡扶清灭洋,同一步调也。所异者,则时势有幸有不幸耳。及其攘夷不就,则转而师夷,而维新之业乃全得师夷之功。是日本之维新,皆成于行之而不知其道者,与阳明"知行合一"之说实风马牛之不相及也。②

既然如此,这一论调不值得中国人那么赞赏。

(二)和中国的切割

"日本阳明学"的第二个虚构,是将"日本阳明学"和中国切割。

---

① 桑原天泉的文章载《王阳明研究——学说、修养、教化》一书,东京:帝国堂,1917 年。安冈正笃的《明治维新と陽明学》原载全国师友会报《師と友》,现收入《陽明学十講》,东京:二松学舍大学阳明学研究所,1981 年。

② 孙中山:《建国方略之一——孙文学说》第五章《知行总论》,载《孙中山选集》上卷,北京:人民出版社,1956 年,第 143—144 页。

这个切割来自前述高濑武次郎的这段话:“大凡阳明学含有二种元素,一曰事业性的,二曰枯禅性的。得枯禅之元素者可以亡国,得事业之元素者可以兴国。中日两国各得其一。”高濑这段话的本意何在呢?

高濑这段话是1899年说的,也就是1894年至1895年甲午战争日本取得胜利后的言论。高濑的本意是说,日本继承了阳明学中的事业性元素,也就是好的、正面的、积极性部分,所以不单单取得了明治维新的成功,也取得了甲午战争的胜利。中国继承的是枯禅性的元素,也就是坏的、负面的、消极性的部分,所以不仅造成了明朝的灭亡,也造成了甲午战争的失败。

高濑还说,这样的差距在于日本的民族性比中国优越:

> 和他们中国的坠落的阳明学相反,我国阳明学凛然带有一种生气,懦夫也有志气,顽夫也有廉风。只是两国国民的性质使之然也。日本国民的性质,和他们相比,义然俊敏,更倾向于现实,富于实践性。①

本来在古代东亚汉字文化圈中,中国是处于上风的盟主,日本是后进的追随者。明治维新后这样的地位开始出现变化,甲午战争后发生逆转,可见高濑如此切割是为了从思想史上说明这个逆转。这个切割再往前发展,就变成取得了胜利的日本不但在政治上、军事上成为东亚地区的霸主,而且由于继承发扬了“阳明学”的积极进取精神,在思想上也处于了领先地位。这就是前引冈田武彦先生说的“发挥国体之精华,发扬国威”的真实含义。

其次,且不说中国在甲午战争的失败是否由中国本土的阳明学

① [日]高濑武次郎:《日本之阳明学》,东京:铁华书院,1899年,第33页。

造成的，阳明学是造成明朝亡国的原因这个说法也大有问题。

“心学横流”的阳明学对明朝灭亡负有多大责任，是牵涉社会科学理论的根本问题。明末清初黄宗羲、顾炎武、王夫之等思想家处于一时激愤而反思历史教训，确有过阳明后学空谈心性造成的理论混乱，是江山易主原因之一的说法。但是和更为根本的政治、经济、民族政策等方面的原因相比，“心学横流”只是思想学术一角的崩溃而已。何况，对王阳明以及后学的泰州学派、李贽等还存在“中国近代思维的萌芽”那样的正面评价。①

至于什么是阳明学中的“事业性的”元素，什么是“枯禅性的”元素，高濑是这样论述的。他将阳明后学划分为黄石斋、刘念台一派（接近于后来划分的阳明右派）和王龙溪、王心斋、罗近溪一派（阳明左派），说：

> 黄石斋、刘念台二子，学问事业兼备，遂全其忠节。……如龙溪之精微、王心斋之超脱、近溪之无我，在高尚方面可能超过文成公，但毕竟失于枯禅。但三子还可以原谅，三子之末流，却终究不可原谅。②

“枯禅”是佛教用语，静坐参禅久了，犹如枯朽了的松木。高濑以此来批判王罗三子的学问接近于禅宗，故用“枯禅”来加以批判，对他们的后继者更不能原谅。按照高濑的理论逻辑推论下去的话，难道说日本人继承了阳明右派黄石斋、刘念台他们的事业性元素，所以取得了成功；中国的阳明学继承阳明左派二王罗子的“枯禅”空谈，所以才失败了？

综上所述，将“日本阳明学”和中国的切割工作不单在动机上

---

① ［日］岛田虔次：《中国近代思维的挫折》，东京：筑摩书店，1949年。

② ［日］高濑武次郎：《日本之阳明学》，东京：铁华书院，1899年，第33页。

可疑,在理论逻辑上也站不住脚。

(三)和朱子学的对立斗争

井上哲次郎为江户时代的日本阳明学寻找对立统一的存在根据,特地树立了一个对立面——朱子学派。为此,他还从五个方面论证了阳明学和朱子学的对立。简而言之:

第一,朱子先重学问,再重德行。阳明先重德行,后重学问。为学方法而言,朱子为归纳法,阳明为演绎法。

第二,朱子为理气二元论,阳明为理气一元论。

第三,朱子讲心为理气,阳明讲此心即理。

第四,朱子学为经验论,阳明为唯理论。

第五,朱子主张先知后行,阳明不讲知行先后,主张知行合一;朱子重学理,阳明重实践。①

他还按照辩证法的斗争原则,把阳明学和朱子学对立起来,说江户时代朱子学是体制派,阳明学派是反体制派。因而朱子学派是恶,坏人当道当朝;反之阳明学派是善,虽然人少但高洁俊迈人士居多,受到了朱子学的压迫。井上哲次郎说:

> 随着朱子学的兴起,与之相对的古学也气焰高扬,和紫阳异轨的阳明学也在意外的地方闪现,现出曙光,打破了单调一趣之敝。所以阳明学突然遭受厄运。信奉朱子学的林罗山受聘于德川氏,三百年间以来朱子学成为官府的教育主义。是故阳明学一开始便受到官府的猜疑,宽政以后更受压抑。是故在官府之人不能公开讲姚江之说,甚至以阳明学为谋叛之说。但阳明学显然不是谋叛之说。②

---

① [日]井上哲次郎:《日本阳明学派之哲学·叙论》,东京:富山堂,1900年,第3—4页。

② [日]井上哲次郎:《日本阳明学派之哲学·叙论》,东京:富山堂,1900年,第1—2页。

实际上，这两个对立都是不符合历史事实的。

首先，在中国哲学史上，朱子学称为宋学或程朱理学，阳明学称为明学或明代心学，属于儒学中的不同流派。他们的主张固然有一定的差异，但都是儒学内部的分歧。程朱理学在12世纪前后的宋代，是对以前的儒学的集大成；阳明学发生几百年后的明代，发展修正了宋学，所以在中国一般统称"宋明理学"。有时称程朱理学为客观唯心主义、阳明学为主观唯心主义，同属唯心主义范畴。井上列举的五个方面，如果是事实认定的话，充其量只能是后者和前者的差异以及修正、补充和发展关系。譬如"朱子重学理，阳明重实践"、为学方法上的归纳法与演绎法之间，根本不存在相互对立和斗争问题。

其次，在中国阳明学不是在野之说，王阳明本人更是有治国平天下殊勋圣人之举的儒者。在日本，称之为朱子学的学派和称为阳明学的学派之间并不存在所谓根本对立，更谈不上斗争。一般的汉学者都是按照时间顺序学习儒学，循序渐进的话，顺序是古学—朱子学—阳明学。

譬如被井上当作日本阳明学派始祖的中江藤树，到37岁时才接触到《王阳明全书》，在那以后也没有放弃过朱子的学说。他推崇"孝"，既可说是依据阳明心法，也可说是朱子学所看重处。给予"孝"以新内容并纳入理学体系的就是朱子本人。总不能说中江藤树前半生是朱子学者，后半生是阳明学者吧。

被判为阳明学重要人物的熊泽蕃山，其学问倾向"非朱非陆，非王非禅"。他赞扬过朱子学是"辨惑穷理之学""解惑理学"，而批判过阳明学为"自反慎独之功""收心心术"。①

① ［日］井上哲次郎：《日本阳明学派之哲学》，东京：富山堂，1900年，第203页。

被判为“日本阳明学派”的代表的大盐平八郎（号中斋），他的“洗心洞”，只是一个学习一般儒学知识的儒学私塾，讲授的是四书五经。“洗心”二字来自《易·系辞上》“圣人以此洗心，退藏于密”。尽管井上只强调他“知行合一”的行动性，杀身成仁、立志讲学修道的实践性，然中斋思想中不乏“朱王并取”的倾向。尽管井上赞美中斋的“归太虚之说”，但中斋却批判心学者说：“人心归太虚，亦从慎独克己入。若不从慎独克己入，禅学之虚妄也，所谓毫厘千里。故心学者动辄误之。”①只是大盐平八郎后来成为大阪市民暴动的头领，被德川政府残酷镇压，但这也只是他个人的政治取向，和个人思想无关的偶然暴举而已。

说日本的阳明学是反体制派也很荒谬。中江藤树是“近江圣人”；熊泽蕃山为藩政作出了杰出贡献；佐藤一斋当过幕府最高学府昌平黉的儒官，也就是校长；锅岛闲叟本人是肥前藩的诸侯；大盐平四郎是警察官僚，只是被卷入一场偶然的社会暴动。井上自己就说“阳明学显然不是谋叛之说”。而且阳明学居然只反江户幕府而不反明治政府，在“阳明学是明治维新的原动力”论中，所谓阳明学者吉田松阴、高杉晋作、西乡隆盛、伊藤博文个个都成了明治政府的元勋，广濑武夫更是在日俄战争被追封为“军神”。

（四）日本阳明学系谱的虚构

由此我们甚至可以说，日本江户时期一开始根本不存在一个叫“阳明学派”的学派。再来考察一下井上划分“日本阳明学”系谱的标准。

阳明学往往不免被人说是浅薄，但其学者单刀直入得其正

① 转引自［日］井上哲次郎《日本阳明学派之哲学》，东京：富山堂，1900年，第439页。

鹄，确为朱子学所不及。……又如熊泽蕃山、大盐中斋、佐久间象山、吉田松阴、西乡南洲等，都应看他们的事功。①

在井上哲次郎那里，阳明学派和朱子学派没有明显的界线，只是一句抽象的“单刀直入得其正鹄”，故《日本阳明学派之哲学》和《日本朱子学派之哲学》对佐藤一斋、中村敬宇、佐久间象山等都有过类似的论述。

更重要的是，他划分阳明学派的标准是“事功”。什么叫“事功”？“非朱非陆，非王非禅”的熊泽蕃山是因为他直接参与过藩政改革，并帮助冈藩从事过冈城的建设；吉田松阴是因为他的学生很多是明治维新期间帮助天皇夺天下的“功勋”；日俄战争的广濑武夫是因为立下了战功。可见“事功”就是以实际行动为朝廷（明治政府和天皇）或者藩主立下了实际的功劳和贡献，这一点倒是与王阳明平定宁王之乱和两广少数民族起事的事迹相类似。阳明学史研究家山下龙二说：

江户时代以来在日本被称作阳明学者的人们，严密地说不是阳明学的研究者，而是努力想和阳明那样活着的人。所以不是以“学”的态度将阳明看作历史上的一个人物，而是以“教”的形式接受他的语言。②

沟口雄三说：

世界上存在着两种阳明学。一是中国阳明学，一是日本阳明学。日本阳明学和中国阳明学的区别在于，日本的阳明学不

① ［日］井上哲次郎：《日本阳明学派之哲学·叙论》，东京：富山堂，1900年，第4—5页。
② ［日］山下龙二：《阳明学的研究·成立编》，东京：现代情报社，1971年，第83页。

像中国那样，是顺应时代的要求而产生的，为此，看不到中国阳明学那种宣传思想的联动，卷入民众参加的讲学运动之类的运动的一面，也看不到学派的流向，其学派的名称也只是后人为了方便取的名字，也可以说当时并不存在这样的学派。①

总之，“日本的阳明学派”和“日本的朱子学派”、“日本的古学派”一样，是为了方便划分江户时期日本的汉学家而人为制造出来的几个框架。②

五 “阳明学”研究高潮的兴起

尽管作为社会运动的“日本阳明学”曾经在日本喧嚣一时，尽管“日本阳明学”的发动者们给“日本阳明学”建筑了那么多的学术虚构，但日本的中国哲学史学界的王阳明哲学思想研究到20世纪40年代为止，从来就没有过起色。作为社会运动的“日本阳明学”在《阳明学》杂志20世纪20年代废刊以来，再也没有出现过令人振奋的动向，此间只有一些通俗读物问世，主要有：

高濑武次郎著《阳明学新论》（榊原文盛堂，1906年）、《王阳明详传》（1918年再版）、《阳明学讲话》（弘道馆，1928年）、《阳明学丛话》（博多成象堂，1932年），山田准著《阳明学精义》（鹿儿岛王学会，1926年；三友社书店，1932年），三岛复著《王阳明的哲学》（大冈山书店，1934年），山本正一著《王阳明》（中文馆书店，1946年）等。

① ［日］沟口雄三译注：《传习录》，载《中公古典》12，东京：中央公论新社，2005年，第13页。

② 拙文对此曾有详细叙述。邓红：《井上哲次郎的江户儒学三分法批判——以“日本阳明学派”为中心》，载《国际儒学论坛2009·儒家安身立命之道》，北京：中国人民大学，2009年。

这些类似于学术著作的通俗读物都有其共通的弊病。总括起来,首先全面继承"日本阳明学"将王阳明哲学思想概括为"心即理""知行合一""致良知"的三点式快餐理解法。其次是延续高濑、井上的套路,置朱子学—阳明学—阳明学后学的内在逻辑联系不顾,继续朱子学和阳明学的对立路线。再次是不提陆象山、王阳明的其他著作以及阳明后学的文献,只注重《传习录》。再就是对《王文成公年谱》《王阳明出身靖乱录》中有关王阳明的神话大肆宣扬。因此这些作品现在都不见于日本的阳明学研究史。但其精神,后来被安冈正笃等人继承,成为日本右翼社会思潮的一个部分。

与这样的情况相对应,日本学术界的王阳明哲学思想研究异常冷清。日本学界对儒学的评价本来就不高,对明代儒学思想的评价更低。特别是受到中国清代实学思潮的影响,重考据、兴"汉学",认为明代思想是空疏之学。到了 20 世纪 40 年代,学界的风潮有些转变,但明代思想还是很少受到关注。[①] 可以说,岛田之前日本学界的王阳明哲学思想研究,并没有什么像样的学术成果,完全是一块未开垦的处女地。

就在此时,京都大学涌现出了两个阳明学研究的先驱者。

(一)安田二郎的《中国近世思想研究》

人们一般都把岛田虔次看作阳明学研究战后重整旗鼓的第一人,其实在他之前还有安田二郎。只是安田英年早逝,著作不多,很容易被人忽视。

安田二郎(1905 — 1945),京都大学哲学科哲学研究室出身,师

---

① 譬如岛田虔次写作《中国近代思维的挫折》的背景为:"著者(指岛田)所学的京都支那学,在对中国文化表示敬意和共感的同时,其主流是清朝的考证学,'空疏不学'的明学受到排斥。而继承江户汉学的东京的支那哲学,则以宋学(道学)为主流,而其中的批判性潮流,对中国思想本身并不抱同情态度。"[日]岛田虔次:《中国思想史研究》,《解说》(森纪子执笔),邓红译,上海:上海古籍出版社,2009 年,第 7 页。

从著名日本哲学家田边元。1939年到1945年间在京都东方文化研究所(现在的京都大学人文科学研究所)工作。

安田虽然是西洋哲学史出身,但毕业后一直在东方文化研究所工作,研究室主任是著名中国文学研究大家吉川幸次郎(1904—1980)。在吉川先生的指导下,他在短暂生涯中写下了六篇论述朱子学和阳明学的文章,1948年收为《中国近世思想研究》一书。

《中国近世思想研究》的六篇论文中,四篇讲朱子,两篇论明学,乍一看和“日本阳明学”的套路一样——朱子学、阳明学对立,其实不然。安田将阳明学看作是“吸收了朱子集大成的宋学的源流”,认为阳明学从朱子出发,最终否定了朱子学,从而宣告了程朱亚流时代的结束,开始了思想史的新阶段。但是他认为阳明学否定的并不是宋学本身,而是明代初期那些没有创造性的儒者,所谓“程朱亚流”。①

其次,安田并不是简单地将朱子学阳明学和西方哲学家类比,而是使用西方哲学的概念、体系和手法来研究朱子学研究。他深入发掘朱子的思想,将之规定为“朱子的世界生成论”“朱子的存在论”“朱子的伦理学”“人性论”而加以分别探索。吉川幸次郎在《中国近世思想研究·序》中曾说:

> 在一些片段的语言背后,有着某种程度的逻辑思想体系。以这些片段的语言为这个体系的露出部分,然后去发现没有露出的部分,也就是寻找露出部分和没有露出部分之间的横向联系。②

吉川认为中国古代那些语录式的著作中肯定有某种逻辑体系,

① [日]安田二郎:《中国近世思想研究》,京都:弘文堂,1948年,第143页。
② [日]安田二郎:《中国近世思想研究》,京都:弘文堂,1948年,第1页。

用西方哲学史手法研究中国思想史，一个重要的工作就是去寻找这个逻辑联系。他认为安田在这个方面做得非常出色。

最重要的是，安田认为阳明学和朱子学之间有着必然联系。阳明学从朱子学出发，途中出现了怀疑、动摇，然后肯定，最后加以发展。他说：

> 二者在根底上是同一的，只是在理论构成上出现了方向的逆转而已。……朱子和阳明经历了同一体验，只是前者（朱子）到达这个体验的过程多以理论来构成，而后者（阳明）从其经验出发。一个是自下而上的理论。一个是自上而下的理论。……自下而上的理论从为学的事实分析出发，自上而下的理论从德性的实体分析出发。①

可见安田已经准确地认识到了阳明学和朱子学之间的根本区别在于为学的方法而已。“自下而上”“自上而下”则是运用的德国哲学家康德的理论。“上”为理性，“下”为认识，“自上而下的方法”即客观的演绎法，“自下而上的方法”即为主观的演绎法。后来岛田虔次从这里得到了重要的启发，提出了阳明学和朱子学之间的根本区别在于如何为圣的“内”和“外”对立的理论。

（二）岛田虔次的阳明学研究

岛田虔次（1917—2000），原京都大学教授，日本学士院会员。他曾写过三本关于阳明学的著作。

第一本是《中国近代思维的挫折》，1949 年筑摩书店旧版，1970 年修订再版。该书是在他的毕业论文《从王阳明到黄宗羲》第一、

① ［日］安田二郎：《中国近世思想研究》，京都：弘文堂，1948 年，第 178 页。

第二章的基础上，加上新撰写的第三章《自我意识发展的社会背景与士大夫读书人的生活意识》而成。在该书中，岛田试图从王阳明、泰州学派、李贽的思想展开过程中，寻找中国近代思想，主要是近代市民意识的“萌芽”。

第二本是《朱子学和阳明学》（岩波新书 C28，1968 年初版）。该书虽然是面向社会的通俗读物，写得简单通俗易懂，岛田却自认是对自己阳明学研究的总结。作为通俗读物，该书最大的特点在于将自己的阳明学论文和著作论证过的主要观点浓缩而总结概括出来。

第三本是《中国思想史研究》。此书收集了岛田一生撰写的阳明学及其他中国思想史方面的论文。2002 年由京都大学出版会出版。2009 年笔者将之全文翻译，由上海古籍出版社出版。

本书《岛田虔次的阳明学研究心路和解释方法》①一章，详细介绍了岛田虔次对阳明学研究的贡献。总而言之，日本和中国学界都认为岛田开创了战后日本的阳明学研究，有人甚至说二战后的日本对中国近代思想的研究，就是从《中国近代思维的挫折》开始的。②

（三）处于世界领先地位的战后日本的阳明学研究

一般来说，王阳明哲学思想研究属于中国哲学史研究领域，而二战后日本的阳明学研究这块处女地却由学习西洋哲学的安田二郎和学东洋史学的岛田虔次来开辟，这固然是日本的中国哲学史学界对宋明哲学史研究不重视造成的，但“日本阳明学”的搅局也脱不开干系。岛田虔次在《中国近代思维的挫折》的《序言》里，这样论述过他当初选定阳明学为本科毕业论文的题目时的心情：

---

① 原载《中西哲学论衡》第三辑，上海：中西书局，2014 年。

② ［日］岛田虔次：《中国思想史研究》，《解说》（狭间直树执笔），邓红译，上海：上海古籍出版社，2009 年，第 1 页。

> 确实是宋学某一个方向的发展，但仅此而已吗？一般认为，阳明学发展至其末流，便坠落于空疏的概念游戏，即所谓的“玄学”之中，而被其浸润的士大夫，则陷入无气力、无理想的境地，结果就发展成为被称之为“心学横流”的社会性弊病。阳明学就是这样被定论的。更有甚者，心学还被咒骂成是明代社稷之所以灭亡的根源。被我国所移植的阳明学，倒是一直以很高的评价而受到关注，甚至还被看成是明治维新的一个精神推动力。把两国对阳明学的评价相对比，人们不禁为这种评价的悬殊之大而感到吃惊。①

中日两国对阳明学的评价悬殊反差如此大，那么在日本研究中国的阳明学就很需要勇气，研究成果也不容易得到肯定。1949 年岛田的《中国近代思维的挫折》出版以后，在很长一段时间被学界忽视，直到 1958 年岛田发表《关于中国近世的主观唯心论——万物一体之仁的思想》一文②以后，局面才有所改观。不过这也是因为中国哲学史学界乃至日本的思想史学界的学者们已经开始注重宋明理学的研究了。

首先值得一提的是丸山真男和他的《日本政治思想史研究》。丸山真男（1914—1996）是日本政治学家、思想史家，著有《丸山真男全集》17 卷（岩波书店）。1952 年出版的《日本政治思想史研究》是他的代表作，论述了江户时代儒学的发展，经过荻生徂徕和本居宣长后，出现了所谓“近代性的思维”。一般认为他论述了作为支

---

① ［日］岛田虔次：《中国近代思维的挫折》，甘万萍译，南京：江苏人民出版社，2005 年，第 1 页。

② 1956 年在京都大学的讲义，载《东方学报》（京都）第 28 册，1958 年。收为《中国思想史研究》第一部。

撑幕藩体制的意识形态,占有正统地位的"朱子学"的影响,但他所说的朱子学并非"日本阳明学"所说的和阳明学对立的那个狭义的朱子学,而是儒学本身。他说:

> 以将军乃至大名为顶点,以若党、仲间等武家奉公人为最下位的武家身份制度的构成,武家对庶民的绝对优越,和儒教理想的周代封建制度中的天子—诸侯—卿—大夫—士—庶民那样的构成和类型相似,所以各种社会关系以儒教伦理为意识形态的基础是非常适宜的。①

他还认为阳明学和朱子学之间并没有什么对立,阳明学就是儒学中的一派而已。

其次,值得彰显的是笔者学习过的九州大学文学部中国哲学史研究室的阳明学研究群体。1925 年,九州大学法文学部设立"支那"学科,第一任教授楠本正继(1886—1963)1922 年毕业于东京大学"支那"哲学科,从 1925 年到 1960 年退休为止,一直在九州大学讲学。主要著作有《宋明时代儒学思想之研究》(广池学园出版部,1962 年)、《楠本正继先生中国哲学研究》(国士馆大学附属图书馆,1975 年)。著名阳明学研究者冈田武彦、荒木见悟等都是其弟子。②

冈田武彦(1908—2004),兵库县人。1958 年任九州大学教授。1961 年曾任美国哥伦比亚大学客座教授。1972 年从九州大学退休。冈田先生主要以宏观角度研究宋明儒学见长,主要著作有《王阳明与明末儒学》《续东洋之道》《现代的阳明学》《儒教精神和现代》《王阳明纪行》等。其著作收入《冈田武彦全集》24 卷(明德出

① [日]丸山真男:《日本政治思想史研究》,东京:东京大学出版会,1983 年,第 9 页。

② 关于九州地区的中国哲学研究,可参见拙文《日本九州的中国哲学研究:传统与现状》,载《国外社会科学》1991 年第 9 期。

版社,2002—2014 年)。另外以他和九州大学师生为中心的团队编撰了许多宋明理学方面的全集类资料集,如全 12 卷别卷 1《阳明学大系》(明德出版社,1971 年)、全 14 册《朱子学大系》(明德出版社,1974 年)等。

荒木见悟(1917—),广岛县人。1942 年,九州帝国大学法文学部"支那"哲学科毕业。1962 年起任九大文学部助教授,1968 年升任教授,1983 年退休。其主要著作有《佛教和儒教》(平乐寺书店,1963 年)、《明代思想研究》(创文社,1972 年)、《佛教和阳明学》(第三文明社,1979 年)、《明末宗教思想研究》(创文社,1979 年)、《阳明学的开展和佛教》(研文出版,1984 年)等。荒木先生主要以研究儒教,特别是阳明学和佛教的关系见长,研究手法细腻详细,学风严谨,使用资料丰富,发掘鲜为人知的人物、资料。

山下龙二(1924— 2011),东京人。1947 年东京帝国大学文学部"支那"哲学文学科毕业。1957 年起任名古屋大学文学部讲师、助教授、教授。主要著作有《阳明学研究 上 成立编》(现代情报社,1971 年)、《阳明学研究 下 展开编》(现代情报社,1971 年)、《朱子学和反朱子学——日本的朱子学批判》(研文社,1991 年)、《阳明学的终焉》(研文社 ,1991 年)等。山下擅长于中日两国的阳明学说史的研究,资料丰富、观点犀利。在阳明学的近代性问题上,曾和岛田虔次有过交锋。①

其他的还有后藤基巳的王学左派论研究、山井涌的气哲学研究、阿部吉雄的罗钦顺研究,在当时世界范围内的阳明学研究领域都是处于领先地位的。②

---

① 参见岛田虔次《中国思想史研究》第二部《王学左派论批判之批判》,邓红译,上海:上海古籍出版社,2009 年,第 174—194 页。

② 后藤的主要著作为《明清思想和基督教》(研文出版,1979 年)。山井涌的主要著作有《明清思想史研究》(东京大学出版会,1980 年)。阿部吉雄的主要著作为《日本朱子学和朝鲜》(东京大学出版会,1965 年)。

（四）日本的阳明学研究和“日本阳明学”的区别

尽管安田二郎、岛田虔次、冈田武彦、荒木见悟们选择王阳明哲学思想作为自己学术研究的对象，但是在名称使用上还是无意识地受到“日本阳明学”的影响，沿袭明治以来约定俗成的日语习惯，把自己所作的“王阳明哲学思想研究”称为“阳明学”。这就是在日本会有社会运动的“日本阳明学”，和王阳明哲学思想研究之“阳明学”这两个“阳明学”名称并存的原因所在。这多少给后人造成了一些概念上的混乱。本文的目的之一，也就是澄清这一混乱。

这些当事人中间，有的认为使用“阳明学”来作为中国哲学史一个断代（明代）中的一个流派（王阳明及其后学）研究的学科名称，其实并不合适。

譬如安田二郎一开始也无意识地使用了“阳明学”这个词，但在文章中更多的是使用“阳明的学问”。他对“朱子学”这个词是在严格的“集宋学之大成”意义上使用的。在他的论文中，“宋学”“程朱学”都有着特定的意义。（《陈白沙的学问》）同样，丸山真男所说的朱子学，也并非“日本阳明学”所说的和“阳明学”对立的那个狭义的“朱子学”，而是儒学本身。岛田虔次一开始对中日两国对阳明学的评价悬殊之大感到吃惊，才著述了《中国近代思维的挫折》，企图在日本评价甚低的王阳明、泰州学派和李贽那里寻求中国近代思维的“萌芽”。

感到别扭才是正常的！因为整个中国哲学史研究领域里，除了宋、明这两个断代，其他的断代，诸如先秦诸子百家、秦汉、魏晋南北朝、清代、近现代哲学史研究等领域，都没有“阳明学”“朱子学”那样特殊的、日本人发明的、类似于“爱称”（昵称）的学科名称。“阳明学”不就是中国哲学史中的明代心学研究吗？

而且上述那些日本学界的王阳明哲学思想研究成果，虽然水平很高,但只是1940年以后日本学者研究中国哲学史领域里的一个断代(明代)中的一个流派(王阳明及其后学)的一些成果而已。就整个中国哲学史研究领域而言,也只是为数众多的研究成果中的一个组成部分而已。只因在此之前,日本、中国乃至世界的明代儒学研究严重滞后,才使得这些成果显得那么的耀眼。

不管怎样,这些王阳明哲学思想的研究成果,被炮制它们的日本研究者们将错就错地叫成了"阳明学"而沿用至今,还流传到了中国并普及开来。

话说回来,"阳明学"一词符合日语"和制汉语"的"AB+C"三字熟语构词法(譬如"博物馆""发电机"等),也符合将欧洲近代学术门类翻译成汉字词汇时使用的"××学"结构(譬如"物理学""经济学""人类学"等);读起来朗朗上口,比起"王阳明哲学思想研究"又简约方便。所以,一直延续到今天20世纪80年代初在中国、后来在全世界的学术界流传开来。但它们和本文着重论述的作为社会运动的"日本阳明学",除了名字有些类似,有着根本上的不同:

第一,前者是纯粹的学术研究活动,而"日本阳明学"只是一场社会运动,充其量叫思想运动。前者是少数学者在"象牙之塔"的沉思,而"日本阳明学"在当时具有一定的社会性。

第二,前者的目的是对王阳明哲学思想进行科学的研究,而"日本阳明学"运动的目的是为了"对内涵养日本国民精神、高扬日本国民道义,对外护持国体发扬国威"(前引冈田武彦语)。与前者相对纯粹的科学性相比,"日本阳明学"有着高度的政治性。

第三,前者是前赴后继的科学研究中的一环,具有时间上的永续性。"日本阳明学"只是昙花一现,从19世纪末到20世纪20年代,只有过短暂的二三十年的生命力,现在基本上偃旗息鼓。

第四,前者具有世界共通性,为世界各国从事王阳明哲学思想研究的学者们学习、参考、借鉴。而"日本阳明学"只是当时一小部分日本人构筑内心世界的精神活动，没有普遍的参考价值和再现的可能。

结　语

论述到这里，得出以下的结论，想来是水到渠成了。

首先，“日本阳明学”和中国没有什么直接关系。它只是19世纪末一些日本人盗用了四百年前中国明代思想家王守仁的号“阳明”为自己发动的一场社会运动取的名字而已。这场社会运动的目的在于，“对内涵养日本国民精神、高扬日本国民道义，对外护持国体发扬国威”。所以“日本阳明学”不值得中国学人那么赞美和喝彩。

其次，“日本阳明学”虽然用了一个“学”字，看起来很像一门近代学科的名称，但绝非王阳明哲学思想之学术研究本身，也不是什么学术流派，更不是王阳明哲学思想在异国日本深化、进步、再造的产物，只是利用了王阳明哲学思想中“心即理”“知行合一”“致良知”等几句话作为自己的口号而已。

再次，“日本阳明学”有很多虚构，需要辨别认清。

“日本阳明学”和明治维新没有任何关系。那只是“日本阳明学”为了抬高自己的身价制造出来的神话。

不存在一个从中江藤树到西乡隆盛乃至广濑武夫的“日本阳明学”的流派或系谱。诚如沟口雄三所说，那只是“后人为了方便取的名字，也可以说当时并不存在这样的学派”。也就是说，其和“日本的朱子学派”“日本的古学派”一样，是为了方便划分江户时期日本的汉学家而制造出来的框架。与此相关，日本和中国一样，都不存在阳明学和朱子学的尖锐对立和冲突。

再就是中国明代王阳明一派的学问之“中国的阳明学”，从来没有“日本阳明学”所抹黑的那么“枯禅”“空疏”,也不是明朝亡国的原因,最多只算次要原因,更不是甲午战争失败的原因。对此大可不必自卑自贱。

最后要指出的是,本文的目的是为了正确区分把握“日本阳明学”这一社会运动和王阳明哲学思想研究之间的界限,也是为了彰显曾在世界阳明学研究中处于领先地位的日本学界的阳明学研究成果。笔者呼吁集结中国哲学思想史学界精通中日双语的人力和资源,系统、全面、专业性地翻译出版日本的阳明学研究成果,而不是像目前这样零星、分散甚至是非专业性地小打小闹。笔者愿意为此作出自己的贡献。

井上哲次郎的“日本阳明学”论

前　言

井上哲次郎著书甚丰。他在纯哲学方面的主要著作有:《哲学字汇》(1881年)、《敕语衍义》(1891年)、《教育和宗教的冲突》(1893年)、《现象即实在论》(1894年)、《认识和实在的关系》(1902年)、《国民道德概论》(1912年)等。

井上还是一位哲学史家。他在日本哲学史方面著有三部被称为“井上汉学三部曲”的名著:《日本阳明学派之哲学》(1900年)、《日本古学派之哲学》(1902年)和《日本朱子学派之哲学》(1906年)。

距今百余年前出版的“井上汉学三部曲”(以下简称“三部曲”),将日本江户时代的儒学整齐地切割为“阳明学派”“古学派”“朱子学派”而加以论述的方法(以下简称“三分法”),在当时得到广泛的认可和运用,在今天的日本学界也还是主流。对于这样的现象有多种解释,既可以说如此三分法在当时是有效的,在今天仍具有现实意义,也可以说日本学界百年来尚未突破井上哲次郎制订的框架。不但没有去创造出新的框架和方法,甚至有的人连想都没有敢想。譬如2009年9月9日《光明日报》刊登的日本东京大学东洋文化研究所准教授桥本秀美撰写的《〈儒藏〉"日本之部"的独特价值》一文居然这样写道:

> 井上哲次郎引进西方学术方法,对日本幕府时期的儒学进行分析,提出朱子学、阳明学、古学三学派的概念,对幕府时期的重要学者进行归类。这种三分类概念被后来的学界广泛认可并且运用,因此我们如今要整理幕府时期的儒学著作,仍然要从井上哲次郎的概念出发,否则在众多学者几乎数不尽的大量现存著作面前,无从抉择。

也许就是如此"无从抉择"的懒汉思想作祟,再加上井上活到了1944年,到目前为止,日本学者对井上的三分法只是提出过一些疑问,而没有进行过认真的讨论,更从未进行过正面挑战。

井上的三分法也影响到了中国。中国学界对日本江户时期儒学的叙述和把握,如严绍璗的《日本中国学史》(江西人民出版社,1991年)、王家骅的《儒家思想与日本文化》(浙江人民出版社,1990年)以及他的系列著作、王中田的《江户时代日本儒学研究》(中国社会科学出版社,1994年)等,以及所有的日本哲学史著作和教材,依据的也都是井上的三分法。这也难怪他们。中国最早的研究日本江户儒学的几部著作成书于20世纪60年代,它们不但沿用井上的三分法,而且连体系和顺序也是原封不动!①

在20世纪初期,井上三部曲首次采取西方学术界通行的章节体,将日本江户时代的儒学以"哲学"的形式总结了出来,提供给当时的学术世界。同时,三部曲又具有资料丰富齐全、体裁统一、将个

① 参见本书《朱谦之和"日本阳明学"》中的表一、表二、表三。

人的思想放在思想史的潮流中叙述以及通俗易懂等优点。[①] 这些都可说是三部曲的贡献。但与此同时,对三部曲和三分法本身的弊病以及在历史上的负面影响也不能忽视。本文在充分肯定井上三部曲的历史贡献的基础上,试图以“日本阳明学派”为中心,对井上的江户儒学三分法进行正面的批判。

一　井上三分法批判

(一)“哲学”的批判——没有经过“哲学”思维的概念

我们知道,“哲学”一词是日本人创造的。1870 年代,日本学者西周(Nishi Amane,1829—1897)以“哲学”来对译 philosophy。将中国古代的思想冠以“中国(支那)哲学史”的名称而改造成一门现代学科,也是日本人的发明。[②] 当时所谓的“中国(支那)哲学史”研究,其实就是用西洋哲学的概念和既定框架去梳理中国的古代思想,这种做法一直延续至今。其开创者正是井上哲次郎:日本最早的哲学字典《哲学字汇》是井上在 1881 年编辑的,最早的“东洋哲学史”课程也是井上 1883 年在东京大学开讲的。

井上三部曲全部带有“哲学”字样,据说基本上包括了江户时代的儒学史。那么,井上首先做的工作,应该是以西洋哲学概念去梳理整个江户时代所有儒学的思想内涵。但是井上没有这样做,而是拿出两个互相关联的中国思想史中的两个流派概念——“朱子学”和“阳明学”,以及虚构一个日本儒学的概念“古学”,把日本江户时代的儒学机械地划分为似乎不太相关甚至是互相对立的三大

① 参见[日]町田三郎《井上哲次郎和汉学三部作》,载《明治的汉学家们》,东京:研文出版,1998 年。

② 1881 年,东京帝国大学文学部哲学科下增设“印度及支那哲学”的科目,1910 年东京大学文学部下面学科改为哲学科、文学科和史学科,哲学科下面将原有的“印度及支那哲学”的专业分开,分设“支那哲学”和“印度哲学”专业。战后“支那哲学”改为“中国哲学”专业。

块，分别编成了三本独立的书。在此之上进行梳理。

但是，在三分之后井上做的论述也并非“哲学”式的。譬如从《日本阳明学派之哲学》的目录来看，他的叙述顺序一般是：

第一　事迹
第二　著书
第三　学风
第四　学说
第五　批判
第六　中斋门人

虽然不是以前那种语录式的心得体，但也只是作了归类而已。在《第四　学说》一节，论述中斋的学说时，也只是：

第一　总论
第二　归太虚之说
第三　致良知之说
第四　理气合一之说
第五　气质变化之说
第六　死生观之说
第七　去虚伪之说
第八　学问目的之说

可见还是儒家式的梳理和论述。

又如，他对朱子学派始祖藤原惺窝的学说的阐述，分别是从“弃佛归儒”“调合朱陆”“贯穿宋明”“神儒契合”等方面进行的。（《日本朱子学派之哲学》第 25 页以降）

对此种没有经过哲学思维的哲学流派划分法以及阐述法，井上的学生和辻哲郎(1889—1960,日本著名哲学家、文化史家、思想史家)曾这样批判过:"一个号称对西洋哲学滚瓜烂熟的学者,在论述江户时期儒学史时,居然不从新的角度考察日本儒学者们的思索,而依然拘泥于学派的道统之别。"①

换言之,日本的"阳明学派"、"古学派"和"朱子学派"不是井上用西洋哲学概念梳理出来的哲学思潮,而是拿中国儒学的门户之见和道统观念去套江户儒学而划分出来的学派。所以,这些学派很有可能不是连绵不绝地客观存在过,在当时有着自认意识、自他认识或经过公认的思想流派,而是20世纪初叶井上哲次郎根据自己的"学派道统之别"划分出来的。在此之上,井上主观地制订了几个学术标准(如"知行"合不合一等,下文还将具体阐述这个问题)、政治立场(如江户幕府体制内的即"朱子学派",反体制的即"阳明学派"之类)和思想态度(如有点复古倾向的即为"古学派")。

(二)朱子学和阳明学的关系——思想斗争的无限夸大

在中国思想史上,朱子学和阳明学同属于儒学中的不同流派,它们的主张有一定的差异,但都是儒学内部的分歧;而且朱子学发生在12世纪的宋代,是对以前的儒学的集大成,阳明学发生在几百年后的明代,主要是对朱子学的修正和发展。一个先一个后,自然有差异,有差异就会产生矛盾和对立。②

进入近代之后,有的人用客观唯心主义(朱子学)和主观唯心主义(阳明学)来区别它们在存在和意识问题上的差异;也有的用"外面化"和"内面化"来说明它们对儒家思想的发展形式;有的从"理"和"心"的态度去把握它们的着重点,如朱子学主张"性即理",阳明学主张"心即理";也有的用对"知"和"行"的态度来区分,如朱

① [日]和辻哲郎:《日本论理思想史》下卷,东京:岩波书店,1952年,第785页。

② 冯友兰先生曾在《中国哲学史新编》第五册用"否定之否定"来说明它们之间的关系。暂且存疑。

子学主张先“知”后“行”，阳明学强调“知行合一”等等。

换言之，它们首先同属于儒学，然后在其内部又有着自己的主见，互相争夺儒家思想的正统和指导权，属于同一学派内的道统之争，门户之见。譬如在中国明代阳明学兴起之时，朱子学派不断地警告过阳明学者，说它们的方法和发展趋势非常危险；反之阳明学派却认为朱子学保守迂阔，只有自己才是正统，才是对儒学的充实和继承。①

如果用“朱子学”和“阳明学”来划分儒学中的流派，有着把一部思想史单单理解为思想斗争史的危险；只看它们之间的差异、分歧和对立，就会忽略那些共同的、一致的因素，并且容易犯非此即彼、二必择一的偏见和错误。譬如对“知”“行”的态度，谁能断定“知”先“行”后是错误的，“知行合一”就是绝对正确的呢？

更何况阳明学者一般都是先学习儒学的基础，而这个基础在当时就是朱子学，接触到阳明学后思想会受到一些影响，其间朱子学对他们而言与其说是放弃抛去的包袱、斗争的对象，还不如说其学问是以朱子学为基础再去专攻阳明学。

譬如被井上当作日本阳明学派始祖的中江藤树，到37岁时才接触到《王阳明全书》，在那以后也没有放弃过朱子的学说。他推崇“孝”，既可说是依据阳明心法，也可说是朱子学所看重之处。给予“孝”以新的内容并纳入理学体系的就是朱子。熊泽蕃山则说朱子学是“辨惑穷理之学”“解惑理学”，而阳明学有“自反慎独之功”“收心心术”(《集义和书》卷八)。

甚至可以说，日本江户时期的阳明学派一开始并不是什么独立流派，只不过是在学习儒学时，除了接受朱子学，还接触了一些明代心学的知识的学者而已。不能说二者是绝对的对立，更不能非此即

① 参见岛田虔次《中国思想史研究》的第一部《关于中国近世的中国唯心论》以及其他文章。

彼,以此画线。最有名的“日本阳明学派”的代表大盐中斋,他的“洗心洞”,也只是一个学习一般儒学知识的儒学私塾,讲授的是四书五经。“洗心”二字也来自《易·系辞上》“圣人以此洗心,退藏于密”。非要将“洗心”作阳明学式的解释也未尝不可。尽管中斋思想中不乏“朱王并取”的倾向,但是井上还是只叙述大盐中斋思想中的所谓阳明学因素,强调他的“知行合一”的行动性,杀身成仁、立志讲学修道的实践性。尽管井上赞美中斋的“归太虚之说”,但中斋却说:“人心归太虚,亦从慎独克己入。若不从慎独克己入,禅学之虚妄也,所谓毫厘千里。故心学者动辄误之。”①

(三)“阳明学”——明治时期的造语与时髦

根据吉田公平的考证,“阳明学”一词最先在1894年间出现,后来逐渐开始流行,1900年井上哲次郎的《日本阳明学派之哲学》出版后才获得了正式的名称权。②

更直截了当地说,在井上撰写三部曲前后的19世纪末期到20世纪初叶,由于某种需要,日本人为地出现了一个“阳明学时髦”的浪潮,“阳明学”之名称被发明出来代替“王学”或“姚江学”。

那么,“阳明学”的出现和流行有何历史背景呢?

当时日本历史上发生了三大事件。一是1889年2月制定了《大日本帝国宪法》,确立了“天皇制绝对主义”的新的国家秩序。二是1890年明治天皇发布了《教育敕语》。三是1895年日本取得了甲午战争的胜利,号称跨入大国行列。

在此历史背景中,随时都可以看到井上哲次郎跳梁活跃的身影。

《大日本帝国宪法》的目的是确立“天皇制绝对主义”的新国家

① [日]井上哲次郎:《日本阳明学派之哲学》,东京:富山堂,1900年,第439页。
② [日]吉田公平:《日本における陽明学》第四章,东京:ぺりかん社,1999年。

秩序。为此颁布的《教育敕语》是天皇以国家最高权威的姿态向全体国民作了要求他们绝对忠诚于作为天神后裔的皇室的告示。井上哲次郎奉命撰写的《教育敕语衍义》,从1891年初版到1907年8月重印了三十一次,以儒学忠君爱国为基础对《教育敕语》作的国家主义的解释,获得了正统性的解释权。他利用儒家的伦理道德来维护日本天皇中心的"政体",在《衍义》中大讲:"共同爱国之要,东洋固有之,然古来说明者殆为稀少,余今欲阐述其与孝悌忠信共为德义之大者矣,……乃国家一日不可缺也!"《衍义》中不乏所谓"阳明学"式的东西:"吾人为致良知之工夫,自励修养亦续存此卓绝无比之国,以进世界和平之域,将可达一视同仁之境也。"

在甲午战争中,小国日本战胜了东亚大国中国,日本开始自认跨入亚洲大国的行列,成为东亚文化的正统继承者。于是,维新以来的"国粹"和"开化"的对立,变成了"保持传统精神的文明化"。[①]井上哲次郎在《日本阳明学派之哲学序》中说:

> 维新以来世间学者,或倡导功利主义,或主张利己主义,其结果破坏了我国民的道德心。其学虽然不很彻底,但亦挫折了国家之元气,毒害了风教之精髓。如功利主义,作为国家经济的主义未固不可。但不可作为有关个人之唯一的道德主义。因为其于道德为他律性的,对养成心德无効。盖功利主义将人引入私欲,故玷污了我邦固有的神圣之心德。功利主义是很乖巧的理论,但作为德教则不可取。而利己主义至更是有害无益之诡辩。然世间鼓吹功利主义和利己主义,企图从根底破坏我国民之道德心。所以余编撰此书不待订正就以稿本出版。
>
> ……

① [日]小岛毅:《近代日本の陽明学》,东京:講談社選書メチエ,2006年,第94页。

> 我国民之道德心即普遍之心德，心德实乃东洋道德之精粹。①

可以说，井上的三部曲出现在19世纪末20世纪初并非偶然。它在井上哲次郎对“天皇制绝对主义”加以的国家主义式解释中，起到了从思想哲学学术角度加以奠基和论证的作用。其间打头阵的《日本阳明学派之哲学》功不可没。理论的逻辑再往前走，就变成他们所谓的“阳明学”是“武士道”的理论基础了。井上说：

> 朱子学等从支那进来的学问为日本人所利用为日本人的精神，其中阳明学和武士道特别相似。（山鹿素行、吉田松阴、佐久间象山等人）其精神非常符合阳明学。武士道的精神在于实行，即以他们的生命为赌注断然实现目的，这就是武士道的精神。这和阳明学知行合一的实践精神是一致的，此乃日本式的证据。（《阳明学》杂志二〇号、明治四十三年）

所以说井上哲次郎是从思想学术支撑战前日本帝国体制的主要人物，②而“日本阳明学”的发明和三部曲起了重要的作用。

（四）无源之水和没有终结的神话——日本阳明学派的神奇传承

按照井上的说法，日本的阳明学派、朱子学派是异国（中国）的一门特殊学问（儒学）在日本的土壤里成长起来的。那么，别的国家的特定学派会在自己的国度里成长吗？日本为什么没有存在过“日本思孟学派”“日本稷下学派”“日本老庄道家学派”之类的学

① ［日］井上哲次郎：《日本阳明学派之哲学序》，东京：富山堂，1900年，第2—4页。
② ［日］小岛毅：《近代日本の陽明学》，东京：講談社選書メチエ，2006年，第92页。

派呢？

中国儒学史乃至思想史上的学派，都是用人名、地名、时期来命名的。之所以如此，在于中国学术史上的学派，不是按几个项目的思想标准画线，而是指一定时期、在一定地域，由一个魅力独具的老师为中心，通过人脉即一批信奉导师的学说、人格魅力的弟子构成的。当人脉一断，一个学派也就成为历史。所以一部中国思想史，也可以说是众多的学派形成、发展、壮大、衰落、消亡的历史。如果不是这样的话，中国的大地上早就被形形色色的学派所充满覆盖了。所以我们只能从书本里找到思孟学派、管子学派、老庄道家、陆王心学等等，并且在中国找不到已经消亡了的学派通过某些人物而物理再生和精神再现的现象，何况是在异国的土壤里。

譬如明代的阳明学派，更严格来说明代心学就是其中的一个典型。一般来说阳明心学起源于明初的陈白沙，建设于王阳明，死后为所谓泰州学派、江右学派、浙中王学之类后学所继承和发扬，在李贽处开始终结，以后在清代不但没有再现，反而成为考证学之类的批判对象。

但是井上哲次郎却给我们描绘了这样一个神话：阳明学派在祖国中国虽然绝迹，但在异国日本发扬光大，学脉流长，香火永继。尽管只有阳明见过一个80多岁的老和尚的传说，没有一个直接见过阳明本人或阳明弟子的日本学者，阳明学在日本虽是无源之水，却如涌泉似的不断涌现，没有师承却无师自通。阳明学在日本的产生不需要直接的讲授者和传播者，而是来自对典籍的领会，来自对“心即理”的随心所欲的解释，来自对“先知后行”的体认，来自对阳明式行动哲学的实践，来自瞬间的“事上磨练”。

正因为如此，其他的思想流派都有一部形成、发展、壮大、衰落、消亡的历史，而唯独日本的阳明学派永远兴旺，没有终期。其他学派都没有当代的再现，譬如有人提出“日本思孟学派”“日本稷下学派”“日本的魏晋玄学”，肯定要被人笑掉大牙的。甚至说“明治时期的朱子学派”“大正时期的古学派”“昭和时期的折衷学派”之类的话，也会被人诟病。但是井上提出的“日本（江户时期）之朱子学派”“日本（江户时期）之阳明学派”、“日本（江户时期）之古学派”三大学派概念，在提出的当时居然没有遭遇到抵抗，而且还在百多年之后成了惯例，不但没有人正面提出过异议，甚而还说“没有井上哲次郎的概念出发，否则在众多学者几乎数不尽的大量现存著作面前，无从抉择”之类的“懒话”。江户儒学不过只有二三百年，可圈可点的学者也只有那么十几个，会那么茫然失从吗？相比而言，一部中国哲学史上下几千年，学派学者成百上千，典籍书物汗牛充栋，又该如何了得？

那么，井上是如何处理这个矛盾的呢？具体而言，“日本阳明学派”是用什么手法，通过什么途径构建起来的呢？

井上写作《日本阳明学派之哲学》，犹如奉行“有罪推定”的法官审判，先定罪再找证据。首先确定“阳明学”这个名词，宣称确定彰显阳明学是为了以东洋的道德对抗西洋的功利主义。然后确定“阳明学”有如下几条特征：

第一，学问的方法：朱子学为归纳法，阳明学为演绎法。

第二，它们都以理气为世界的根本原理，但朱子学为理气二元论，阳明学为理气合一论或理一元论。

第三，朱子学以心有理气二分，阳明主张心即理。因此阳明不主张广泛研究明确外在事理，主张唯明此心而已。

第四，朱子为经验论，阳明主张真正的知识在此心，是唯理论。

第五，朱子主张先知后行，阳明主张知行合一。[①]

最后再拿这五个标准去衡量日本江户时代的儒学者，确立一个公式：凡是符合前者的即为朱子学派，符合后者的即为阳明学派。

有了这样的判定划分法，就可以全然不顾当事者们是怎么自我

① ［日］井上哲次郎：《日本阳明学派之哲学·叙论》，东京：富山房，1900年，第3—4页。

认识的,当时的人们是怎样公认的,学派是怎样流传的了。

更重要的是,井上并没有说明,在判定衡量时,是五个标准一个都不能少,还是只要符合其中的一个就可以了。这样一来,就给予了判定者无限大的权力和极大的余地。具体来说,为了彰显阳明学,只要抓住"心即理""知行合一"等一点两点而不计其余,就把江户乃至明治时期的杰出人物都判定为阳明学派。

这就是"日本阳明学"诞生的秘密。

只有如此,井上提出的"日本阳明学派"的概念,才有可能成为一张"数风流人物"的大包袱皮,好的都可以朝里面装:江户时代著名学者、早年的朱子学者中江藤树可以当作其始祖,"非朱非陆,非王非禅"的熊泽蕃山被当作继承者,"阳朱阴王"的佐藤一斋被当作发展者,叛乱者大盐中斋被当作英雄。不仅如此,明治维新中起了重大作用的义士仁人——尽管有的不这样自我认为——从吉田松阴、高杉晋作、伊藤博文乃至山县有朋、乃木希典,还包括明治政府的叛乱者西乡隆盛,统统算作了阳明学派。更有甚者,这样的方法以后无限发挥,明治维新以后阳明学派杰出人物还在辈出,阳明精神不断地发扬光大,可以用来抵制西方的影响;日俄战争的胜利是日本军人精神力量的胜利,其中阳明学派的思想精神起了重大作用;阳明思想是"武士道"的理论基础。甚至日本共产党的创始人之一幸德秋水也算作了阳明学派。最后直到1970年,甚至剖腹自杀的作家三岛由纪夫也被说成了阳明学派的杰出人物。

从此意义上可以说,当代日本"著名的"阳明学家,不是什么岛田虔次、山下龙二、冈田武彦、荒木见悟,而是安冈正笃、矢崎胜彦之流了。

这就是井上创造"日本阳明学派"这一概念的秘密和初衷所在,也是区分日本现存"世俗阳明学"和"学院派阳明学研究"的鸿沟。

二　井上三分法的弊病

前一章的批判，已经涉及了井上三分法带来的弊病。此章将进行总结。

首先，正如没有经过形而上学思维的思想，不能称之为“哲学”一样，没有经过形而上学哲学概念梳理的思想历程，也不能称为哲学史。

其次，三分法把一部仅有二百多年的江户儒学史分解得支离破碎，人为地切割为三节。当我们要知晓同一时期一些思想家时，有时不得不从三本著作中去寻找。同样，也会阻碍一些哲学上的基本概念的在哲学史中的普遍运用。

再次，先定框架和标准，再从思想家的著作中去寻找根据，划分流派、探索思想的做法，犯有先入为主的错误。仅靠几项标准不能正确地把握一个思想家乃至思想的全面情况，反而会把丰富复杂的思想分解为一些概念和框架，从而造成以单纯化的手法去理解复杂的思想对象这样的反哲学错误。①

最后，仅以几个思想标准来划分学派的方法，特别是只顾一两点（主要是“心即理”“知行合一”）而不计其余的无限扩大解释法，虽然带来了编撰江户儒学史的个人方便，但给予了掌握日本阳明学话语权的解释者以巨大的随意性和主观性，明显而露骨地起到了“古为今用”、“阳”为“和”用的功能，甚至起到为战前战时日本为天皇专制独裁和军国主义寻找理论与思想学术根据的不良作用。

---

① 吉田公平的《日本における陽明学・序论》中这样写道：井上哲次郎的三部曲《日本阳明学派之哲学》《日本古学派之哲学》《日本朱子学派之哲学》，井上哲次郎、蟹江义丸编缉的《日本伦理汇编》的“阳明学派”“朱子学派”“古学派”“折衷学派”“独立学派”之分类，对理解日本儒教思想的历史有着不可否认的贡献，也有着以单纯化去明确理解复杂事物的优点。而且，存在很多为党派心所煽动而开展批判异学的争论家也是不争的事实。将日本思想史理解为思想斗争的历史也没有什么过错。但是，在理解思想时，如果强制性地塞入狭窄的框架中，则会忽视复杂的东西所拥有的巨大性和丰富性。

小岛毅在解释日本阳明学的运用反差时，提出了"红色的阳明学"和"白色的阳明学"的二元论。譬如前面提到的幸德秋水以及日本社会主义者山川均之类可划为"红色的阳明学者"，三岛由纪夫可为"白色的阳明学者"，云云。（见前引小岛毅《近代日本の陽明学》第132页）他的观点大概起源于其师沟口雄三。

沟口雄三在一篇题为《两种阳明学》的文章中提出：

> 世界上存在着两种阳明学。一是中国阳明学，一是日本阳明学。日本阳明学和中国阳明学的区别在于，日本的阳明学不像中国那样，是顺应时代的要求而产生的，为此，看不到中国阳明学那种宣传思想的联动，卷入民众参加的讲学运动之类的运动的一面，也看不到学派的流向，其学派的名称也只是后人为了方便取的名字，也可以说当时并不存在这样的学派。①

尽管如此，沟口还是认为，日本阳明学存在以下几种"局面""特点"，也就是解释法：

第一，将阳明学看作内面独立，不依赖外在权威的进取思想。

第二，以阳明学为变革的思想。

第三，以阳明学为心的锻炼、超脱生死的思想。

第四，将阳明学比拟为神和佛。

第五，将阳明学看作日本式的思想。

第六，将阳明学看作宇宙的哲学。

我们认为，这些将（日本）阳明学当作无所不包的万能妙药的解释法，都起源于井上哲次郎发明的以五个思想标准划分"阳明学"的做法，特别是只顾一两点（主要是"心即理""知行合一"）而不

---

① ［日］沟口雄三译注：《传习录》，载《中公古典》12，东京：中央公论新社，2005年，第13页。

计其余的无限扩大解释法。

结　语

本文由于各种因素，还未来得及在批判井上哲次郎的三分法之后，解决“应该怎样撰写江户时代的儒学乃至日本思想史”这样的问题。但笔者认为，大致可以从以下几个角度来思考：

一是以时代为主线，将江户时代的儒学看作一个整体，阐明它和神道、国学、佛教等学派的关联和区别。这里根本不存在什么“无从选择”的问题，因为现在时代已经进步了一个世纪，以井上为首的前辈学者们已经把资料典籍的收集、综合、总结的工作做得差不多了，一百多年来的江户儒学以及东亚汉学的研究业绩硕果累累。

二是以哲学命题为主线。譬如朱谦之先生等老一辈学者们所运用过的唯物论、客观唯心论和主观唯心论那样的命题也没有什么不可。只不过要避免公式化，不要认为唯心论就是不好的。

三是以区域为主线。中央和地方、江户和诸藩兼顾。

四是在日本江户时代，学习汉文不仅仅是儒学的承传，更重要的作用是传授知识和研究学术。从知识的传授和学术发展的角度讲，也是一条非常重要的思路。而如三浦梅园、广濑淡窗乃至福泽谕吉等，算不上什么学派(井上试图用“独立学派”来划分)，但在江户时代的思想史学术史中应该有属于自己的位置。

孙中山和“日本阳明学”

从1895年第一次踏上日本的土地，到1924年11月23日最后的东渡，孙中山先生先后10多次到日本，在日本居住10余年。1900年惠州革命后，他甚至把日本当作革命根据地，集结革命同志、补给武器资金、广交日本朝野人士。他的革命理想和伟大人格感化了许多日本人，他的思想也在这一期间受到诸多因素的影响而得以成熟。日本阳明学就是其中的一个因素。

此间东渡日本的一些中国著名人士，包括梁启超、宋教仁、章太炎乃至蒋介石等，都在日本发现并接受了阳明学，再将之返销中国。孙中山对于阳明学，也经历了这样一个过程。然孙中山先生的伟大之处，在于这个过程中对日本阳明学作了一些修改、甄别，并有所发明。

一　“日本阳明学“之视角

关于“日本阳明学”，本研究和以往研究的根本不同点在于，以往的研究都把中国人在日本发现的阳明学当作明代的阳明心学在近代日本的再现,是中国本来有的而被日本人改造后运用得当取得成功的学问。而本研究认为,1900 年前后中国人在日本发现的阳明学并不是中国古已有之学问,而是日本人断章取义明代阳明心学的一些原则而再造的社会运动。

本书《何谓"日本阳明学"》一章明确指出,"日本阳明学"是指 1890 年后(明治二十二年至三十年)为了批判日本明治政府表面上的欧化政策,由德富苏峰、三宅雪岭、陆羯南等人倡导,井上哲次郎、高濑铁次郎等加以学术包装,以使之成为"国民道德"的那个除了"阳明"二字以外和中国完全没有干系的,对内为了建立"国民道德"、对外在东亚"发挥日本国威"的社会运动。日本学者荻生茂博称之为"近代阳明学",小岛毅则称之为"日本近代的阳明学",①我们认为这样的说法都不准确,并将在下面两节中,对所谓"近代阳明学"论作出适当的回应。

"日本阳明学"出现和流行的历史背景非常复杂。一是 1889 年 2 月制定了《大日本帝国宪法》,确立了"天皇制绝对主义"的新的国家秩序。二是 1890 年明治天皇发布了《教育敕语》。三是 1895 年日本取得了甲午战争的胜利。

在甲午战争中,经过明治维新经济上已经近代化的小国日本,战胜了东亚大国中国,日本取得了在东亚的政治上、外交上、经济上的霸权,于是也期待在思想文化上取代中国成为东亚文化的正统继承者和代表者,代表东洋和西方在文明及精神上的对立。于是,维新以来的"国粹"和"开化"的对立,变成了"保持传统精神的文明化",建立东亚的统一"心德"。井上哲次郎在《日本阳明学派之哲学序》中说:

---

① 荻生茂博的《近代・アジア・陽明学》(りかん社,2008 年,第 402 页)和小岛毅的《近代日本の陽明学》(講談社,2006 年)。

维新以来世间学者,或倡导功利主义,或主张利己主义,其结果破坏了我国民的道德心。其学虽然不很彻底,但亦挫折了国家之元气,毒害了风教之精髓。如功利主义,作为国家经济的主义未固不可。但不可作为有关个人之唯一的道德主义。因为其于道德为他律性的,对养成心德无效。盖功利主义将人引入私欲,故玷污了我邦固有的神圣之心德。功利主义是很乖巧的理论,但作为德教则不可取。而利己主义至更是有害无益之诡辩。然世间鼓吹功利主义和利己主义,企图从根底破坏我国民之道德心。所以余编撰此书不待订正就以稿本出版。

……

我国民之道德心即普遍之心德,心德实乃东洋道德之精粹。①

由于儒学在东洋汉字文化圈中的广泛流传,阳明心学在精神道德上被认为具有特别的功能,阳明学的"哲学性"或"道德性"可以和西洋的philosophy(哲学)相抗衡,于是被井上他们选中,在切割了和旧中国的联系,并加以学理解释后,作为建构"东洋道德"的中核。井上在杂志《阳明学》第二〇号中这样说:

朱子学等从支那进来的学问为日本人所利用为日本人的精神,其中阳明学和武士道特别相似。(山鹿素行、吉田松阴、佐久间象山等人)其精神非常符合阳明学。武士道的精神在于实行,即以他们的生命为赌注断然实现目的,这就是武士道的精神。这和阳明学知行合一的实践精神是一致的,实乃其在日本的例证。

① [日]井上哲次郎:《日本阳明学派之哲学序》,东京:富山堂,1900年,第2—4页。

可见日本阳明学甚至成了武士道的理论基础。

综上所述,日本阳明学有如下几个特征:

1.日本阳明学是19世纪末20世纪初一些日本人借用400年前中国明代思想家王守仁的号"阳明"为自己发动的一场社会运动取的名字。这场社会运动的目的在于,"对内涵养日本国民精神、高扬日本国民道义,对外护持国体发扬国威"。

2.日本阳明学虽然用了一个"学"字,看起来很像一门近代学科的名称,但绝非王阳明哲学思想之学术研究本身,也不是什么学术流派,更不是王阳明哲学思想在异国日本深化、进步、再造的产物,只是利用了王阳明哲学思想中"心即理""知行合一""致良知"等几条心学原则作为自己的口号而已。

3.日本阳明学有一系列学术虚构。这些学术虚构都是由三宅雪岭、德富苏峰、陆羯南等当时的一些鼓吹日本主义的媒体人和以井上哲次郎为首的"官学体制学派"联合炮制的。

4.虚构之一:日本阳明学和明治维新没有任何关系。"阳明学是明治维新的原动力"论只是"日本阳明学"为了抬高自己的身价制造出来的神话。

虚构之二:不存在一个从中江藤树到西乡隆盛乃至广濑武夫的日本阳明学的流派或系谱。那只是"后人为了方便取的名字,也可以说当时并不存在这样的学派"①。与此相关,日本和中国一样也不存在阳明学和朱子学的尖锐对立和冲突。

虚构之三:中国明代王阳明一派的学问之"中国的阳明学",从来没有"日本阳明学"所抹黑的那么"枯禅""空疏",不是明朝亡国的原因,更不是甲午战争失败的原因。

虚构之四:日本阳明学习惯于将阳明心学思想简单地比拟于西

---

① [日]沟口雄三译注:《传习录》,载《中公古典》12,东京:中央公论新社,2005年,《解题》,第13页。

方哲学史上的一些流派。

日本阳明学大致存在于19世纪90年代到20世纪初叶，这一时期正是许多中国人士以流亡（梁启超）、留学（蒋介石、郭沫若）、革命（孙中山、章太炎）等各种身份大举东渡日本的时期。他们都不约而同地在日本发现了日本阳明学，看到在中国被称之为"心学泛滥"、评价甚低的明代阳明心学，居然在异国日本大放异彩，成为一种如火如荼的社会运动，甚至被誉为"明治维新的原动力"、为日本的"近代化"作出了贡献，感到了无比的新奇和莫名的骄傲，于是不加辨别地接受，还将之返销中国。

本研究以上述日本阳明学认识为视角，分别对孙中山、梁启超、张君劢、朱谦之等人的阳明学进行考察。本文首先讨论孙中山与"日本阳明学"。

二　关于"明治维新是由阳明学精神主导"

孙中山先生和19世纪末20世纪初来到日本的许多中国人一样，不加辨别地接受了日本阳明学，其中包括"明治维新是由阳明学精神主导"这一观点。

1905年孙中山的《在东京中国留学生欢迎大会上的演说》这样说道：

> 日本与中国不同者有二件。第一件是日本的旧文明皆由中国输入。五十年前，维新诸豪杰沉醉于中国哲学大家王阳明知行合一的学说，故皆具有独立尚武的精神，以从此拯救四千五百万人于水火中之大功。我中国人则反抱其素养的实力，以

> 赴媚异种,故中国的文明遂至落于日本之后。(拍掌)[①]

由此可知,孙中山对日本阳明学,主要接受了两个观点。

一是明治维新的豪杰们在阳明学的影响下投身维新运动,建立了“大功”。

二是阳明学的主要学说为“知行合一”说。

根据笔者的研究,“明治维新是由阳明学精神主导”这一说法其实没有确切的事实根据,只是由下面这样一些论证而得以成立的。

最先提出明治维新成就于阳明学影响的,是1893年三宅雪岭的《王阳明》一书。雪岭在该书中首次提出了从中江藤树到西乡南洲(隆盛)的日本阳明学的系谱,并将阳明学概括为“知行合一”“心即理”“致良知”三点。但是雪岭对阳明学和维新的关系并没有直接论证,只是提出西乡学过阳明学。且雪岭对当时高捧吉田松阴的社会风潮颇有微词。

1893年出版的德富苏峰的《吉田松阴》一书,将明治维新原动力归结于发挥对外的危机的“国民精神”和建立“民族主义”,将吉田松阴描写为一个意大利资产阶级革命家马志尼式的“革命家”。而他又提出松阴是阳明学者佐久间象山的弟子,于是明治维新初步和阳明学挂上了钩。

再次是高濑的《日本之阳明学》一书,他没有经过论证就直接宣布:

> 当幕府穷途末路时,英雄豪杰佐久间象山、锅岛闲叟、吉田松阴、高杉东行、云井龙雄、横井小楠等兴起。他们皆以阳明学

① 这篇文章文本很多,这里根据张昭军整理的《孙中山“在东京中国留学生欢迎大会上的演说”的史实与文本》,载《福建论坛》(人文社会科学版)2011年第8期。

练习其心胆，高其气格，贯穿道理心肝，填补忠义骨髓，死生谈笑见，能成就撼天动地大事业。①

最后，井上哲次郎的《日本阳明学派之哲学》一书，从哲学上论证了作为阳明学者的吉田松阴、西乡隆盛之理论和学术。

可见这样一些论证都是些"似是而非"的东西，可以欺骗世人，但对孙中山先生这样的先知先觉却只能是暂时的蒙蔽。果不其然，1917 年开始发表的《建国方略之一　孙文学说》中，孙中山先生这样写道：

或曰："日本维新之业，全得阳明学说之功，而东邦人士咸信为然，故推尊阳明极为隆重。"不知日本维新之前，犹是封建时代，其俗去古未远，朝气尚存；忽遇外患凭凌，幕府无措，有志之士激于义愤，于是倡尊王攘夷之说以鼓动国人。是犹义和团之倡扶清灭洋，同一步调也。所异者，则时势有幸有不幸耳。及其攘夷不就，则转而师夷，而维新之业乃全得师夷之功。是日本之维新，皆成于行之而不知其道者，与阳明"知行合一"之说实风马牛之不相及也。倘"知行合一"之说果有功于日本之维新，则亦必能救中国之积弱，何以中国学者同是尊重阳明，而效果异趣也。②

对阳明学和明治维新的关系直接否认。据我们所知，孙中山先生是历史上第一个提出这个观点的，在现代也有重要意义。

1905 年孙中山在《在东京中国留学生欢迎大会上的演说》中，肯定了日本阳明学以及阳明学对明治维新的作用。但在十多年后，

① ［日］高濑武次郎：《日本之阳明学 · 序论》，东京：铁华书院，1907 年，第 32 页。
② 孙中山：《孙中山选集》上卷，北京：人民出版社，1956 年，第 143—144 页。

又提出了完全不同的见解。

对于这个见解，有的人不以为然。譬如有人说："他一直不了解王阳明，他对王阳明的批评是不相应的。"①但这恰恰是批评者对日本阳明学不了解才造成的荒谬批评。②

首先，日本阳明学对"日本维新之业，全得阳明学说之功"的论证，其实都是些"似是而非"的东西。笔者经过调查，发现日本学术界对该问题的论述，只有前文提到过的三宅雪岭、德富苏峰、高濑铁次郎以及井上哲次郎的一些间接性论证而已，再就是1915年桑原天泉的《明治维新と陽明学》和1965年安冈正笃的《明治维新と陽明学》之类的社会启蒙通俗读物。除此之外没有任何学者从正面加以专门论述，属于"皇帝的新衣"似的假命题。孙中山先生一下子戳穿了这个谎言。

孙中山先生还正确论述了明治维新成功的原因。他认为明治维新的成功，得于"攘夷不就，则转而师夷"的"师夷"之功。拿现在的话说叫作打不赢外国，就虚心去吸收外国先进的科学技术和经验，乃至思想文化风俗习惯。得出这样的结论是理所当然的，因为历史事实是日本近代化的成功，全在于明治维新后的政府自上而下实行全盘西化的政策，推行富国强兵、殖产兴业、废藩置县、文明开化等一系列改革。而这些和日本阳明学都没有什么关系。

三　对"知行合一"说的发展

中山先生反问，如果明治维新的成功和阳明式的空谈有什么关

① 王邦雄：《从中国现代化过程中看当代新儒家的精神开展》，载罗义俊编《评新儒家》，上海：上海人民出版社，1991年，第86页。

② "日本维新之业，全得阳明学说之功"的说法，在19世纪末20世纪初被梁启超等人引进中国，并在朱谦之、张君劢等人的添油加醋下得以扩散，乃至成为一当然事实，为中国人无条件接受。请参见本书《何谓"日本阳明学"》和上篇的有关文章。

系的话："倘'知行合一'之说果有功于日本之维新，则亦必能救中国之积弱，何以中国学者同是尊重阳明，而效果异趣也？"类似明治维新的成功没有在阳明心学的故乡中国取得效果，其关键在于：

> 此由于中国习俗去古已远，暮气太深，顾虑之念，畏难之心，较新进文明之人为尤甚。故日本之维新，不求知而便行。中国之变法，则非先知而不肯行，及其既知也，而犹畏难而不敢行，盖误于以行之较知之为尤难故也。夫维新变法，国之大事也，多有不能前知者，必待行之成之而后乃能知之也。是故日本之维新，多赖冒险精神，不先求知而行之；及其成功也，乃名之曰维新而已。中国之变法，必先求知而后行，而知永不能得，则行永无其期也。由是观之，阳明"知行合一"之说，不过不能阻朝气方新之日本耳，未尝有以助之也；而施之暮气既深之中国，则适足以害之矣。①

讲日本最终还是为了救中国。孙中山认为，救国、改造社会、实践三民主义之类的革命实践，首先得像日本那样"多赖冒险精神，不先求知而行之"。于是他提出以"知难行易"学说代替传统的"知易行难"理论，以"分知分行"取代王阳明的"知行合一"学说。

他认为"知"和"行"比较起来，"知"是困难的，"行"是容易的。因为人类有些问题实行了几千年，才知道为什么这样做。这样的思想根源于王阳明的学说。王阳明说："知行如何分得开？此便是知行的本体，不曾有私意隔断的。……知是行的主意，行是知的功夫；知是行之始，行是知之成。若会得时，只说一个知已有行在，只说一个行已有知在。古人所以既说一个知，又说一个行者，只为世间有

① 孙中山：《孙中山选集》上卷，北京：人民出版社，1956年，第144页。

一种人,懵懵懂懂的任意去做,全不解思惟省察,也只是个冥行妄作。所以必说个知,方才行得是。又有一种人,茫茫荡荡的悬空去思一索,全不肯着实躬行,也只是个揣摸影响。所以必说一个行,方才知得真。”

孙中山的“知难行易”观,强调的是“知”。他认为现在中国人的问题和那个“懵懵懂懂的任意去做,全不解思惟省察,也只是个冥行妄作”的古人一样,属于信仰问题。只要将信仰问题解决了,事情就好办了。

从上可见,孙中山从王阳明“知行合一”思想中得到了启发,但这种启发绝非日本阳明学只强调过程的“知行合一”,而是“知难行易”说;有“知”的“行”,有目的的“行”,而非日本阳明学强调的无目的性的“事上磨练”。

同时,孙中山先生认为阳明的“知行合一”说,也有“不合于实践之科学”之处。因为:

> 若于科学既发明之世,指一时代一事业而言,则甚为适当;然阳明乃合知行于一人之身,则殊不通于今日矣。以科学愈明,则一人之知行相去愈远,不独知者不必自行,行者不必自知,即同为一知一行,而以经济学分工专职之理施之,亦有分知分行者也。①

时代不一样了,“知者不必自行,行者不必自知”,王阳明的“知”是指一人之认识,而孙中山先生的“知”包含很广。加拿大学

① 孙中山:《孙中山选集》上卷,北京:人民出版社,1956年,第144页。

者秦家懿认为,“知”应该包含“哲学之良知”和“科学之真知”①;蒋介石认为,“知”应分为“科学之知”和“德性之知”,即“修养上良知上的知”②。而笔者认为如果就革命而言,孙中山先生所说的“知”,还包括革命理论在内,他说:

> 夫破坏之革命成功,而建设之革命失败,其故何也?是知与不知之故也。予之于破坏革命也,曾十起而十败者,以当时大多数之中国人,犹不知彼为满洲之所征服,故醉生梦死,而视革命为大逆不道,其后风潮渐盛,人多觉悟,知满清之当革,汉族之当复,遂能一举而覆满清,易如反掌。惟对于建设之革命,一般人民固未知之,而革命党亦莫名其妙也。夫革命事业,莫难于破坏,而莫易于建设。今难者既成功,而易者反失败,其故又何也?惟其容易也,故人多不知其必要而忽略之,此其所以败也。③

推翻旧政权和建设新社会都需要有革命理论的指导,这就叫革命的“知”。而革命理论往往是革命家的专利。所以他晚年特别注重于“孙文主义”的建设和宣传,以“主义”作为“行”的理论依据。

结 语

本文通过对“阳明学成就了明治维新”以及“知行合一”说,简

① 秦家懿:《孙中山先生“知难行易”学说与蒋中正先生“力行哲学”会通一贯之体认》,载《孙中山先生与近代中国学术讨论集——孙中山先生思想学说》,台北:孙中山先生与近代中国学术讨论集编辑委员会,1985年,第56页。

② 蒋中正:《总理“知难行易”学说与阳明“知行合一”哲学之综合研究》,载《先总统蒋公思想言论总集》,第23卷,1984年,第342—343页。

③ 孙中山:《孙中山选集》上卷,北京:人民出版社,1956年,第212页。

要地论述了孙中山对日本阳明学的接受、批判和改造。想要强调的是，即使是孙中山思想中其他一些和阳明学有关的东西，诸如“心为万事之本源”等，也都不是五百年前的那个中国明代的阳明心学，而是受到了“日本阳明学”的影响。同样诸如梁启超、宋教仁、章太炎乃至蒋介石等当时所推崇的阳明学，也不是五百年前的那个中国前近代的阳明心学，而是日本阳明学。

梁启超和“日本阳明学”

梁启超是将“日本阳明学”返还引进中国的重要人物，乃至以“梁启超和阳明学”为内容的论文如过江之鲫。然而，这些论文所论述的梁启超的阳明学知识和修养，到底是日本阳明学，还是中国明代思想家王阳明本人的学问，也即到底是社会运动式的日本阳明学，还是几百年前的那个阳明心学？概念不清导致思想混乱，值得澄清。

本文的主要目的，是根据已有的梁启超研究成果，以本研究的日本阳明学论为视角，重新审视梁启超的阳明学知识，弄清梁启超到底接受了什么样的日本阳明学理论，从日本阳明学那里得到了哪些启示。

一　梁启超阳明学知识修养的由来

1898 年梁启超逃亡日本，正值日本阳明学兴起。梁启超一到日本，看到以“阳明学”命名的一场社会运动，在异国的日本盛大展开，感到非常吃惊。

自居东以来,广搜日本书而读之,若行山阴道上,应接不暇。脑质为之改易,思想言论与前者若出两人。①

这些书里面当然包括日本阳明学的书籍。其实,梁启超在青少年时代就学过阳明心学。1890年,梁启超入康有为门下。据记载,他在康先生那里学习时:

先生乃以大海潮音,作师子吼,取其所挟持之数百年无用旧学更端驳诘,悉举而摧陷廓清之。自辰入见,及戌始退,冷水浇背,当头一棒,一旦尽失其故垒,惘惘然不知所从事,且惊且喜,且怨且艾,且疑且惧,与通甫联床竟夕不能寐。明日再谒,请为学方针,先生乃教以陆王心学,而并及史学、西学之梗概。自是决然舍去旧学,自退出学海堂,而间日请业南海之门。生平知有学自兹始。②

康有为采取欲擒故纵的教学方针,先是对"数百年无用旧学"进行批判,吊梁启超他们的胃口,然后才教之以陆王心学,乃至梁启超一接触到心学时就"像打针一般,令人兴奋",并认为心学"高尚纯美,优入圣域"。③

那么,康有为教授的陆王心学具体有哪些内容呢?在《三十自述》中只看到了《宋元明儒学案》的名字,而梁启超在其他场合却提到了另一本不见中土的书:

---

① 梁启超:《饮冰室合集·专集之二十二》,北京:中华书局,1989年,第185页。

② 梁启超:《三十自述》,载林文光选编《梁启超文选》,成都:四川文艺出版社,2009年,第161—162页。

③ 梁启超:《新民说·论私德》,载《饮冰室合集·专集之四》,北京:中华书局,1989年,第140页。

启超昔在震旦,游于南海康先生之门。南海之为教也,凡入塾者皆授以《幽室文稿》,曰:苟志气稍偶衰落,辄读此书,胜于暮鼓晨钟也。仆既受此书,因日与松阴先生相晤对,而并与阁下相晤对者,数年于兹矣。①

《幽室文稿》是日本明治维新志士吉田松阴的著作。

吉田松阴(1830—1859),日本长州藩(现山口县)出身的武士,江户幕府末年的思想家、教育家、兵法家,学于佐间久象山。1854年企图偷渡美国游学被抓获入狱。《幽室文稿》即松阴在监狱中写作的文稿,其中不乏慷慨激昂之作。但是当时还没有日本阳明学运动,吉田松阴也并非阳明学派。对此松阴曾自述:

吾曾读王阳明《传习录》。甚觉有味。顷得《李氏焚书》。亦阳明派。言言当心。向借日孜。以《洗心洞札记》。大盐亦阳明派。取观为可。然吾非专修阳明学。但其学真。往往与吾真会耳。②

可见松阴虽然读过《传习录》《焚书》之类的阳明心学著作,但他却将自家摈弃于阳明学派之外。

我们知道,早在1886年梁启超的老师康有为就收集了大量的日本书籍,到1896年写出了《日本书目记》和《日本变政考》这样的著作。《幽室文稿》大概就是这个时期到康有为之手的,而这一时期刚好和日本阳明学的兴起重合。

也就是说,梁启超在中国的时候,接触过正宗的陆王心学,也学

① 梁启超:《梁启超上品川弥二郎子爵书》,东京:《民报》第24号时评,第22页,1908年10月号。

② [日]吉田松阴:《己未文稿·入江杉蔵に与える书》,载《吉田松阴全集》,山口:山口县教育委员会,1939年,第五卷,第177页。

习了《幽室文稿》那样的日本汉文著作。但此时只停留于“苟志气稍偶衰落,辄读此书,胜于暮鼓晨钟也”,只是以松阴精神来鼓舞其志气,所以梁启超继续说:

> 天假之缘,以政变之故,行迈贵国,自顾菲材,虽不敢仰希先哲,然敝邦今日情形,与贵邦幕末之际相类。每读送生田叙中语,谓今日事机之会,朝去夕来,使有志之士,变喜怒与其间,何能有为。窃服膺斯言,虽波澜诡谲,千起百落,曾不敢动其心也。①

读松阴的文章可以给他增添勇气,激励斗志,坚定信念,但也仅此而已。

1898年梁启超乘日本军舰“大岛号”流亡日本。他在军舰上写了一首《去国行》的诗歌,其中这样写道:

> 尔来明治新政耀大地,驾欧凌美气葱茏。旁人闻歌岂闻哭,此乃百千志士头颅血泪回苍穹。吁嗟乎!男儿三十无奇功,誓把区区七尺还天公。不幸则为僧月照,幸则为南洲翁。不然高山蒲生象山松阴之间占一席,守此松筠涉严冬,坐待春回终当有东风。②

月照(1813—1858),为幕末期尊皇攘夷派的僧侣,名宗久、忍介、忍铠、久丸。南洲为明治功勋西乡隆盛的号。据史载,1858年(安政五年)8月安政大狱时,西乡和月照共同逃出京都去西乡的故

① 梁启超:《梁启超上品川弥二郎子爵书》,东京:《民报》第24号时评,1908年10月号,第22页。

② 梁启超:《去国行》,载《饮冰室合集·文集之四十五(下)》。李国俊编《梁启超著述系年》,上海:复旦大学出版社,1986年,第2页。

乡萨摩藩，不被萨摩藩容纳。于是月照和西乡一起在锦江湾投水自杀。月照不幸溺死，西乡幸而被人救起，所以梁启超称“不幸则为僧月照，幸则为南洲翁”。

高山（1747—1793），本名高山正之，号彦九郎，上野（今群马县）人，尊皇论者，与林子平、蒲生君平并称“宽政三奇人”。其曾往各地宣扬尊王思想，因愤懑而在久留米自杀。

蒲生（1768—1813），即“宽政三奇人”之一的蒲生君平，讳秀实，字君藏、君平，系江户后期儒者，栃木县人。自幼好学，与藤田幽谷、林子平等过从甚密，特别受水户学之影响，重视大义名分论，倾向尊王思想。著和皇族有关的《山陵志》《职官志》，以及《今书》《不恤纬》等，强调幕政改革，抵制外敌（特别是俄国）之必要。

象山（1811—1864），即佐久间象山，本名修理，讳国忠，因崇拜宋代心学家陆象山而号象山。他是江户时期著名朱子学者佐藤一斋的学生，学的是朱子学，主要在兵学方面有成。

松阴即吉田松阴。

这里列举了六个人的共同特点，即他们都是维新之前尊皇攘夷运动的英雄。梁启超将戊戌变法前后的中国与倒幕运动前的日本进行了类比，认为“敝邦今日情形，与贵邦幕末之际相类”，可见他的思想也还停留在尊皇（光绪帝）的水平。

然而这六个人还有一个特点，那就是除西乡南洲以外，月照、高山、蒲生、象山、松阴都不属于所谓的日本阳明学派。

月照、高山、蒲生名不见后来日本阳明学系谱。

佐久间象山和吉田松阴也不能算日本阳明学派。前文已经指出，吉田松阴将自家摈弃于阳明学派之外。

佐久间象山因崇拜陆象山而号象山，这不能说明他是阳明学者，而最多只能算是心学者。佐久间的老师是著名朱子学者佐藤一斋。井上哲次郎的《日本朱子学派之哲学》第四篇第五章即为《佐藤一斋》。

在日本阳明学系谱中,说西乡隆盛是阳明学派的说法最为可疑。井上哲次郎在《日本阳明学派之哲学》第四篇第六章中提出的西乡隆盛是阳明学者的主要证据,是西乡在故乡鹿儿岛时曾跟一个叫伊东潜龙的人学过阳明学。但根据历史记载,伊东潜龙的老师也是佐藤一斋。

不管怎样,赴日本之前的梁启超的阳明学知识,有一大半是来自吉田松阴那样的"日本阳明学"知识,最多只是精神上的崇拜、尊皇攘夷的共鸣,还没有"阳明学是明治维新的原动力"那样的知识。

二　从松阴崇拜到信奉"阳明学是明治维新的原动力"论

根据阳明学研究的开创者岛田虔次先生的说法,"在幕府末期阳明学开始流行,随后逐渐出现了用它来解释维新成果的风潮"①。

详细说来,在 19 世纪末 20 世纪初的日本阳明学运动中,鼓吹者们为了提高日本阳明学的权威,开始把吉田松阴、西乡隆盛等明治元勋说成是日本阳明学的主要人物,从而创造出了"阳明学是明治维新的原动力"的神话。

这一神话的创作逻辑是,由于幕末参与明治维新的长州藩志士木户孝允、高杉晋作、伊藤博文、山县有朋等人皆曾受教于吉田松阴的松下村塾,明治维新成功后这些学生把吉田松阴算作了明治维新的精神领袖和理论指导者。到 19 世纪末日本阳明学运动初起之时,其发动者又将吉田松阴追认为阳明学者,从而创造出了"阳明学是明治维新的原动力"论。② 在今天看来,这完全是日本阳明学创

---

① 引自[日]狭间直树《〈新民说〉略论》,载《梁启超·明治日本·西方》,北京:社会科学文献出版社,2012 年,第 81 页的注 3。可惜岛田先生没有成文。

② 关于这个运动的全貌,可参见本书《何谓"日本阳明学"》一文。

作的“贪天功为己有”的神话。

梁启超正好在这一时期来到日本，接触到了包括三宅雪岭的《王阳明》、德富苏峰的《吉田松阴》、高濑武次郎的《日本之阳明学》、井上哲次郎的《日本阳明学派之哲学》等在内的大量日文书籍，受到了“阳明学是明治维新的原动力”论的影响①，于是他的松阴论从松阴革命精神刺激论，发展到了“吉田松阴培养了明治维新的人才”，发展到了吉田松阴是明治元勋之首：

> 日本维新之首功，西乡乎？木户乎？大久保乎？曰，唯唯否否。伊藤乎？大隈乎？井上乎？后藤乎？板垣乎？曰，唯唯否否。诸子皆以成为成者也。若以败为成者，则吉田松阴其人是也。吉田诸先辈造其因，而明治诸元勋收其果。无因则无果，故吉田辈当为功首也。②

这样的理论再进一步，把吉田松阴算作日本阳明学系谱中的主要人物的话，接受“阳明学是明治维新的原动力”之神话也就顺理成章了：

> 亦知三十年前日本革命之豪杰为何如人乎？彼吉田松阴，西乡南州辈，皆朱学、王学之大儒也。③

但是一句“吉田松阴，西乡南州辈，皆朱学、王学之大儒也”却暴露出了他对日本阳明学还只是一知半解，以及接受日本阳明学时

---

① 根据笔者的调查，梁启超亡命日本前在中国创办的《时务报》（1896—1898），基本上没有“阳明学是明治维新的原动力”、吉田松阴是阳明学者方面的内容，甚至没有谈过吉田松阴和明治维新的关系。

② 梁启超：《自由书》，见《梁启超全集》第二卷，北京：北京出版社，1999 年，第 337 页。

③ 梁启超：《饮冰室合集 · 专集之四》，北京：中华书局，1989 年，第 132 页。

的矛盾心理。在日本阳明学的理论中，朱子学和阳明学处于针锋相对的状态，甚至说朱子学是幕府时的体制派，阳明学派是反体制派；①而中国的儒学传统是宋明理学齐名，朱熹和王阳明各自代表一个时代。所以梁启超基于原有的知识结构，朱学、王学并举，把吉田松阴、西乡南州（应为“南洲”）说成是朱学、王学的儒家之徒。

从此以后，《节本明儒学案》《德育鉴》《新民说》乃至《新民丛报》《饮冰室诗话》等著作中，吉田松阴的事迹频繁登场。更有甚者，梁启超节选了康有为先生传授的松阴的《幽室文稿》，翻译成中文出版，名为《松阴文钞》。在其《叙文》中，对吉田松阴的称赞达到了最高潮：

> 日本现世人物，其啧啧万口者，如伊藤博文、桂太郎辈，皆松阴门下。弟子不待论，虽谓全日本之新精神，皆松阴所感化焉，可也。②

从鼓舞“志气”，上升到为明治元勋之首，再神化为全日本之新精神感化者，随着日本阳明学运动的日益深入，对松阴的赞誉也不断加码。顺便说一句，梁启超在日本时取的日本名为吉田晋。吉田来自吉田松阴，晋则来自高杉晋作。大女儿日本名叫吉田晋子。

就这样，梁启超在日本自然而言地成了“阳明学是明治维新的原动力”的信奉者，终生不变。

不仅如此，有研究表明，1903 年前后梁启超从“日本阳明学”特

① 井上哲次郎说：“信奉朱子学的林罗山受聘于德川氏，三百年间以来朱子学成为官府的教育主义。是故阳明学一开始便受到官府的猜疑，宽政以后更受压抑。是故在官府之人不能公开讲姚江之说，甚至以阳明学为谋叛之说。”［日］井上哲次郎：《日本阳明学派之哲学》，东京：富山堂，1900 年，第 1—2 页。

② ［日］吉田寅次遗书，梁启超节抄：《松阴文钞·叙文》，上海：广智书局，1906 年，第 1 页。

别是井上哲次郎那里获得了“知行合一”的阳明学知识①,而这一倾向终生未变。他在1926年发表的《王阳明知行合一之教》对青年学生的演讲,认为现代学校在教育方法上重视“知”轻视“行”,造成学生读死书、死读书与不明世事的弊病,他要求学生重视行动。这和日本阳明学重视“事功”的观点是一致的。

三　梁启超与“日本阳明学”的人物们

在日本阳明学运动及其吉田松阴神话、“阳明学是明治维新的原动力”等的虚构中②,除三宅雪岭以外,梁启超和其他三人德富苏峤、高濑武次郎、井上哲次郎等都有千丝万缕的联系,受到了很大的影响。

(一)梁启超和德富苏峰

在梁启超的阳明学知识学习过程中,日本主义者德富苏峰的影响不容小觑。

众所周知,梁启超对德富苏峰是非常崇拜的。在《新民丛报》中德富苏峰经常出现,备受赞誉:

> 余既戒为诗,乃日以读书消遣,读德富苏峰所著《将来之日本》及国民丛书数种。德富氏为日本三大新闻主笔之一,其文雄放隽快,善以欧西文思入日本文,实为文界别开一生面者。余甚爱之。中国若有文界革命,当亦不可不起点于是也。苏

① 参见[日]末冈宏《梁启超和日本的中国哲学研究》,载狭间直树编《梁启超·明治日本·西方》,第159页,北京:社会科学文献出版社,2012年。

② 请参见本书《何谓“日本阳明学”》一文。

峰在日本鼓吹平民主义甚有功，又不仅以文豪者。①

梁启超所办《清议报》和《新民丛报》的新文体非常像德富苏峰，乃至梁戏称自己为“中国的德富苏峰”，甚至有人说梁启超剽窃德富苏峰。②

在日本最初对吉田松阴加以大力彰显的是德富苏峰的《吉田松阴》一书，德富苏峰曾盛赞吉田松阴所主导的“松下村塾是孵化颠覆德川政府之卵的温室之一，是点燃维新革命天火的圣坛之一”③。梁启超受其影响，在1903年之前极力鼓吹反满革命，号称要“打破局面”：

昔日本维新主动力之第一人曰吉田松阴者，尝语其徒曰：“今之号称正义人，观望持重者，比比皆是，是为最大下策；何如轻快捷速，打破局面，然后徐图占地布石之为愈乎？”日本之所以有今日，皆恃此精神也，皆遵此方略也。④

“打破局面”，其实就是从德富苏峰那里得到的所谓松阴的“革新”精神：

他的攘夷尊王之大义，以至其可行之方策，亦倾注于打破局面之一事。岂不知破坏性作用，此亦有时会成为革新之绝好

---

① 梁启超：《夏威夷游记》，载《饮冰室合集·专集之二》，北京：中华书局，1989年，第191页。

② 可参见冯自由《日人德富苏峰与梁启超》，载《革命逸史》第四集，重庆：商务印书馆，1946年初版，第269—271页。

③ 见[日]德富苏峰《吉田松阴》，东京：岩波书店，1981年，第159—160页。

④ 梁启超：《新民说》，载《饮冰室合集·专集之四》，北京：中华书局，1989年，第69页。

手段。……打破局面，乃他毕生之方策也。①

根据郭连友的推测，梁启超不仅给德富苏峰写过信，可能还和苏峰见过面。这虽然和本文的宏旨无关，但来到日本后梁启超的松阴观乃至革命观受到德富苏峰《吉田松阴》一书的影响，却是不争的事实。

（二）梁启超和高濑武次郎

日本亡命前的梁启超，作为戊戌政变的主要参加者，可以说是一个稳健的维新政治家。

戊戌变法失败后，彼去日本亡命在横滨居住后，身份从革命家摇身一变为媒体人，接二连三地创办《清议报》、《新民丛报》和《新小说》之类的报刊，从事唤起民众的宣传活动，同时也写一些墨子研究那样疑似学术研究的著作。这一华丽变身，和日本阳明学的影响有关。

按照本书的日本阳明学视角，社会运动日本阳明学的本质，不在于对明代的那个中国阳明学进行学术发掘、哲学创新，而在于从明代王阳明那里断章取义地拿出“心即理”“致良知”“知行合一”的思想材料，来对抗明治维新以后走过了头的西洋化，“改革精神界，振救社会良心，挽救国民品行的堕落”②。在这方面，高濑的理论起了非常大的学术性包装作用。

曾有学者指出，日本阳明学的学术大师井上哲次郎和高濑武次郎的中国哲学研究，给予梁启超以极大影响。③

---

① 这一段转引自郭连友《吉田松阴与近代中国》第七章《梁启超与吉田松阴》，北京：中国社会科学院出版社，2007 年，第 188 页。

② 原文为文言文，译自［日］冈田武彦《复刻阳明学·总论》，载《阳明学》第一卷《解说》，东京：木耳社，1983 年再版，第 1 页。

③ 以下文章参考［日］末冈宏《梁启超和日本的中国哲学研究》，载狭间直树编《梁启超·明治日本·西方》，北京：社会科学文献出版社，2012 年，第 143—167 页。

首先，从学术方面的影响来看，梁启超所著的《子墨子学说》，基本上是利用高濑的《墨子哲学》一书写成的，两书的逻辑手法和思想有着共通点，也有相违点，值得注意。

其次，梁启超认为康德、黑智儿（黑格尔）的道德主义和阳明心学具有内在的一致性，说：

> 故以良知为本体，以为慎独为致之之功，此在泰东之姚江，泰西之康德，前后百余年间，桴鼓相应，若合符节。①

而将阳明心学作为东洋哲学的代表，与西方哲学进行比较，是日本阳明学的发明，也是所谓阳明学近代化的一个标志。

在前述三宅雪岭的《王阳明》中，三宅将王阳明和苏格拉底、康德、黑格尔、叔本华、哈特曼哲学进行了直接的比较，特别是他认为王阳明的“心”类似于黑格尔的精神哲学的“精神”。

井上哲次郎也说：“根据吾人所见，康德、黑格尔等人的道德主义，大体上都是正确、适宜的，所以应该和我国固有的道德主义调和合一，认为知识的研究和心德的磨炼，可以建成新的道德主义。”②

高濑武次郎将大盐中斋（平八郎）和康德比较，说：

> 中斋有知行合一、理气合一、天人合一、心理不二、良心论、性情论等讲理论和实行的关系的学说。此中倾向于理论的东西，或讲实行的东西颇多，虽然不能和前面所说五个纲领完全契合，却也和以知行合一为主的阳明学的神髓不悖反。近世西洋哲学的泰斗康德，长于分析和综合，巧妙地分析和综合，或著纯理批判之论，或别立道德论之案，学理和实行全然区别，其道

---

① 梁启超：《新民说》，载《饮冰室合集 · 专集之四》，北京：中华书局，1989 年，第 139 页。

② ［日］井上哲次郎、蟹江义丸编：《日本伦理汇编叙》，东京：育成会出版部，1902 年。

德论和他的其他哲学论不断结合，异曲同工。①

所以我们看到梁启超在《子墨子学说》中，将墨子与西方思想，譬如柏拉图、基督教、霍布斯、洛克、卢梭、康德、边沁、约翰·弥勒以及社会主义等比较时，也就不足为奇了。这和日本阳明学将王阳明的学说与西方哲学家们相比是如出一辙的。

（三）梁启超和井上哲次郎

将学术从学院释放出来，以学术之名发动社会运动，以阳明学为“国民道德的基础”，正是“日本阳明学”开启的社会风潮。井上哲次郎说：

> 若要知道我邦国民的道德心的内涵，需要领悟熔铸陶冶国民心性的德教精神。这就是本书叙述的日本阳明学派哲学那样的东西。②

日本阳明学式的鼓吹阳明学的心学原则构筑日本人的精神世界、以表彰古典来育成国民意识和国民道德的手法，极大地影响了梁启超。

梁启超在自己创刊的杂志上，发表了《自由书》《国民十大元气论》《少年中国说》《新民说》《新民议》《保教非所以尊孔论》等论文，提出了国民改造论和新民说。这些虽说是论文，却非学术研究，只是些宣传维新理论、启蒙民众、提出救国方针，以吸引中国的广大民众，掀起一场社会运动。所以狭间直树认为，梁启超的“新民说”，并不是他作为思想家、学者写的学术著作，政治目的是其第一

① 《日本之阳明学》榊原文盛堂改订，1907 年版。
② ［日］井上哲次郎：《日本阳明学派之哲学》，东京：富山堂，1900 年，第 2 页。

要义，所以文中经常出现涵养“国家主义”“国家思想”那样的话语是不足为奇的①。

换言之，日本阳明学发明的以阳明学乃至中国哲学史的口号为国民道德、国民国家的政治主张服务的手法，给了梁启超极大启示。② 譬如“新民”说来自朱子。朱子将“亲民”改为“新民”：“‘亲，当作新。’新者，革其旧之谓也，言既自明其明德，又当推己及人，使之亦有以去其旧染之污也。”③主要是使“民”在学者的教化下，完成德性的原始复归，复其本性之初的“明德”状态。而梁启超说：

> 本报取《大学》“新民”之义，以为欲维新吾国，当先维新吾民。中国所以不振，由于国民公德缺乏，智慧不开。故本报专对此病而药治之，务采合中西道德，以为德育之方针；广罗政学理论，以为智育之本原。④

赋予了“新民”以“维新”的意义，以伦理道德的革新来发起社会变革，以“采合中西道德”为德育的方针，而“伦理”一词是井上哲次郎的首创，他认为西洋的康德、黑格尔的道德主义是正确的伦理判断基础，应该以之和“我国以前的道德主义加以调和”⑤。

梁启超曾经编过《节本明儒学案》。《节本》将约一百万字的《明儒学案》按照某种目的加以浓缩而成，而这个目的不是研究陆王心学本身，而是为了有益于“身心之修养”作为“德育之法程”，也就是所谓“国民教育”。⑥ 书中所说“治王学者，其所信之主义，曰知

---

① ［日］狭间直树：《〈新民说〉略论》，载狭间直树编《梁启超·明治日本·西方》，北京：社会科学文献出版社，2012 年，第 62—86 页。

② ［日］末冈宏：《梁启超和日本的中国哲学研究》，载狭间直树编《梁启超·明治日本·西方》，北京：社会科学文献出版社，2012 年，第 143—167 页。

③ 《四书章句集注》，北京：中华书局，2011 年，第 3 页。

④ 梁启超：《饮冰室合集·集外文》，北京：北京大学出版社，2005 年，第 75 页。

⑤ ［日］井上哲次郎、蟹江义丸编：《日本伦理汇编叙》，东京：育成会出版部，1902 年。

⑥ 《节本明儒学案》的出版广告。《新民丛报》七十。

行合一,故其人身教之功,比诸言教之功,为尤大欲观其精神,无宁乎于其行事求之”,就是直接翻译井上哲次郎的《日本阳明学派之哲学》的结论部分。①

再如武士道。梁启超在1904年写下了《中国之武士道》一书,从羡慕日本武士道思想出发,企图从中国古代“慷慨悲歌之士”即(不亚于日本的)中国武士那里找到为了某种理念悲壮死去的系谱。此书看上去有点像学术著作,有历史资料的引用提示、解释再加论述。然而,唤起中国人的尚武精神,改造文弱的国民性,提倡公德、自由、冒险和自尊道德之内容,都只是日本阳明学式的,通过中国古典的尚武思想,形成国家主义国民道德,塑造强硬的国民精神,唤起革新社会的运动的呼吁檄文式的东西。

可见梁启超的《中国之武士道》,明显受到了井上哲次郎的影响,且不说井上哲次郎就是《日本武士道丛书》的编纂者。梁启超在《尚武论》中这样论述日本武士:

> 我东邻之日本,其人数仅当我十分之一耳,然其人剽疾轻死,日取其所谓武士道大和魂者,发挥而光大之。故当其征兵之始,尚有哭泣逃亡,曲求避免者。今则入队之旗,祈其战死,从军之什,祝勿生还,好武雄风,举国一致。且庚子之役,其军队之勇锐,战斗之强力,且冠绝联军,使白人俯首倾倒。近日汲汲于体育之事,务使国民皆具军人之本领,皆蓄军人之精神。彼日本区区三岛,兴立仅三十年耳,顾乃能一战胜我,取威定霸,屹然雄立于东洋之上也。曰:惟尚武故。②

---

① [日]末冈宏:《梁启超和日本的中国哲学研究》,载狭间直树编《梁启超·明治日本·西方》,北京:社会科学文献出版社,2012年,第159页。

② 梁启超:《尚武论》,载《饮冰室合集·专集之四》,北京:中华书局,1989年,第109—110页。

一般认为这是来自井上哲次郎的论调。“武士道本从日本民族尚武的秉性中胚胎而来的”,“武士道是付诸实践的一种精神训练,是以日本固有之尚武秉性作为基础”,甲午战争、八国联军中,“我士兵武勇之高涨,乃是因其具有武士道之精神”。从对日本民族尚武秉性的倾倒,到对八国联军(庚子之役)日本士兵的绝赞,都不能不说是类似的。[1]

从标题《尚武论》来看,显然是模仿了新渡户稻造《武士道》(1900年)一书。而新渡户稻造也是参与日本阳明学运动的重要人物,“阳明学对日本武士道的发展起了重要作用”就是他的理论贡献。[2]

结　语

对于中日两国阳明学的区别,历来有许多判别标准,譬如井上哲次郎的“事功”之别[3],高濑武次郎的“事业性的”和“枯禅性的”之争,沟口雄三的“心本主义”和“理本主义”之辨[4]。

近年来,荻生茂博氏和小岛毅氏围绕有无“近代化”的因素,来评价两国的阳明学。他们都认为日本的阳明学是“近代化了的阳明学”“日本近代的阳明学”,而中国的阳明学是“前近代的阳明学”。[5] 虽然他们都对井上哲次郎为首的日本阳明学进行过批评,

① 参见陈继东《在中国发现武士道——梁启超的尝试》,载《台湾东亚文明研究学刊》第七卷第二期,台北:台湾大学出版中心,2010年,第239—240页。

② 参见[日]小岛毅《日本近代の陽明学》,东京:講談社選书メチエ,2006年,第81页。

③ 井上哲次郎说:“阳明学往往不免被人说是浅薄,但其学者单刀直入得其正鹄,确为朱子学所不及。……又如熊泽蕃山、大盐中斋、佐久间象山、吉田松阴、西乡南洲等,都应看他们的事功。”[日]井上哲次郎:《日本阳明学派之哲学》,东京:富山堂,1900年。

④ [日]沟口雄三:《日本的陽明学をめぐって》,杂志《現代思想》特集《日本人の心の歴史》1982年。

⑤ 请参见以下著作,[日]荻生茂博:《近代・アジア・陽明学》,东京:ぺりかん社,2008年;[日]小岛毅:《近代日本の陽明学》,东京:講談社選书メチエ,2006年。

但是他们的近代化评价基准本身,却来源于从高濑武次郎到井上哲次郎在明治时期创立的阳明学认知和标准。

按照这种标准,中国历史在明代以后已经停滞不前了(所谓"中国停滞论"或"亚洲停滞论"),这种停滞是中国阳明学的消极因素造成的,或至少脱不了干系;而日本通过明治维新实现了近代化,明治维新成功的原动力是日本阳明学。

日本阳明学不仅用阳明学来解释明治维新,还企图用他们创造的日本阳明学的一些原理来塑造日本新的"国民道德"和明治时期帝国宪法颁布之后的日本人的精神世界,按照冈田武彦的解释,这叫作:

> 高举阳明学,以此来革新世间风气,维持国体,发扬国威。也就是持有国际主义思考,主张国粹主义。①

阳明学——中国明代儒家的一个流派而已——是否在异国他乡的日本实现了近代化,怎样解释这个近代化,是一个牵涉阳明学以外的其他思想流派乃至整个中国古代思想能否近代化、怎样才能近代化的大问题,我们对此存在着深深的怀疑态度。但此问题并非一两句话就可以说清,暂且不提。

但是,通过对日本阳明学的辨析,我们窥知到了所谓日本阳明学近代化的秘密:日本阳明学的近代化,无非就是利用明代王阳明思想中的一些思维方式和行为模式来进行"革新世间风气,维持国体,发扬国威"(前举冈田武彦语),说穿了就是对明代王阳明思想中的一些因素进行的一种近代式的政治上、思想上的利用。这也是我们抛弃包括近代化的日本阳明学在内的学术性思维方式,将日本

① [日]冈田武彦:《复刻阳明学·总论》,《阳明学》第一卷,东京:木耳社,1983年再版,第7页。

阳明学判定为一种社会运动的主要原因。

本文站在以上日本阳明学的视角，利用已有的研究成果，对梁启超的阳明学进行了独特的审视、分析和重新定位。

梁启超的阳明学知识、见解，基本上来自19世纪末20世纪初在日本展开的作为社会运动的日本阳明学。虽然其中带有一些学术性的东西，但是绝大多数都是围绕其政治目的展开的：讲松阴的精神是为了提高叛逆“志气”，鼓舞造反意志；以“革命家”称颂松阴，是他1903年前后大讲“反满革命”的需要；对中国人极力宣传“阳明学是明治维新的原动力”，是为了从中国传统思想中发掘出推动中国革新的材料；讲“新民”是为了维新吾民，开启国民的智慧，提高他们的德育智育水平；讲以阳明学为背景的武士道，是为了唤起中国人的尚武精神，改造文弱的国民性；《节本明儒学案》不是什么学术著作，而是类似于《松阴文钞》那样的开启民智的启蒙书物；连讲清朝的考证学是中国的“文艺复兴”，也是从日本阳明学那里得到的启示；①等等。这些都说明梁启超的阳明学，和日本阳明学之社会运动乃至思想运动性质是高度一致的。

---

① 见1920年梁启超著《清代学术概论》。根据末冈宏的研究（《梁启超和日本的中国哲学研究》，载狭间直树编《梁启超·明治日本·西方》，第143—167页，北京：社会科学文献出版社，2012年，这一见解也是从井上哲次郎《日本古学派之哲学》一书中得到启发的。

张君劢和“日本阳明学”

张君劢1958年参加发表《新儒家宣言》,似乎进入了新儒家之列,但是比起牟宗三、钱穆、唐君毅、徐复观等人,他的新儒家学术水平应该说是很普通的,有人评价他的学问“致广大”或有之,“尽精微”稍逊之,可谓恰到好处。可以说,从1949年在政治上头撞南墙,到1958年发表“新儒家宣言”进入学术界,1955年写作的《比较中日阳明学》充其量是张君劢离开政治界奔赴新儒家学术界途中的一本学习笔记而已。然而就是这样一本小册子,却得到了许多人的掌声。本文根据已有的研究成果,以本研究的日本阳明学论为视角,重新审视张君劢和《比较中日阳明学》,弄清张君劢的阳明学知识究竟是从哪里来的,他接受了哪些日本阳明学理论,从日本阳明学得到了哪些启示。

一　张君劢其人其事

张君劢(1887—1969),本名嘉森,字士林,号立斋,江苏宝山(今上海市宝山区)人。六岁入私塾,十二岁进入上海江南制造局广方言馆学习。二十岁去日本留学,在早稻田大学学习法律和政治学,后留学德国学习哲学。

张君劢一生在政治和学术之间徘徊。在政治方面,他 1932 年和张东荪一起组建中国国家社会党(民社党前身)。1946 年国家社会党和中国民主宪政党合并,改为中国民主社会党,张君劢仍任主席。1941 年参加发起筹组中国民主政团同盟(后改称中国民主同盟),任中央常务委员。1945 年出席联合国会议,任联合国宪章大会组委员。1945 年 4 月至 6 月,张君劢代表中华民国签署《联合国宪章》。1946 年任政治协商会议代表,并起草了《中华民国宪法》,参加重庆国民政府的国民参政会。

1949 年 11 月,张君劢应邀赴印度讲学,逐步淡出中国政治。1952 年远走美国,潜心文化学术,鼓吹复兴中华文化,1957 出版《新儒家思想史》①,开始提倡新儒家。1958 年和唐君毅、牟宗三等人联名发表了"新儒家宣言"《为中国文化敬告世界人士宣言》,宣告了儒学自"五四运动"被"打倒孔家店"以来,再次在现代中国思想舞台登场。

在此之前 1955 年,他居住在美国华盛顿,写了一本题为《比较中日阳明学》②的小册子,于台湾出版,为二战后在中国首次举起了彰显阳明学的大旗。《比较中日阳明学》只是一本不到一百页的小册子,一个名为"现代国民基本知识"丛书里面的一本;虽然命名为《比较中日阳明学》,在日本人看来没有什么学术价值,但毕竟是中国第一本这方面的书。

现在中国新儒家俨然是一门显学,甚至出现了台湾新儒家和大陆新儒家争论谁是本家的滑稽事情。研究张君劢的也不乏其人,但是一直没有研究他的《比较中日阳明学》。由于《比较中日阳明学》

① 张君劢 1957 年出版的《新儒家思想史》,被誉为新儒家最初的著作。原文为英文写成,台北弘文馆出版社 1986 年出版中文版。

② 《现代国民基本知识》第三辑,台北:"中华文化出版事业委员会",1955 年。

是专门比较研究中国和日本的阳明学的著作，于是本文沿用本研究的日本阳明学视角对《比较中日阳明学》的内容进行探讨，澄清日本阳明学对张君劢的影响。

二　写作《比较中日阳明学》的目的

看完上节对张君劢生平的介绍之后，人们不禁要问，厌倦了政治突然回到学术界的张君劢，一个远离学术界多年，对日本的学术毫无造诣的门外汉，为何会异军突起，以“比较中日两国的阳明学”这样冷僻的题目，作为自己重新打开儒学大门的敲门砖的呢？如果说他关于宋明理学的素养来自家学私塾的话，其日本阳明学知识又是从哪里来的呢？

《比较中日阳明学》的目录如下：

引言
卷上
篇一　阳明学说体系
篇二　王学衰落
篇三　考证学或经学能取理学或哲学之地位而代之乎
卷下
篇四　日本阳明学之兴起
篇五　日本阳明学的复兴及其赞助日本开国与维新大业
篇六　日本阳明学之特色与中日王学之合作
校后记　（牟宗三）

关于《比较中日阳明学》的著作目的，他在《引言》里写道：

> 日本王学者在实行方面之义勇与活泼为吾国人所不及，故应采日本之长，补吾国之短。①

在《篇六》写道：

> 日本尝以王学而造成开国维新之大业。同一学说，而彼此结果大异，可以证明末之失败乃解释王学者之责而非王学自身本有之果效。吾更考之近代欧美哲学，以比较王学，因其可以相通，益以坚吾之信。因其不相通而认为应加以修正或补充，以合于现世之需要，此非吾国人自身所当努力者乎？
>
> 我更有欲言，日本王学者心地之纯朴，与力戒言而不行之弊，大足为国人师法。②

张君励认为日本阳明学在实践方面有非常优秀的地方，值得中国人学习效法，如果学好后运用于中国的现实，掀起一番行动，必定大有作为。拿《校后记》中牟宗三的话说，叫“振兴王学，借鉴日本，恢复其活泼泼之事业精神”③。

然而，回顾张君劢1955年写作此书时，日本刚刚签订《旧金山和约》不久，还没有从战败的苦难深渊中挣扎出来。战前一度如火如荼的日本阳明学社会运动奄奄一息，再也恢复不了过去的辉煌和荣光。作为中国哲学史之一环的宋明理学研究，也处于极端不振的境地。1970年自称“阳明学者”的著名作家三岛由纪夫曾这样描述战后日本阳明学的现状：

① 张君劢：《比较中日阳明学》，台北：“中华文化出版事业委员会”，1955年，第4页。
② 张君劢：《比较中日阳明学》，台北：“中华文化出版事业委员会”，1955年，第93页。
③ 牟宗三：《校后记》，载张君劢《比较中日阳明学》，台北：“中华文化出版事业委员会”，1955年。

作为行动哲学的阳明学,现在被埋葬在尘埃中、置放在架子上的书籍罢了。据说朱子学以别的形式得到复兴,作为朱子学的一个分派的阳明学,除了一部分爱好者,只有其名称勉强为人所知。在美国研究阳明学的学者似乎有三个人,在日本也只被两三个号称阳明学家的学者所继承。对政治家、现实中的行动家应该有用的基本哲学的优点却遗失殆尽。①

其中提到美国的三个阳明学者,似指陈荣捷、狄百瑞和秦家懿;日本的两三个学者,大概是指岛田虔次和山下龙二等人。

尽管如此,上述张君劢的话(包括牟宗三的《校后记》),丝毫没有顾及20世纪50年代初日本当时的困窘现实和日本阳明学的凋落状况,没有考虑过日本为何有日本阳明学那样的过去辉煌却没能摆脱二战失败的命运,没有思量过日本战败的思想因素。他们憧憬的、脑海里记忆的依然是日本帝国辉煌的过去,那明治中叶到大正时期的社会运动日本阳明学的盛况和荣光,企求再现日本式的"活泼泼之事业精神",这就是张君劢写作《比较中日阳明学》的目的。

三 《比较中日阳明学》的基本特征

《比较中日阳明学》分为两个部分。"卷上"专门讲明代王阳明的学说和发展衰落过程。

《篇一 阳明学说体系》,将王阳明的学说分为六方面加以简单概括论述。

(甲)理与气

① [日]三岛由纪夫:《作为革命哲学的阳明学》,载《三岛由纪夫全集》第十一集"评论",东京:新潮社,2000年,第277页。

(乙)心与理

(丙)身、心、知、意、物

(丁)知与行

(戊)致良知

(己)万物一体为立己立人之准则

根据张君劢的解说,(甲)(乙)(丙)总的来说是理气合一、心理合一,身、心、知、意、物为一件(一体),也就是"心即理"。

(丁)讲述了知行关系"知行合一",认为那是阳明学中最重要的学说。

(戊)讲述了"致良知",说那是王阳明成熟期的语言,良知是其宇宙论的本源。

(己)讲述了"致良知"的扩大和运用,认为那即是"经国经民"。

结果,他把王学的精华概括成了"心即理""知行合一""致良知"三点。而我们知道这样三点快餐式的概括法是日本阳明学的拿手好戏。

如果说"卷上"部分还没有什么大问题的话,"卷下"的日本阳明学部分则问题多多。

《篇四》的(甲)主要讲到中江藤树为止,也就是到日本阳明学诞生为止,儒学在日本传播和发展的历史。

(乙)为《日本阳明学之兴起》。这一部分基本上抄袭井上哲次郎的《日本阳明学派之哲学·叙论》部分。

首先,他说在日本朱子学和阳明学曾经同时并行流传,比之阳明学的时断时续,朱学的流派则更久远而不绝。其理由张君劢直接引用井上的"朱子学为官府之教育主义""阳明学则官府视为谋叛之学"①的话来作论证。②

其次,张君劢论述了日本朱子学和阳明学的异同,更是原封不动地引用了井上哲次郎那段关于朱子学和阳明学异同的五点,以之来说明两派的特征:

井上哲次郎更论两派之异同。甲曰一为尊德性,一为道学问。乙曰一为理气二元论,一为理气一元论或理气合一论。丙曰朱子主张心有理气两面,阳明以为心明则理自明,故有心即理之言。丁曰朱子以为为明理计,不能不博闻广见,阳明以为真正之知存于吾心,不需外求。戊曰朱子先知后行,阳明反之,有知行合一之说。③

紧接着张君劢比较说明了两派的长处和短处,所作的论证也还是直接引用井上哲次郎的话而已:

井上哲次郎以为两派各有短长,不易定其得失。然以为朱派多博学多闻之士,然不免固守迂腐之病。王学有偏于主观之弊,然使学者单刀直入,得达于正鹄,自为朱子派之所不及。④

再次,张君劢认为中江藤树是日本阳明学"提倡第一人者",讲述了其事迹、文章和思想。这一段论述基本上是将《日本阳明学派之哲学》的内容直接翻译成中文而已。

具体而言,《比较中日阳明学》第60、61、62页关于中江藤树事

---

① 见井上哲次郎《日本阳明学派之哲学·叙论》,东京:富山房,1900年,第2页。

② 张君劢:《比较中日阳明学》,台北:"中华文化出版事业委员会",1955年,第59页。

③ 张君劢:《比较中日阳明学》,台北:"中华文化出版事业委员会",1955年,第60页。井上的话见《日本阳明学派之哲学·叙论》,东京:富山房,1900年,第3—4页。

④ 张君劢:《比较中日阳明学》,台北:"中华文化出版事业委员会",1955年,第60页。井上的话见《日本阳明学派之哲学·叙论》,东京:富山房,1900年,第2页。

迹和文章的介绍，基本上是将《日本阳明学派之哲学》第一编《中江藤树及藤树学派》第一章《中江藤树·第一事迹》第7页到14页的有关部分切下来再组合进文章。

《比较中日阳明学》第62页有下面一段话：

> 藤树之宇宙观，井上哲次郎名之曰“一元的宇宙观”，以三语为之说明。一曰神人合一，二曰物我一体，三曰内外莹彻。

“一元的宇宙观”一句在《日本阳明学派之哲学》的第42页，“神人合一”“物我一体”“内外莹彻”在第81至83页。

四 “日本阳明学”系谱与明治维新

《比较中日阳明学》“篇五”的题目是《日本阳明学的复兴及其赞助日本开国与维新大业》，该章第一节在前一节以中江藤树为日本阳明学的兴起的基础上，介绍了日本阳明学的概况。他以大盐平八郎的《古本大学刮目》为日本阳明学的最优秀著作，然后论及佐藤一斋，说其门下人才丰富，再以三轮执斋为日本阳明学的中兴之祖。（甲）（乙）（丙）三节，分别叙述了执斋、一斋和大盐中斋（平八郎）。其描绘的日本阳明学的系谱，大致如下：

中江藤树
大盐平八郎
佐藤一斋
三轮执斋
佐久间象山
吉田松阴

高杉东行
池田草庵
吉村秋阳
奥宫慥斋
竹村悔斋
大桥讷庵(朱子学)
栗栖天山—河井秋继—川田瓮江
山田方谷
东泽泻
伊东潜庵　大久保甲东　西乡隆盛
柳泽芝陵
泽村西坡
林圣宇(朱子学)
中村敬宇(朱子学)

前文已经多次指出,日本阳明学的系谱是由三宅雪岭的《王阳明》原创、高濑武次郎的《日本之阳明学》发展、井上哲次郎《日本阳明学派之哲学》定型的。三个系谱如下:

三宅雪岭 《王阳明》	高濑武次郎 《日本之阳明学》	井上哲次郎 《日本阳明学派之哲学》
中江藤树	中江藤树	中江藤树与藤树学派
熊泽蕃山	熊泽蕃山	渊冈山
三轮执斋	北岛雪山	熊泽蕃山
川田雄琴	三宅石庵	北岛雪山
佐藤一斋	三轮执斋	三重松庵
大盐平八郎	川田雄琴	三宅石庵
春日潜庵	中根东里	三轮执斋

续表

西乡隆盛	镰田柳泓	川田雄琴
高杉晋作	梁川星岩	中根东里
竹村海斋	大盐平八郎	林子平
	佐藤一斋	佐藤一斋
	吉村秋阳	梁川星岩
	山田方谷	大盐平八郎与中斋学派
	奥宫慥斋	宇津木静区
	池田草庵	林良斋
	春日潜庵	吉村秋阳
	伊藤茂右卫门	山田方谷
	西乡隆盛	横井小楠
	大久保	奥宫慥斋
	海江田诸士	佐久间象山
		春日潜庵
		池田草庵
		柳泽芝陵
		西乡隆盛
		吉田松阴
		东泽泻
		真木保臣
		锅岛闲叟

可见张君劢《比较中日阳明学》的日本阳明学系谱基本上是上述三表的综合，接近于井上哲次郎的《日本阳明学派之哲学》。

第二节讲述日本阳明学对明治开国和维新的贡献，他说：

日本阳明学对于开国与明治维新之贡献，尤为卓越。此时期中无伟大之阳明学理论家，然佐久间象山与吉田松阴之于开国，西乡隆盛与伊藤博文等之于远略政策，皆有大功于日本，而其熏陶之效，阳明学有以致之。①

随后，他对为何说这四人是明治维新的第一功劳者作了论证。

对于佐久间象山的论证，用了一种非常奇妙的逻辑。他说"佐久间氏为服膺朱子，不得以之列于王学"②，然象山的"西洋艺术，东洋道德"论非常精彩。其对东西洋文化之短长，能作公平之判断，有功于日本思想界。这样的诡辩，也是来自井上哲次郎。

井上哲次郎在《日本阳明学派之哲学》中将佐久间象山列入阳明学派，但提示的证据，不是《象山全集》的文章，而是几首诗词里所表露的一些思想倾向而已。《日本朱子学派之哲学》的《附录第三 佐久间象山的人格和学说》则基于《象山全集》，认为象山的学问是朱子学。

按照井上的诡辩逻辑，象山不是阳明学者。但"吉田松阴是象山门人，所以把象山算作阳明学者也是可以的吧。松阴的门人高杉东行也是阳明学者"③。也就是说，吉田松阴和高杉晋作是明治维新最大的功劳者，为了将明治维新和阳明学拉上关联，不得不将二人算进阳明学。为此松阴的先生佐久间象山，也必须和阳明学拉上关系，不然就说不过去。

所以在下面的《乙 吉田松阴》一节中，张君劢提示的"松阴是阳明学者"的证据，就是"松阴的老师是阳明学者的佐久间象山"。他

① 张君劢：《比较中日阳明学》，台北："中华文化出版事业委员会"，1955 年，第 72 页。

② 张君劢：《比较中日阳明学》，台北："中华文化出版事业委员会"，1955 年，第 74 页。

③ 《日本朱子学派之哲学》之《附录第三 佐久间象山的人格和学说》，第 883 页。而第一个提出高杉晋作为阳明学者的，是三宅雪岭《王阳明·祖述和反抗》一节，提示的唯一证据，是高杉晋作在一本《传习录》后写了一首诗："王学振兴圣学新，古今杂说途沉湮。唯能信得良知学，即是羲皇以上人。"

前面还说“佐久间氏为服膺朱子，不得以之列于王学”，马上又改口说是“阳明学者”。这种井上的发明循环证明法和强词夺理，在张君劢论证阳明学和明治维新的关联时经常使用。

在《丙 西乡隆盛》中对西乡是阳明学者的证明，使用了德富苏峰写的《西乡隆盛先生》①传记。他说：

> 吾读西乡传，知其早年曾读近思录与治阳明学。兹依德富苏峰所作西乡传，录其手抄之佐藤言志录以见其修身养心之功……②

读《近思录》就应该是朱子学者，为什么非要朝阳明学去扯呢？

《丁 伊藤博文》论述伊藤博文，其论证只是叙述伊藤博文的政治功绩和豪侠忠义之举。这样的论证是张君劢的无奈之举，因为虽然伊藤是松下村塾生徒，但其政治生涯堪称日本帝国主义的缩影，连日本学者也耻于说伊藤博文是阳明学者，至少井上哲次郎没有说过。最后关于伊藤博文被韩国义士安重根暗杀一事，张君劢居然说伊藤博文“可谓其能实践吉田松阴氏‘死而后已’四字之遗训者”③，作为一名中国学者说出这样的话真是难以理解。

五　关于“日本阳明学”的特征

在《比较中日阳明学》中《篇四 日本阳明学之兴起》（第60页），张君劢如下论述了日本人的性格和阳明学的关系：

> 第一，阳明学简易直截，因而合于日人快刀快刃之性格。

① [日]德富苏峰：《西乡南洲先生》，东京：民友社，1926年。
② 张君劢：《比较中日阳明学》，台北：“中华文化出版事业委员会”，1955年，第80页。
③ 张君劢：《比较中日阳明学》，台北：“中华文化出版事业委员会”，1955年，第83页。

第二，阳明学侧重于“即知即行”，合于日人勇往直前之习惯。

第三，日本人注重事功，将阳明学应用于人间社会，发生大效果。

这一段话可谓《比较中日阳明学》最有名的部分，现在还被一些中国学者反复引用和转述。其实这几句话也出自井上哲次郎《日本阳明学派之哲学・结论》部分，张君劢只不过把它们转述翻译成了中文，再加了个一二三而已。

“第一，阳明学简易直截，因而合于日人快刀快刃之性格”一段，为井上井上哲次郎这一段话的翻译：

然るに學として陽明學より單純なるはなし。易簡直截といふものの洵に当たり。是を以て日本人の陽明學に接するや，其性其物と適合し，此れを以て彼れを迎へ，彼れを以て此れに容れ，相互融会して一となり。……

（《日本阳明学派之哲学・结论》，第574页）

“第二，阳明学侧重于‘即知即行’，合于日人勇往直前之习惯”一段，为这一段话的翻译：

其實行に資すべき者の多きは，断乎として疑ふべからず。陽明學派の人，论著甚だ少なきも，彼等の行状は著書に代わるべきもの。……知行一致が彼等の主义なるが如く，彼等は其知る所を實行せり。

（《日本阳明学派之哲学・结论》，第575页）

“第三，日本人注重事功，将阳明学应用于人间社会，发生大效

果”,为这一段话的翻译:

> 然れども日本の陽明派は實に活潑なる事跡を成し,赫奕たる痕跡を留め,支那の陽明派に優ること遠しとなす。
>
> (《日本阳明学派之哲学·结论》,第574页)

在《篇五 日本阳明学的复兴及其赞助日本开国与维新大业》的结尾部分,张君劢将“日本阳明学”特征概括成以下五点:

> 第一,日本学者对于朱王两家,绝不偏袒。……良以道为天下之公道,学为天下之公学,与其为甲乙之争,何如并行不悖之为得。
>
> 第二,日本王学对于知行合一与即知即行八字,尤为着重。言而不行日人引为深耻。此吉田松阴西乡隆盛所以以身殉其所信也。
>
> 第三,日本人对于道德观念如忠君爱国。如吊民伐罪,视之为一种理念或柏拉图之意典,尽量从真善美方面做去,绝不许加以污点,故知行合一云云,竟与置生死于度外,同一解释,尤为善之理念化之至者。
>
> 第四,吾国宋明儒家并非不知杀身成仁,如文文山陆秀夫之死,如东林志士之死,或为亡国以后,不愿降志辱生,或以言官犯颜极谏,其死为消极的。而吉田松阴之开国勤王,西乡隆盛之务勤远略,以自己之主动,造成一种局面,而身殉之,其死为积极的。
>
> 第五,日人本其所信,各主张其政策,因而有彼此政见之争,然开港锁国之后继之以勤王,征韩论反征韩论之中,归宿于内固国本,乃至宪法既行,在朝之保守者与在野之进步党,终能

协调于政党政治之中。……①

这五条对日本阳明学的高度评价,是《比较中日阳明学》一书中,张君劢自己总结出来的个人意见,但问题特别多。

首先,第一条"日本学者对于朱王两家,绝不偏袒"的说法,和他自己在"卷下 乙"提出的"朱子学是官府的教育主义""阳明学是谋叛之学"的特点是矛盾的,和张君劢自己引用过的井上哲次郎论朱王两派异同的五个不同点也是相违背的。

其次,这五条除第一条外,都是针对日本阳明学和明治时期日本的政治局势以及社会运动的关系而言。这些正好符合我们所说的日本阳明学是一场社会运动而非思想学术研究的特点,却被张君劢当成了学术性的东西。

再次,吉田松阴不是阳明学者,至少吉田松阴不承认自己是阳明学派。再引用一段吉田松阴语录:

吾曾读王阳明《传习录》。甚觉有味。顷得《李氏焚书》。亦阳明派。言言当心。向借日孜。以《洗心洞札记》。大盐亦阳明派。取观为可。然吾非专修阳明学。但其学真。往往与吾真会耳。②

三宅雪岭的日本阳明学系谱里面也没有吉田松阴。所以吉田松阴之死可谓"积极的",却于日本阳明学无关。

最后,赞美西乡隆盛之死为"积极的"说法是非常错误的。西乡隆盛在明治维新时期固然立下了汗马功劳,因此而被誉为"维新三杰"之一,但是维新后他因政见不和而愤然下野。他主张的政见

① 张君劢:《比较中日阳明学》,台北:中华文化出版事业委员会,1955年,第83—84页。
② 井上哲次郎:《日本阳明学派之哲学》,东京:富山堂,1900年,第555页。

是征韩论，也就是要去侵略征服朝鲜半岛。反对派的意见则是先解决国内各种问题，再去解决对外问题。西乡最后起兵造反失败而自杀，造反的理由除征韩论外，在维新政府的改革之下武士的生活日渐穷困，实施征兵令之后士族的军事权又再度丧失，西乡要“造成的局面”就是对外侵略，为这些武士们找一条出路。西乡之死代表保守派士族对明治维新政府所作的最后抵抗，所以连日本人都不赞美西乡的后半生，只觉得一个明治功臣这种死法太可惜了而已。井上哲次郎说：“他最后作乱而毙，留下千岁逆贼之名，诚可惜哉。然后人亦不负他。”①意思是说他死了虽然后人没有忘记他，但毕竟是明治维新政府的叛逆者。

西乡死后不久，日本国内的征韩论出台，日本对朝鲜半岛的侵略最终引起甲午战争。张君劢不会不知道这段历史吧。

关于张君劢的这五条，冈田武彦先生说：“恐怕主要是看到幕末维新以后‘日本阳明学’而发出的敬意吧。”②也就是说，以上五条并非从学术上论述日本阳明学的特征，而是对日本阳明学在幕末维新以后兴起的社会运动的盛况发自内心的敬意，特别是对井上哲次郎利用日本阳明学为日本帝国宪法颁布后的日本国民树立忠君爱国精神服务、将日本阳明学和“国民道德建设”结合在一起的状况感到的羡慕。

而张君劢本身也是一名宪法专家。

六　关于中日阳明学比较

关于中日两国阳明学的区别和各自的特点，历来有许多议论。下面略举几种主要的说法，以确认张君劢对中日阳明学所作的“比

① ［日］井上哲次郎：《日本阳明学派之哲学》，东京：富山堂，1900 年，第 553 页。
② ［日］冈田武彦监修：《复刻阳明学》第一卷《总论》，东京：木耳社，1983 年，第 15 页。

较”的历史位置。

(一)“事功”和行动主义

井上哲次郎说:“如熊泽蕃山、大盐平八郎、佐久间象山、吉田松阴等,都应看他们的事功。”[①]也就是说,日本阳明学具有以“事功”优先的特点,即重视行动主义。把熊泽蕃山、大盐平八郎、佐久间象山、吉田松阴、伊藤博文等人判定为阳明学者,并不是因为他们的思想,而是他们长于实践,立有实际功劳。井上甚至把广濑武夫也算成阳明学者,理由是为天皇立下了战功。前文曾提到,作家三岛由纪夫写过一篇《作为革命哲学的阳明学》的论文,而且据说因他的剖腹自杀行为是敢于行动而被人封为“阳明学者”。

张君劢在《比较中日阳明学》之《篇四 日本阳明学之兴起》中论述的日本阳明学的三个特点,特别是“第三,日本人注重事功,将阳明学应用于人间社会,发生大效果”一条,便是对井上哲次郎这一观点的鹦鹉学舌。

众所周知,“知行”的关系是宋明理学的重要命题。朱子主张“知先行后”,王阳明对其进行了批判,提出了“知行合一”论。王阳明说:

> 某尝说知是行的主意,行是知的功夫;知是行之始,行是知之成。若会得时,只说一个知已自有行在;只说一个行已自有知在。[②]

可见王阳明主张的“知行合一”的意思是“知是行的主意,行是知的功夫;知是行之始,行是知之成”,并没有主张“行先知后”的意

① [日]井上哲次郎:《日本阳明学派之哲学·叙论》,东京:富山堂,1900年,第4页。
② (明)王守仁:《王阳明全集》,上海:上海古籍出版社,2006年,第5页。

思。相反,王阳明反对将"知行"分开,反对将"知行"分为两段去用功:

知之真切笃实处,即是行;行之明觉精察处,即是知,知行工夫本不可离。只为后世学者分作两截用功,失却知行本体,故有合一并进之说。①

井上哲次郎强调的"事功"优先和重视行动主义,可谓"行先知后",也就是重视"行",这是和王阳明"知行合一"说相悖而行的。

(二)事业式的和枯禅式的

另一个日本阳明学大家高濑武次郎说:

大凡阳明学含有二种元素,一曰事业性的,二曰枯禅性的。得枯禅之元素者可以亡国,得事业之元素者可以兴国。中日两国各得其一。②

日本继承了阳明学中的事业性元素,也就是好的、正面的、积极性部分,所以国家得以振兴。中国继承的是枯禅性的元素,也就是坏的、负面的、消极性的部分,所以失败了。这一段话在日本从此成为讲"日本阳明学"时的名言,也被不明真相的中国学者们重复引用。前文《何谓"日本阳明学"》对高濑的说法进行过全面批判。

再者,这类说法的立足点是从政治上的成败去评价中日阳明学,完全符合日本阳明学之社会运动的本性。

---

① (明)王守仁:《王阳明全集》第1卷《语录一:传习录中》,上海:上海古籍出版社,2006年,第42页。

② [日]高濑武次郎:《日本之阳明学》,东京:铁华书院,1899年,第33页。

张君劢在《篇六 日本阳明学之特色与中日王学之合作》中,全文引用高濑武次郎的这段话来说明中日阳明学的特征。不仅如此,张君劢还对第88、89两页进行大段引用,以说明中日阳明学各自的长处和短处。可见张君劢的《比较中日阳明学》也深受高濑的影响。

(三)"心本主义"和"理本主义"

沟口雄三则以"心本主义"和"理本主义"来概括中日两国阳明学的特点。[①] 他认为,一部中国思想史是把握"理"的方法的变迁史,在这种意义上说阳明学也属于"理本主义"。然而,日本有着比起普遍的"理"来说,更加重视主观的心的纯粹性之"心本主义"的风土,阳明学在这方面特别显著,日本阳明学和中国本来的阳明学的本质区别,就在于离开了"理"的心情伦理方面。[②]

但是,比起"理"来说,更加重视"心",比起"性即理"来,更重视"心即理",这难道不是宋学和明学——所谓朱子学和阳明学的区别吗?不知什么时候又成了中国阳明学和日本阳明学的区别。所以沟口的说法没有什么道理。

沟口在另一个场合又说:

> 世界上存在着两种阳明学。一是中国阳明学,一是日本阳明学。日本阳明学和中国阳明学的区别在于,日本的阳明学不像中国那样,是顺应时代的要求而产生的,为此,看不到中国阳明学那种宣传思想的联动,卷入民众参加的讲学运动之类的运动的一面,也看不到学派的流向,其学派的名称也只是后人为

① 见[日]沟口雄三《ふたつの陽明学》(《理想》572,1981年)、《日本的陽明学をめぐって》,杂志《現代思想》特集《日本人の心の歴史》,1982年。

② 荻生茂博氏的评说,见《近代・アジア・陽明学》,东京:ぺりかん社,2008年,第432页。

了方便取的名字,也可以说当时并不存在这样的学派。①

可见这里沟口不仅否定了日本阳明学重视行动的特点,甚至不承认日本存在过阳明学派,只是说日本人因为阳明学和朱子学同时平行地传入日本,日本人不是历史性的,而只是从形式上、实质上的不同方面去理解这两个学派的区别。换言之,日本并不存在所谓日本阳明学那样的学派,只存在着各种各样的日本人对阳明学的不同理解而已。

(四)"近代的阳明学"和"前近代的阳明学"

近年来,上述的几种说法不太流行之后,荻生茂博和小岛毅等人开始主张以有无"近代性"来捕捉日中两国阳明学的特征,主张日本的阳明学是"近代的阳明学",中国的阳明学是"前近代的阳明学"。② 他们对以井上哲次郎为首的日本阳明学也持批判态度,但是他们判定中日阳明学近代化的标准自身,却还是井上一派在百年前就建立了的日本阳明学标准。

按照这一判断标准,中国历史在明代已经开始"停滞化"了(所谓"中国停滞论"或"亚洲停滞论")。"停滞"的理由和明代心学的消极的、枯禅式的因素有关,明王朝的灭亡和"心学泛滥"也脱不了干系。然而日本通过明治维新,实现了欧美标准的"近代化"。不管怎样,"阳明学是明治维新的原动力""阳明学先导了明治维新"的说法,成为"近代亚细亚的共通理解"。③ 而且日本阳明学的发动者不满足于此,他们以阳明学的几个原则("心即理""知行合一"

---

① [日]沟口雄三译注:《传习录》,载《中公古典》12,东京:中央公论新社,2005 年,第 13 页。

② 荻生茂博:《近代・アジア・陽明学》,东京:ぺりかん社,2008 年。小岛毅:《近代日本の陽明学》,东京:講談社選書メチエ369,2006 年。

③ 荻生茂博:《近代・アジア・陽明学》,东京:ぺりかん社,2008 年,第 432 页。

"致良知"等)作为口号,企图为日本(帝国)树立新的"国民道德",建立日本人新的精神世界。用杂志《阳明学》的话说,"以阳明学来涵养国民精神,高扬国民道义,护持国体,在海外发扬国威"①。

中国明代儒学的一个流派阳明学在异国日本得到了"近代化"的话,那么儒学的其他流派乃至中国传统思想也可以实现"近代化",于是出现了所谓"传统思想的近代化"或者是"传统思想的近代形态"之类具有普遍性的课题。

在中国,"传统思想的近代化"的类似课题,以前有张岱年式的"抽象继承法"、成中英的"中国哲学的本体性诠释"之类的论调,但这些都是无果之花。至少我们对日本阳明学是明代阳明心学在异国日本的"近代化"形态这一说法深表怀疑。如果真有此事,这牵涉到明代的其他学派(明代理学、东林派之类)、明代以外的时代的儒学思想(先秦诸子、汉唐经学、程朱理学、清代考证学之派),儒学以外的传统学问(道家、墨家、佛教之流),再延伸到古代希腊、罗马的哲学能不能近代化,怎么去实现近代化,近代化后是个什么样子的大问题。

带着这样的疑念再一次审视日本阳明学,就会发现日本阳明学的本质,发现日本近代的阳明学的秘密。其本质和秘密在于,它们只不过是利用了王阳明哲学思想的一些思想原则和行为方式("心即理""知行合一""致良知"等口号),以对明治维新进行贪天功为己有式的解释,对完成近代化后的日本社会思潮进行改造(纠正全盘欧化政策,三宅雪岭等人),或者是在《大日本帝国宪法》和《教育敕语》之下建设"国民道德"(井上哲次郎等人)、日本人心理构造的再构筑(日本主义者、杂志《阳明学》等)为目的的阳明学社会运动的口号而已。

---

① [日]冈田武彦监修:《复刻阳明学》第一卷《总论》,东京:木耳社,1983年。

结　语

在这个发现过程中,笔者明确了日本阳明学不是学问学术流派,而是特定时期特定社会环境下的社会运动,建立了自己的日本阳明学论,并使用这个视角,对20世纪中将日本阳明学引进中国的孙中山、梁启超、张君劢以及朱谦之(见下文)进行了考察。

由于孙中山在后期抛弃了“阳明学明治维新原动力论”,这里暂且省略之,专论其他三人。

梁启超、朱谦之、张君劢三人的日本阳明学知识和素养有如下共通点:

第一,三人都有留学日本的经验。这造成了他们的阳明学素养和知识都不是来自四百年前中国明代阳明心学,而主要是接受日本阳明学的知识。其中井上哲次郎“汉学三部曲”,特别是《日本阳明学派之哲学》的影响不可否认。

第二,他们来到日本后,都对日本阳明学创造的“阳明学是明治维新的原动力”论感动不已且无条件地接受,并将之传到中国,想以之促进中国的近代化。也就是说,对他们来说,阳明学与其说是学术的修养,还不如说是政治的工具,希望像日本阳明学推进了明治维新那样,在中国也掀起日本阳明学那样的社会运动,启蒙落后的民众、拯救苦难的国家,在中国尽快实现近代化。

第三,他们都没有像孙中山那样看穿日本阳明学的虚构。于是“阳明学是明治维新的原动力”论不但影响到了如宋教仁、蒋介石等革命家,在章太炎等革命家加学者那里不断接受并传为美谈,到了梁启超、张君劢、朱谦之等学者那里就被当作真理无条件地逆向输入,起到了影响舆论、教育民众的作用。

第四,他们都将日本阳明学作为一种学术流派逆向输入中国,特别是朱谦之和张君劢都有介绍日本阳明学的著作，但是其主要内容都是照抄照搬甚至复制日本阳明学的。这样的复制之所以对1950年代至1960年代的中国学术界有很大的影响，在中国的日本思想史研究方面甚至具有开创性意义，都是因为当时的学术规范还不严格、日本阳明学的原始书籍由于各种原因在中国得不到广泛流传而已。①

① 高濑的阳明学著作、“井上汉学三部曲”自发行以来在日本没有再版，也没有被翻译成中文，更不用说三宅雪岭、德富苏峰、陆羯南等日本主义者的著作了。

朱谦之和“日本阳明学”

一

19世纪90年代到20世纪初，许多中国人士以流亡（梁启超）、留学（蒋介石、郭沫若）、革命（孙中山、章太炎）等各种身份大举东渡日本。他们都不约而同地在日本发现了日本阳明学，并将之返销中国。

本文将要论述的朱谦之则是另外一种典型。朱谦之于1929年起留学日本两年，学习历史哲学，收集了大量的日文资料回国。20世纪五六十年代，他根据这些资料编写成了《日本的朱子学》和《日本的古学及阳明学》两本著作。这两本书在改革开放后成为中国研究日本哲学史的启蒙性读物，21世纪初得以再版，流传甚广。但是对这两本书的客观评价，以及对朱谦之日本哲学史研究的史学史研究，却没有人做过。

本文欲以日本阳明学为视角，初步探索朱谦之是怎样在学术方面将日本阳明学传入中国的。日本阳明学是一种社会运动，那么本文尤其重视朱谦之是如何处理社会运动和学术研究之间的关系的。

一 “井上汉学三部曲”的复制

朱谦之(1899—1972),福建省人。著名的历史学者、哲学学者,北京大学教授,早年为著名的无政府主义者。著述深广,其著作除哲学史学以外,还兼及宗教学、文化学、音乐史等领域,被称为“大百科全书式的学者”。

在我们看来,朱氏最有影响的著作,乃《日本的朱子学》(1958年)和《日本的古学及阳明学》(1962年)。这两本书,作为中国最初的日本思想史专门著作,影响了一代日本哲学史研究者,奠定了现代中国的日本哲学史研究基础。

这两册著作,单从书名来看,就和井上哲次郎的“井上汉学三部曲”《日本阳明学派之哲学》《日本古学派之哲学》《日本朱子学派之哲学》非常相似。

具体而言,朱谦之《日本的古学及阳明学》的《本论一 日本古学派之哲学》和《本论二 日本阳明学派之哲学》,加上《日本的朱子学》,完全就是“井上汉学三部曲”的翻版。

不仅是标题,它们在构造上也惊人地相似。如下表所示:

表一

《日本古学派之哲学》 井上哲次郎 著 富山房 1902 年版	《日本的古学及阳明学》 之《本论一 日本古学派之哲学》 朱谦之 著 上海人民出版社 1962 年版 人民出版社 2000 年重版
叙论 第一编 山鹿素行 第二编 伊藤仁斋及仁斋学派 第一章 伊藤仁斋 第二章 中江岷山 第三章伊藤东涯 第四章 并河天民 第三编 物徂徕和徂徕学派 第一章 物徂徕 第九 徂徕门人 太宰春台 服部南郭 山县周南 平野金华 高兰亭 宇佐美灊水 余熊耳 鹰见爽鸠 越智云梦 秋元淡园 吉田孤山 山井昆仑(以后略) 第二章 太宰春台 结论	本论一 日本古学派之哲学 第一章 古学派在日本哲学的位置 第二章 古学派的先导者——山鹿素行 第三章 堀川学派(古义学派) 伊藤仁斋 伊藤东涯 并河天民 中江岷山 第四章 萱园学派(古文辞学派) 荻生徂徕 山县周南 服部南郭 太宰春台 山井昆仑 宇佐美灊水

表二

《日本阳明学派之哲学》 井上哲次郎 著 富山房 1900 年版	《日本的古学及阳明学》 之《本论二 日本阳明学派之哲学》 (原书无目录) 朱谦之 著 上海人民出版社 1962 年版 人民出版社 2000 年重版
重订日本阳明学派之哲学序 日本阳明学派之哲学序 叙论 第一篇 中江藤树及藤树学派 　第一章 中江藤树 　第二章 熊泽蕃山 第二篇 藤树蕃山以后之阳明学派 　第一章 北岛雪山 附　细井广泽 　第二章 三重松庵 　第三章 三宅石庵 　第四章 三轮执斋　附 繁伯 　第五章 川田雄琴　附 氏家伯寿 　第六章 中根东里 　第七章 林子平 　第八章 佐藤一斋 　第九章 梁川星岩	 第一章 阳明学在日本哲学中的位置 第二章 阳明学的元祖中江藤树 第三章 熊泽蕃山与渊冈山 第四章 继起各派的阳明学 　北岛雪山与细井广泽 　三重松庵和三宅石庵 　三轮执斋 　川田雄琴 　中根东里 　林子平

续表

《日本阳明学派之哲学》 井上哲次郎 著 富山房 1900 年版	《日本的古学及阳明学》 之《本论二 日本阳明学派之哲学》 (原书无目录) 朱谦之 著 上海人民出版社 1962 年版 人民出版社 2000 年重版
第三篇 大盐中斋及中斋学派 　第一章 大盐中斋 　第二章 宇津木静区 　第三章 林良斋 第四篇 中斋以后的阳明学派 　第一章 吉村秋阳　附 吉村斐文 　第二章 山田方谷　附 河井继之助 　第三章 横井小楠 　第四章 奥宫慥斋 附 冈本宁斋 市川彬斋 　第五章 佐久间象山 　第六章 春日潜庵 　第七章 池田草庵 　第八章 柳泽芝陵 　第九章 西乡南洲 　第十章 吉田松阴 附 高杉东行 　第十一章 东泽泻 　第十二章 真木保臣、锅岛闲叟等 结论 　附录一 阳明学派系统 　附录二 阳明学派生卒年表	 第五章 佐藤一斋及其门下 　佐藤一斋 　　佐久间象山 　　山田方谷与春日潜庵 　　吉村秋阳与池田草庵 　　横井小楠 　　奥宫慥斋 第六章 大盐中斋 第七章 幕末志士的阳明学 　梁川星岩 西乡南洲　吉田松阴 (高杉晋作 久阪玄瑞) 简短的结论

表三

《日本朱子学派之哲学》 井上哲次郎 著 富山房 1905 年版	《日本的朱子学》 朱谦之　著 生活・读书・新知三联书店 1958 年版 人民出版社 2000 年重版
叙论 京学和惺窝系统 第一章 藤原惺窝 第二章 林罗山 第三章 木下顺庵 第四章 雨森芳洲 第五章 安东省庵 第六章 室鸠巢	本论 日本朱子学派之哲学 第一章 朱子学在宋学中之位置 第二章 京师朱子学派 藤原惺窝 林罗山 木下顺庵 雨森芳洲 室鸠巢　新井白石
第二篇 惺窝以外的朱子学派 第一章 中村惕斋 第二章 贝原益斋	第三章 海西朱子学派 安东省庵 藤井懒斋 贝原益轩 中村惕斋
第三篇 南学和暗斋系统 第一章 南学起源 谷时中 小仓三省　野中兼山 谷一斋 大高阪芝山 第二章 山崎暗斋 第三章 浅见絅斋 第四章 佐藤直方 第五章 三宅尚斋 第六章 谷秦山	第四章 海南朱子学派 谷时中 小仓三省　野中兼山 谷一斋 大高阪芝山 山崎暗斋 佐藤直方 浅见絅斋 三宅尚斋　谷秦山

续表

《日本朱子学派之哲学》 井上哲次郎 著 富山房 1905 年版	《日本的朱子学》 朱谦之　著 生活·读书·新知三联书店 1958 年版 人民出版社 2000 年重版
第四篇 宽政以后的朱子学派 第一章 柴野栗山 第二章 尾藤二洲 第三章 佐藤一斋 第四章 安积艮斋 第五章 元田东野 第六章 中村敬宇	第五章 大阪朱子学派 第六章 宽政以后朱子学派 柴野栗山 古贺精里 尾藤二洲 赖春水与赖杏坪 安积艮斋 赖山阳
第五篇 水户学派	第七章 水户学派 简单的结论

从上可见,朱谦之的两书三论基本上按照“井上汉学三部曲”的体系编排,不但书名标题惊人相似,结构顺序也非常雷同。特别是表二的阳明学部分,可以看出朱谦之在编撰这两本书时,一开始就直接遵循日本阳明学的系谱,搬用井上的江户儒学三分法。

这里有个细节特别耐人寻味。表二列举的对日本阳明学和明治维新的最重要人物的论证,井上《日本阳明学派之哲学》论证顺序是梁川星岩(第二篇第九章)、西乡南洲(第四篇第九章)、吉田松阴·附高杉东行(第四篇第十章),朱谦之的论证顺序也是梁川星岩、西乡南洲、吉田松阴(高杉晋作)。而西乡是吉田松阴的学生,按道理应该是松阴在前、西乡在后。井上把二者颠倒,大概是因为西乡在明治维新中立下的功勋特别大,名声响亮,再就是三宅雪岭《王阳明》原创的日本阳明学的系谱中没有吉田松阴。但是井上没有明确说明二者论述顺序颠倒的原因。朱谦之连这个颠倒的顺序也遵从了。

由于朱著只以“井上汉学三部曲”为底本改写而成，特别是《日本阳明学派之哲学》一书篇幅很少（约100页，井上的《日本阳明学派之哲学》600页以上），直接比较不太可能。下面将根据本文的日本阳明学视角，从几个关键的观点着手，看日本阳明学对朱谦之的影响。

二　对阳明学和明治维新关系的论证

与前述孙中山、梁启超等不同的是，朱谦之是一个学者。他光自己接受日本阳明学所说的“阳明学是明治维新的原动力”这一说法还不行，还要讲给学生们听，讲课时甚至要加一些所谓学术性论证，学生们才会相信。那么，朱谦之是怎么样去论证这一说法呢？

《日本的古学及阳明学 本论二》第七章《幕末志士的阳明学》，专门论证了明治维新的志士们和阳明学的关系。

首先关于吉田松阴的阳明学倾向。朱谦之说：

> 松阴学于佐久间象山之门，其学虽不限于姚江，但其学说一般倾向于王学左派。
>
> （《日本的古学及阳明学》，第373页）

这句话完全是井上哲次郎下面这一段话的直译：

> 嘗て佐久間象山に学ぶ。その学未だ必ず姚江に限らずと雖も，亦甚だ姚江に近し。
>
> （《日本阳明学派之哲学》第四篇第十章《吉田松阴》，第

555页)

在此之后,朱谦之引用的一段松阴在《己未文稿》中的文章,也完全是从井上书随后的一段抄来的:

吾曾读王阳明《传习录》,甚觉有味。顷得《李氏焚书》。亦阳明派。言言当心。向借日孜。以《洗心洞札记》。大盐亦阳明派。取观为可。然吾非专修阳明学。但其学真,往往与吾真会耳。

只是朱谦之完全不理会松阴否认自己是阳明学者的自白,引用的目的只是要说明松阴对李贽的学问颇有好感,从而证明松阴具有李贽那样的反叛思想。

关于吉田的弟子高杉晋作是阳明学者的说法,朱谦之的论证也基本抄袭井上的文章。下文是两者的对照。

井上哲次郎说:

松阴門下に高杉東行てふ人あり。亦阳明の学を喜べり。東行,名は春風,字は暢夫,晋作と称す。嘗て松下村塾にあるや,伝習録の后に書して云く,

王学振興聖学新。古今雑说遂沈湮。唯能信得良知字。即是羲皇以上人。

彼れ嘗て長崎にあり,時に耶苏教の書を閲し,慨然として嘆じて曰く《其言頗る王陽明に似たり。然れども国家の害寧ぞ之れに過ぎるものあらんや。其城を傾け国を覆すこと,豈に啻に大砲巨船のみならんや》と。彼の見解,以て知るべきなり。

(《日本阳明学派之哲学》第四篇第十章《吉田松阴》,第560页)

朱谦之：

> 晋作名春风，字畅夫，号东行，山口藩士之子，年十九从松阴受教，常在长崎读耶稣教书，慨然叹曰："其言颇似王阳明，而其害国家治安也甚矣。其倾城复国，岂但大炮巨船已哉。"早在幕末就已预见帝国主义文化侵略的危害性，可谓卓识过人。
>
> (《日本的古学及阳明学》，第 379 页)

除了一句"预见帝国主义文化侵略的危害性"，朱氏的见解完全是井上著作的中文直译。

再来看关于梁川星岩的论证。

井上哲次郎《日本阳明学派之哲学》第二篇第九章《梁川星岩》，对梁川星岩是阳明学者做了长篇论证。井上首先引用了 12 首梁川星岩的诗，然后依据这些诗逐条论述了梁川星岩的阳明学倾向。

朱谦之在《日本的古学及阳明学 本论二》第七章《幕府志士的阳明学》中，不但 12 首梁川星岩诗全部引用，连解说词也照搬井上，只是顺序稍微变了一下。譬如：

> 天机自泼泼，知行非两途。功夫念才动，已落死工夫。

引用此诗时井上说："其知行一致の说を尊信すること、以て知るべし。"（井上书，第 374 页）朱说："其余论学之诗，如关于知行合一之说。"

又如井上解说"昔人师其心，今人师其迹。其唯不师心，所以不及昔"这首杂言诗时说："又雑言の中に唯々已が心を師とする要を论じて云く、。”[1]朱谦之说“《杂言》提出以己心为师之要”,可见只是把井上的话翻译成了中文。

又如井上说:“星巌は又陽明に私淑せる劉蕺山を崇奉せり。”然后引用了两首刘蕺山的诗为证。(井上书,第375页)朱谦之则说梁川星岩“又崇奉刘蕺山”(《日本的古学及阳明学》,第368页),连“崇奉”二字也照单全收。

对西乡隆盛的论证也完全如此。井上说:

彼れ曾て大久保利通及び海老田信义と共に乡里の陽明学者伊東潜龍の讲义を聴きしことあり。又曾て佐藤一斎の言志四録中より百有一則を抄録して金科玉条とせり。其心を修め胆を錬るもの、全く陽明学より来たれり。

(《日本阳明学派之哲学》第四篇第九章《西乡南洲》,第547页)

朱谦之说:

南洲虽然与东湖往来,但其修心炼胆,却全从阳明学得来。他曾与大久保利通及海老田信义在乡里听阳明学者伊东潜龙讲学。潜龙名祐之,字无形。所著有《余姚学苑》二卷,盖曾私淑于佐藤一斋者。南洲也崇信一斋,曾从《言志四录》中抄出其中最神契之一百一条,作为金科玉律。

(《日本的古学及阳明学》,第370页)

全文基本一致。只是“修心炼胆”一句顺序前后稍变,日语四字熟语“金科玉条”变成了中文四字成语“金科玉律”。关于伊东潜龙的史实,则来自井上哲次郎《日本阳明学派之哲学》“补正之一”

① 直译成中文是“又杂言论唯师己心之要”。

(第 602 页)。

其实照搬井上的证明也没有什么,只要能够自圆其说。但是通过上述论证,我们看到井上的论证只是些似是而非的东西。这也是日本阳明学的通病,因为日本阳明学的原型是媒体人而非学者的三宅雪岭著《王阳明》虚构的,包括日本阳明学的系谱,但三宅的系谱里并不包括吉田松阴。

1893 年出版的德富苏峰的《吉田松阴》一书把吉田松阴描写为意大利资产阶级革命家马志尼式的"革命家",认为松阴是阳明学者佐久间象山的弟子,于是阳明学和吉田松阴初步挂上了钩。但是最关键的佐久间象山到底是不是阳明学者还很有争议。所以井上在证明吉田松阴是阳明学者时是吞吞吐吐的,只用了一句"その学未だ必ず姚江に限らずと雖も,亦甚だ姚江に近し"。朱谦之不知底细而积极跟进,直接表述为"其学虽不限于姚江,但其学说一般倾向于王学左派",同样犯了似是而非的错误。

另外,证明吉田松阴是革命阳明学者,不仅关系到"阳明学是明治维新的原动力"的问题,还关系到近代日本国家意识形态(如尊皇主义等)的典型形象塑造问题,日本当时以井上为中心的御用理论家们为此作了众多努力,堪称一部造神运动①。井上的一句"その学未だ必ず姚江に限らずと雖も,亦甚だ姚江に近し"只是个开头,在此之后有个层层加码的过程。

当然现在我们不应该苛求古人,而责怪朱谦之没有注意这个演变过程。但是熟读"井上汉学三部曲"的他,完全可以注意到三部曲中关于松阴论述的矛盾。

譬如松阴的师承关系,在《日本阳明学派之哲学》中论述吉田松阴的师承时,强调的是佐久间象山;而《日本朱子学派之哲学》第

① 关于松阴的造神史,可见郭连友《吉田松阴与近代中国·序章》,北京:中国社会科学出版社,2007 年。

833 页却说佐久间象山继承的是佐藤一斋的朱子学部分。在《日本古学派之哲学》附录四《第二 关于山鹿素行先生》和《第四 山鹿素行先生和乃木大将》中，又将吉田松阴的师承说成是古学派的山鹿素行。

三 关于朱子学和阳明学的区别

众所周知，日本阳明学为了突出阳明学，对朱子学和阳明学加以严格区别。

无独有偶，朱谦之的两书，也详细地论述了日本朱子学和阳明学的区别。这些论述可总结为以下要点：

在阶级性方面，朱子学代表掌握权力的封建领主和上层武士，而阳明学代表不掌权的下层武士和市民阶级。

在学问性质方面，朱子学是维护封建身份制度的正统思想，也即官学，阳明学代表民间的异端派，也即私学。

在政治的立场方面，朱子学是官方的教育主义，阳明学是受到幕府迫害的谋叛之学。（《日本的朱子学》）

在思想倾向方面，朱子学是拥护朝廷的守旧派，否定拒绝兰学那样的新思想，阳明学则是革新的、儒学界的革命派。

在哲学内容方面，朱子学是客观唯心主义，阳明学是主观唯心主义，但带有辩证法因素。

在人物特征方面，朱子学重视道统，缺乏个性，杰出人物少。在近代出现过反动倾向。（《日本的朱子学》本论、第一章）。阳明学杰出人物多、重视实践，不空谈。

从上可见，朱谦之论述的朱子学和阳明学的区别，反映了 1950 年代新中国建立后中国哲学史领域的真实状态，而且二者的关系已经超出了对立统一的关系，被上升到了敌对关系的高度，你死我活的阶级斗争水平。但是在基本点上，还是照搬日本阳明学以及井上的观点。

譬如阶级性、学问性质和政治立场，朱谦之的说法明显继承了日本阳明学和井上规定的“朱子=体制派”“阳明学=反体制派”的公式化观点。井上哲次郎说：

> 随着朱子学的兴起，与之相对的古学也气焰高扬，和紫阳异轨的阳明学也在意外的地方闪现，现出曙光，打破了单调一趣之敝。所以阳明学突然遭受厄运。信奉朱子学的林罗山受聘于德川氏，三百年间以来朱子学成为官府的教育主义。是故阳明学一开始便受到官府的猜疑，宽政以后更受压抑。是故在官府之人不能公开讲姚江之说，甚至以阳明学为谋叛之说。但阳明学显然不是谋叛之说。朱子学是官府教育主义，阳明学主要是民间学者在那里倡导，自然形成官民之别，阳明学基本上是平民主义。①

其次，关于日本阳明学的“革命派”“革新”思想倾向和“实践重视”的特征，可说继承了井上的如下说法：

> 阳明学往往不免被人说是浅薄，但其学者单刀直入得其正鹄，确为朱子学所不及。……阳明学派人数较少，但杰出人物相对较多，基本上没有固陋迂腐之类的人。即如中江藤树、三轮执斋、中根东里、春日潜庵，都应该看他们的行动。又如熊泽蕃山、大盐中斋、佐久间象山、吉田松阴、西乡南洲等，都应看他们的事功。②

---

① ［日］井上哲次郎：《日本阳明学派之哲学·叙论》，东京：富山堂，1900年，第1—2页。
② ［日］井上哲次郎：《日本阳明学派之哲学·叙论》，东京：富山堂，1900年，第4页。

再次，朱谦之说朱子学“缺乏个性，杰出人物少”的说法，也是从井上哲次郎《日本朱子学派之哲学·结论》(第601页)直接引用而来的。井上说：

朱子学派的人大多谨厚笃实，很难找到豪杰和才人。期待出现能干一番惊天动地大事业的经世伟人，那更是缘木求鱼了。

而“杰出人物少”，又是和“阳明学派人数较少，但杰出人物相对较多”一说做的比较。

四　对井上哲次郎的直接引用

朱谦之的《日本的古学及阳明学》和《日本的朱子学》两书，很多地方直接引用井上哲次郎的语言，也有关于井上哲次郎的评论。《日本的古学及阳明学·前言》(第21页)如是写道：

又关于哲学史方面，古学派及阳明学派尚少专著。唯井上哲次郎所提供的资料尚可用，而立场、观点不同，余则仅供参考而已。

但是，《日本的朱子学·前记》却写道：

关于儒学东渐的研究资料，可举者甚多，尤以井上哲次郎和西村时彦的著作，尤为重要。井上为研究此学权威。惟于朱子学的起源，所述甚少，关于大阪朱子学及水户学派，则几无叙述。且其所重在伦理格言，引文多汉文相译，似不如原始资料之可据。

而在《前记》二《原始参考资料》中，将井上哲次郎主编的《日本伦理汇编》十卷放在第一位，特别解说道："此书共收江户时代儒学者著作三六家，七四种。其中朱子学派的二卷，最为重要。"

不仅如此，朱谦之在两书三论中对这个五分法也有言及。

譬如在《日本的古学及阳明学·前言》（第6—9页）写到，德川时代的哲学诸派有：1.朱子学派。2.古学派。3.阳明学派。4.折衷学派。5.考证学派。随后是独立学派，但没有编号。

在《日本的朱子学·前记》里，朱谦之又提出，他编写的日本哲学史方面的著作原拟分两大册。上册写日本的朱子学，下册写古学派、阳明学派、折衷学派、考证学派及老庄学派。可见还是井上的五大块。

井上的这个分法其实问题很多，充其量只是划分了江户时代的儒学流派而已。如果要说日本江户时期的哲学史或思想史的话，其忽视了最重要的佛教、神道、国学、国史等流派。还有武士思想、町人思想、18世纪以后的开明思想①，最后还要加上兰学。

指出这一点，是要指出朱谦之在日本哲学史、思想史方面也被井上的三分法、五分法牵着鼻子走，可见井上哲次郎本人和他的汉学三部曲在朱谦之编撰两本书时占有多么重要的地位。朱谦之甚至认为，他自己的工作，只是去弥补井上的不足而已。譬如对朱子学渊源叙述不够，于是在《日本的朱子学》进入正题时加上了《前记　日本朱子学之传播》，从日本儒学的起源开始讲起。说井上对大阪朱子学水户学几无叙述，所以加上了《本论　日本朱子学派之哲学》和《第五章　大阪朱子学派》，等等。

同时，朱谦之的两本书，对井上独特观点直接导入甚多。本文

① 参照源了圆《德川思想史》，载《中公新书》312，东京：中央公论社，1972年。

第三节、第四节对此已有一些言及，现在再举两个的例子。

《日本的古学及阳明学派》之《本论二　日本阳明学派之哲学》（第308页）提到：

> 象山传为幕末维新时四杰之一，四杰为江川太郎左卫门、佐久间象山、吉田松阴、西乡隆盛，尤以象山为幕末伟人而兼学者。

这个观点直接来自井上哲次郎的《日本朱子学派之哲学》一书的《附录六　第三　佐久间象山的人格和学说》这篇演讲词：

> 象山は幕末の偉人である。幕末维新の际に於ける傑出の偉人が四人ある。マア其外にもあるけれども、最も傑出した者は四人の様に思われる。それは江川太郎左衛門、佐久間象山、吉田松阴、西乡南洲、此四人である様に思われる。その中でも学問に縁の深かったのは象山と松阴であると思う。孰れも学者である。けれども只の学者ではない。時勢の産出した英傑であったのである。殊に象山は深大なる知識があって、学東西を兼ね、一代に傑出して居った処が見える。①

不但人数、人名完全一致，“伟人兼学者”的赞美词也直接引用了。

关于“维新几杰”的说法有多种版本。譬如“维新三杰”有前三杰：吉田松阴、坂本龙马、高杉晋作；后三杰：大久保利通、木户孝允、西乡隆盛等等。

又有“维新十杰”的说法。根据1884年山脇之人著《维新元勋

---

① 井上哲次郎：《日本朱子学派之哲学》，东京：富山房，1905年，第831页。

十杰论》(荣泉堂,1884年),十杰分别为:西乡隆盛、大久保利通、小松带刀、大村益次郎、木户孝允、前原一诚、广泽真臣、江藤新平、横井小楠、岩仓具视。

可惜这个“维新四杰”的版本是井上独创,在这次演说中临时发挥出来的东西,可谓孤证独说,甚至连证据都没有,其后在日本的任何地方都找不到这个版本的流传踪迹,主要原因是不符合历史事实。且不说存在争论的象山,那个江川太郎左卫门在日本历史上根本就不是一个阳明学者。

据《大辞林》(第三版),江川太郎左卫门(1801—1855)是江户后期的西洋流炮术家。本家是德川幕府代代继承的幕臣代官。本名英龙,号坦庵。1841年跟随高岛秋帆学习炮术,翌年在江户为教授。1853年在韮山制造反射炉,也负责铸造过大炮。对导入所谓洋学有贡献,却不是阳明学者,连学过汉学的经历也没有。一个明治维新前十二年去世的江户幕臣是十二年后的“维新四杰”之一,这样的说法不是很奇怪吗?

可见鹦鹉学舌有时会带来严重后果。

值得注意的是,在《日本朱子学派之哲学》一书《附录六》中,井上对自己在《日本阳明学派之哲学》一书中说佐久间象山是阳明学派的观点进行了修正,说“象山应该是继承了佐藤一斋的朱子学部分而起来的”。朱谦之在《日本的古学及阳明学派》之《本论二　日本阳明学派之哲学》(第308页)对井上的这个修正非常不满意,说“象山哲学井上哲次郎列之于朱子学派之中,……象山真个为朱子学的卫道者,尚成问题”。

五　两书三论的历史定位

对如此内容的朱谦之两书三论到底应该给予什么样的评价呢?

江户儒学三分法是井上哲次郎对日本阳明学最大的学术贡献。从他排序和撰写三部曲的目的与思路来看,首先是继续三宅、高濑的工作,把江户时代的阳明学系谱再加以发展壮大,一直延续到广濑武夫,并充实了更多的资料,进行了更详细的学院式阐述。但是,仅像三宅、高濑那样,将阳明学派单独抽出来金鸡独立,在江户学术史上很难站得住脚。井上根据对立统一的原则,又为江户时代的阳明学派设计了一个对立面——朱子学派。然后根据正反合原则,把中立于阳明学和朱子学之间的学者划归为古学派,企图折衷二者矛盾的学者归纳为折衷学派。最后把都不沾边的学者统统划归为独立学派。

井上的三分法(或五分法)固然有一定的合理性,也在一定时期内得到了日本学界和思想界的广泛认可和运用。但是一个中国学者在进行自己的著述时,将这个外国人创造的概念、体系乃至顺序都全盘引进,却大有问题。

首先,井上的三分法不是按照近代学术方法进行的分类,而是依据中国儒家的内部两个不同时代的思想流派——"朱子学"(=宋代理学)和"阳明学"(=明代理学),以及自己虚构的一个日本儒学概念"古学",按照《明儒学案》式的依据学术流派的发展去叙述学术史思想发展的演变和内容。这三个概念都是井上独创的,且三个流派的命名也都是日本式的,按道理说不具有普遍的学术性。

其次,井上编撰《日本阳明学派之哲学》的目的,按照他自己的说法,与其说是在做学问,还不如说是为了发起一场纠正西洋的功利主义,以阳明学来建设日本人的"国民道德"所谓"心德"的运动。他说的"心德"即东洋道德的"精粹"之"日本阳明学"。也就是说,井上三分法是一个为在日本发起一场社会运动和思想建设而服务的体系,因而不能简单地运用于中国。

尽管如此,井上的三分法还是有自己的独创性,因此能够自立于学术之林。这就如同英国历史学家汤恩比的《历史研究》,独特地抛开国家至上的观念，主张文明才是历史的单位，把世界历史划分为26种文明，并运用“环境与挑战”的模式解释了历史进步的因素，取得了一定的成功。但是如果谁要再去重复采取这样的研究模式，也把世界划分为26种文明或更多的文明（譬如36种），再运用“环境与挑战”（或更“先进”的理论）解释模式去解释这些文明，其学问可能会比汤恩比做得更精细，但也只能引起人们的哄笑而已。

换言之，如果今天有人再依据《明儒学案》创造的学术分源别派，又沿着“崇仁学案”“白沙学案”“王门学案”“诸儒学案”那样的学术流派发展去叙述明代思想的发展，即使他找到了许多黄宗羲没有看到过的新材料，在叙述时运用了黄宗羲时代没有的新理论新方法（譬如唯物唯心、辩证法、形而上学之类），思维也只能跟着黄宗羲的思路走，写出来的明代思想史也只能是《明儒学案》的翻版和复制品。

朱谦之的两书三论就是这样的复制品。

既然只是按照人家的思路、体系去复制，改写出来的东西就不能不被牵着鼻子走。从本文的日本阳明学视角来看，朱谦之的两书，特别是《日本的阳明学派》的最大缺陷，在于全盘接受井上日本阳明学的“阳明学是明治维新的原动力”的虚构，以及学术上的论证。

由于“阳明学是明治维新的原动力”的虚构是“贪天功为己有”式的解释，是拿19世纪八九十年代才产生的社会运动“日本阳明学”的理论去解释19世纪60年代发生的明治维新，是“日本阳明学”为了抬高自己的身价制造出来的神话，无异于“马后炮”，所以说井上的论证是“虚构”，譬如他对吉田松阴是阳明学者的论证，对佐久间象山的论证、高杉晋作的论证,都是利用他的学术权威①做的伪证,说轻一些是似是而非,说重一些是指鹿为马。

再如吉田松阴的师承关系,井上在《日本阳明学派之哲学》中说是佐久间象山;在《日本朱子学派之哲学》中又说佐久间象山继承的是佐藤一斋的朱子学部分;在《日本古学派之哲学》中说是古学派的山鹿素行。如果是佐久间象山的话,吉田松阴无疑是朱子学传人。如果说是山鹿素行的话,本来分别属于儒学中不同空间(素行是古学派,松阴是阳明学派)和不同时间(素行生活于17世纪,松阴生活于19世纪)的山鹿素行与吉田松阴,还竟然被规定为穿越时空的继承关系。最重要的是,吉田松阴曾极力否认自己是阳明学者。

作为外国学者的朱谦之当然找不出更新的证据,又采用了别人的体系,因此在这个问题上就只能人云亦云、积非成是了。

不过,在严格区分朱子学和阳明学方面,朱谦之还是有所发明的。他认为,日本阳明学派可分为左派和右派。右派是“具强烈的内省性格的德教派”,左派是“以改造世界为己任的事功派”。将日本阳明学派分为左右派是一种新说法。因为阳明学分左派、右派的概念来自1934年嵇文甫的《左派王学》②一书,运用来划分日本的阳明学派也算是一种首创了。但朱谦之在《日本的古学及阳明学》(第213—214页)中说:

> 日本阳明学,无论左派也罢,右派也罢,均极看重实践;不贵空谈无用之学,尤以左派如大盐平八郎,如西乡隆盛、吉田松

① 井上哲次郎1882年东京大学毕业后留校任副教授,1884年留学德国,1890年回国后任东京大学教授,次年获博士学位。1895年被选为东京学士会(后来的帝国学士院)会员,历任学习院讲师、帝国学士院第一部主任,东京帝大文科大学校长。为明治天皇的《教育敕语》写过《敕语衍义》(1891年),被称为体制派御用学者第一人。

② 嵇文甫:《左派王学》,上海:开明书店,1934年。

阴与当时明治维新的草莽志士,他们虽不免近于浅薄,而均能突出地体现时代觉醒的人民性思想,站在时代前面奋勇前进,百折不挠。

又说(第209页):

(大盐平八郎起义后)继而有所谓"尊王攘夷",所谓"倒幕"和"王政复古"。那时候"草莽义士"轰轰烈烈的改革运动,究其实也是以下级武士和市民为主体,以阳明学为其意识形态进行的。

就这样,朱谦之利用阶级斗争理论对明治维新作了分析,将明治维新主体阶级分析为下级武士和市民,运用社会存在和社会意识关系的理论进行分析,认为阳明学是明治维新的"意识形态"。

日本阳明学提出的"阳明学先导了明治维新""阳明学是明治维新的原动力"的说法,其实是非常暧昧的,既没有得到明治政府的公认,也没有事后的论功行赏。换言之,根据日本阳明学的说法,阳明学即使是明治维新的先导,也只是说对明治维新有思想上的先导作用,而没有直接领导这场维新;只是一种"原动力"而不是参与的直接力量。

此话怎讲呢?所谓的日本阳明学者们基本上没有直接参加明治维新,最多只是有一个似是而非的阳明学者吉田松阴,在自己的私塾里面教过后来成为明治元勋的高杉晋作、伊藤博文、木户孝允、山县有朋等人。又如西乡隆盛,他虽然是维新元勋之一,却非学者。虽非学者,却被当作学者式的人物来描绘,再去寻找他的师传。

所以朱谦之的阳明学是明治维新的"意识形态"的说法,虽是一个崭新的说法,其把本来自己都不好意思说是主角而自认配角("原动力"、志士们小时候的老师之类)的日本阳明学的理论,上升到了明治维新的“意识形态”那样的理论根据的主角高度，这样的升级说就更不符合历史事实了。

当然我们自己也不能当事后诸葛亮，去苛求古人。当时朱谦之确实这样做了，绝大多数研究日本思想史的学者也是读这两本书成长起来的。我们现在能做的，只能是客观评述它们在历史上的地位和在当代的史料价值而已。

结　语

朱谦之 1929 年到 1931 年的两年左右，曾去日本留过学。关于在日本留学的情况，朱谦之在 1945 年写的自述《奋斗廿年》（广州国立中山大学史学研究会版）中称，那时“专注全力于历史哲学研究”，这里主要指的黑格尔和马克思主义哲学；再就是收集了大量的日本书籍回中国，其中当然包括井上三部曲。

关于写作《日本的朱子学》的经纬，朱谦之在 1958 年版《日本的朱子学 · 前记》里说，他在 1956 年接受了给北京大学的学生讲授日本哲学史的任务，于是开始撰写原稿。也就是说，《日本的朱子学》乃至后来的《日本的古学及阳明学》，最初只是在北京大学讲课的讲稿，到后来才当作学术著作出版了。

讲课的讲稿直接当作学术著作出版，这就是朱谦之两书三论出现本文所指出的那些问题的主要原因吧。

岛田虔次的《中国思想史研究》

一　岛田虔次其人其事

岛田虔次(1917—2000),日本著名中国学家,原京都大学教授。其简历大致如下:

1917年出生于广岛县。1935年进入京都第三高等学校学习,师从西洋史专家铃木成高。1938年进入京都大学文学部,师从著名东洋史大家宫崎市定。1941年毕业于京都大学文学部东洋史专业。1943年任东方文化研究所(现京都大学人文科学研究所)助手。1946年任东海大学预科教授。1949年起任京都大学人文科学研究所副教授,1969年起任教授。1975年转任京都大学文学部教授。1981年退休,被授予京都大学名誉教授和人文科学研究所名誉所员的称号。1997年任日本学士院会员。

岛田一生著述很多,全部著作见《中国思想史研究》①一书附录《岛田虔次著作目录》(原文转载而不翻译,可参考之)。

岛田之前有三部著作译成了中文出版。一部是《朱子学和阳明

① [日]岛田虔次:《中国思想史研究》,邓红译,上海:上海古籍出版社,2009年。

学》(蒋国保译,陕西师范大学出版社 1986 年版),第二部是《熊十力与新儒家哲学》(徐水生译,台北明文书局 1992 年版),第三部是《中国近代思维的挫折》(甘万萍译,江苏人民出版社 2005 年版)。

二 《中国思想史研究》的内容和岛田在日本中国学界的地位

《中国思想史研究》(以下简称《研究》),是在岛田先生逝世两年以后,由他的三位学生著名中国近代史专家狭间直树、小野和子和森纪子整理出版的论文集。全书共由四个部分组成,第一部是一篇论述"万物一体"的论文,第二部由有关明代思想的八篇论文组成,第三部是有关明代以前的思想以及日本哲学的六篇论文,第四部所收七篇论文的主题是清代的学术思想。

《研究》一书末尾附有狭间直树、森纪子撰写的《解说》,为读者了解全书内容提供了极大的方便。关于日本学界对岛田的评价,狭间直树还专门撰写了一篇名叫《中国近世主观唯心论的思想史建构——岛田虔次逝世三周年纪念》的文章(载台湾"中研院"《汉学研究通讯》22:1,总 85 期,2003 年 2 月);另外,曾在京都大学留学的复旦大学教授吴震撰有《岛田虔次〈中国思想史的研究〉》(载《中国学术》2003 年第 2 期)一文,简要地评介了《研究》一书。综合上述三篇文章,可以大致了解岛田虔次的学术地位。但要详细说明这个问题,还得从他的成名作和代表作——早在 1949 年就出版的《中国近代思维的挫折》(以下简称《挫折》)谈起。

二战前后,日本学术界对明代思想的评价不高。特别是受到清代实学思潮的影响,重考据、兴"汉学",明代思想当然地被认为是空疏之学。1940 年,年仅 24 岁在京都大学文学部史学科东洋史专业学习的岛田虔次,却选择阳明学作为自己的毕业论文。在短短不到四个月的时间里，写出了《阳明学中人的概念与自我意识的展开及其意义》（《研究》第二部第一章）。文章以个体的人也即“自我”的产生发展作为“近代人”的内在，并以之为主线讨论了上至阳明、中经王艮、下至李贽的阳明学（主要是“阳明左派”）的逻辑发展。

关于《挫折》一书的历史地位，评论者甚多，这里自不必赘述。尽管《挫折》在1949年发表时没有什么影响，但在有了反响之后又受到了诸多批评，特别是使用“近代”这一概念造成的混乱和对李贽的拔高，但总的来说，此书对于日本战后的阳明学研究来说，具有开创性意义。拿狭间直树的话说：“此书堪称象征战后日本汉学再兴的具有里程碑意义的重要作品。”（《研究·解说》）

狭间是岛田的嫡系弟子，他的评价当然有些感情色彩式的夸大，但如果在后面加上“之一”二字的话，就基本到位了。因此可以说，岛田虔次是日本战后中国学研究的开创者和奠基者之一，而这样的人物在日本学界是屈指可数的。

《研究》一书，主要是前两部分和《挫折》有着密切的联系：第二部第一章《阳明学中人的概念与自我意识的展开及其意义》，是由岛田的大学毕业论文修改而成，为《挫折》一书的思路和基本观点的滥觞。其中第三章《自我意识发展的社会背景和士大夫读书人的生活意识》没有完成，而《挫折》则是这第三章的发扬光大，是这第三章开的花结的果。

《研究》第一部《关于中国近世的主观唯心论——“万物一体之仁”的思想》，是从“万物一体之仁”思想发展史角度，对《挫折》所作的新论述、补充（到谭嗣同）和再诠释。

第二部的其他文章《王龙溪先生谈话录并解说》《儒教的叛逆者李贽（李卓吾）》《异人邓豁渠略传》《浅议明代思想的一种基调》，则可看作对《挫折》没有顾及的明代思想史一些片段的处理，打扫外围式的精彩论文。特别是《异人邓豁渠略传》一文，和1995年荒木见悟发表的《邓豁渠的出现及其背景》，是论述邓豁渠的两篇“前无古人,后无来者”的论文。①

而《王学左派论批判之批判》《关于某个阳明学理解》等文,则是对《挫折》批判的反批判。从中也可以看出岛田对自己的学术非常自信,甚至到了固执的地步,譬如对山下龙二的批判和商榷就属于此类。森纪子在《解说》中认为是批判者们“错解”或“误读”了岛田说。其实不然。在笔者看来应该是立场和方法导致的观点不同,本没有必要大动干戈。而批判朱谦之的那篇《评朱谦之〈李贽——十六世纪中国反封建思想的先驱者〉》,则更属于看不惯的都要加以批判之类,尽管朱谦之比岛田大将近20岁,而且早已名满天下,岛田的文章却写得像在教训小学生似的。

第三、第四部则是岛田研究中国思想史的一些心得文章的荟萃。

通观《研究》一书,可以看出岛田研究中国思想史特别是阳明学的路径:抓住一个概念或者人物,引用大量的有时甚至是鲜为人知的资料,深刻地发掘探索特定思想的内在和外延,注重其逻辑发展,并时时从世界史,特别是中西文化思想交汇碰撞或“西方冲击”(western impact)的角度加以对照比较。这样的研究方法在当时的思想史研究上是新鲜的,也为后来的学者们所继承发扬。所以可以说这是岛田虔次对中国思想史研究作出的一个贡献,在今天也有着现实意义。

三　顿悟与渐悟

最后,笔者想对这样一个问题进行解答,作为本文的结语。这就是当二战前后日本学界对于儒学,特别是明代思想评价并不高

---

① 荒木的论文,原载《中国心学的鼓动和佛教》(中国书店,1995年),由笔者翻译成中文,发表于《中国哲学》第十九辑(岳麓书社,1998年)。

时，还只是个四年级学生的岛田虔次，为何会“对孟子、王阳明、黄宗羲这些热烈的儒教徒感到满腔共鸣”以及对“中国文明儒学文化这种宏大文化深感敬畏”而投入研究工作，在被称为“空疏流弊”的明代心学思想中去寻找所谓中国的“近代思想”呢？关于这个问题，狭间直树用了一个类似于王阳明“龙场大悟”似的说法来解释：

> 而最初导致岛田先生发奋投身研究儒教，据他自述，是在读完《传习录》之后的激动：“儒教之所以成为我生涯（研究计划）的课题，其来有自。在我大三时因为阅读了明代王阳明的《传习录》而深受感动。当时我两星期一次乘坐电车前往大津市，就在京津电车的车中阅读完的那一刹，就像电车驶出逢阪山隧道时这个世界陡然一片明亮那样……”

岛田有这样“大悟”的经验，于是立刻申请更改毕业论文题目，以昂扬饱满的精神与高度的思想张力，在短短不到四个月里，写出了《阳明学中人的概念与自我意识的展开及其意义》一文，云云。①

关于这个“大悟”，当然不可全信，因为个人的内心醒悟属于哲学上的主体体验，有点像阳明心学式的感知到了“自家良知原与圣人一般”；而哲学史研究属于对既成对象的现代科学上的客观理解和认知，需要具体地去“格”，又和朱子的“学成圣人”相似。拿岛田引用过的章学诚的话说，叫“史之意出于天，而史之文不能不籍人力以成之”（见《研究》第四部《历史理性批判——“六经皆史”说》），二者不能混淆，何况从京都到大津的铁路上“根本没有什么隧道”！

而吴震则说是受到了嵇文甫的影响（主要是上海开明书店1934年出版的那本《左派王学》，还包括十年后出版的《晚明思想史

① 以上见前面提到的狭间直树的文章，也请参见《研究》一书中狭间写的《解说》，两者在这一段上大同小异。

论》),但又说不知程度有多大。笔者认为岛田受到嵇文甫的影响是明显的,对此笔者可以根据《研究》一书提供一些证据。岛田在《研究》中提到嵇文甫 11 次以上。但是另一方面,还应该提到容肇祖和安田二郎。容肇祖的《明代思想史》和《李卓吾评传》对他影响不小,书中提及容肇祖达 24 次之多! 安田二郎(1908—1945)的影响更大,尽管安田二郎的名著《中国近世思想研究》(东京弘文堂书房,1948 年 2 月;筑摩书房,1976 年 1 月再版)在 1948 年才出版,但他的重要文章都发表得很早:《朱子的存在论中理的性质》发表于 1939 年(《支那学》,九之四,1939),《朱子的气》发表于 1940 年(《东方学报》,京都,一〇之四,1940),《阳明学的性格》发表于 1943 年(《东方学报》,京都,十四之一),而《研究》提到安田二郎 34 次以上。譬如"自上而来""自下而来"之类的看法就是来自安田。

狭间和岛田自己的"顿悟说",只能是内在因素的一种:光靠"醒悟"毕竟不能做学术研究;吴震提到的中国学者的影响,顶多是诸多外来影响的一种,"不好确定"。笔者认为,岛田虔次志向于明代思想的研究,更应该和他所处的环境有关。不知人们有没有注意到:日本从事中国思想史哲学史研究的学者,一般都出身于各个大学文学部的"中国哲学史"专业。但岛田虔次出身于京都大学的东洋史专业,而且毕业后基本上属于京都大学人文研究所或文学部的东洋史专业!

尽管日本的汉学—支那学—中国学有一脉相承的传统,但"当二战期间,也就是先生还是一个学生的时候,日本学界对于儒教的评价并不高"(狭间语)。其实这个学界可说并非东洋史学界而是中哲史学界,而且这个学界还非常保守。但是京都大学的东洋史专业自从非大学科班出身的内藤湖南执教以后,已经吹进了不少清新的空气。而内藤史学的核心就是历史四分期说。也即以宋代为中国近世的开端,并且还以宋元为近世的前期,明清为后期。后期也就是所谓"近代"。岛田是内藤的再传弟子,从思想史角度对中国近代作出诠释和验证，难道不是《挫折》乃至《研究》前两部分的宗旨所在吗？岛田的毕业论文《阳明学中人的概念与自我意识的展开及其意义》开门见山便说："根据内藤博士的说法，平民的发展和政治重要性的衰退，是中国近代（宋、元、明、清）的两个根本性特征。"（见《研究》第二部，《挫折》也以之开头！）而《研究》第四部的两篇有关章学诚的论文，完全就是内藤彰显章学诚的正宗继承。

其次，岛田的直接导师是宫崎市定。尽管人们一般只瞩目于他在中国政治史、经济史、文化史方面的研究，宫崎市定不但不鄙视儒学，在思想史研究方面其实也是一个儒学大师。他的《论语》和孔子研究举世闻名，而有关《新语》甚至王充《论衡》的研究也独具风采。所以岛田志向于研究明代的"近代"思想，不会有什么客观障碍，反而会得到老师们的支持吧，说不定就是宫崎先生要他去研究的！这样说应该更合情合理一些。

相对而言，当时的中国哲学史专业，却拘泥于狭隘的经学传统，只知墨守汉文训读成规。如果岛田出身于中国哲学史专业的话，能否顺利地转向于明代思想史的研究就不得而知了。

岛田虔次的阳明学研究心路和解释方法

岛田的中国思想史研究成果主要集中在阳明学领域,由于战后日本以岛田为首的阳明学研究曾领先世界,所以说他是日本甚至世界的王阳明哲学研究的开创者也不过分。那么,岛田是怎样开创阳明学研究的?岛田的阳明学研究有什么套路和解释方法?本文围绕这些问题,以中文版《中国思想史研究》的阳明学部分为中心,结合其他著作,论述岛田虔次在阳明学研究方面的理路和解释方法,阐明他对阳明学研究的贡献和心路。

一　岛田虔次的阳明学研究历程

岛田的阳明学研究由五个阶段构成。

第一阶段:《中国思想史研究》第二部第一章《阳明学中人的概念与自我意识的展开及其意义》,写作于1941年,发表于1943年,原题为《从王阳明到黄宗羲》,由岛田的大学毕业论文修改而成。文章以个体的人也即"自我"的产生发展作为"近代人"的内在,并以这种"人"的发展和"心即理"为主线讨论了上至阳明、中经王艮、下至李贽的阳明学(主要是“王学左派”)的逻辑发展。只是他策划中的第三章《自我意识发展的社会背景和士大夫读书人的生活意识》没有完成,而要等到八年后《挫折》一书的开花结果。

第二阶段:《中国近代思维的挫折》,1949 年筑摩书店初版,1970 年修订再版。该书在前面提到的毕业论文《从王阳明到黄宗羲》的第一、二章的基础上,加上了新撰写的第三章《自我意识发展的社会背景与士大夫读书人的生活意识》。在该书中,岛田试图从王阳明—王艮—李贽的思想展开过程中,寻找中国近代思想,主要是近代市民意识的“萌芽”。一般认为该书是岛田虔次的代表作,有人甚至说二战后日本对中国近代思想的研究,就是从《中国近代思维的挫折》开始的。[①] 但是,该书引起过一些争议,也有它的局限性。《挫折》最大的局限性,首先在于使用了“近代”这个欧洲历史概念来衡量中国历史,特别是明清时代,对此又把握不定,于是时而用“近世”这样一个日语词来搪塞和辩护,因而造成了不必要的混乱。[②] 二是硬要在阳明左派,特别是李贽的思想展开过程中去寻找近代思维“萌芽”的努力,不但没有摆脱西方史学“欧洲中心论”的影响,连斯大林式的五阶段时代区分这一图式都没有突破。换言之,岛田虽然强调中国历史具有不同于欧洲历史的独特性,却又企图从中国士大夫阶层的几个边缘人(尽管李贽等人具有一些叛逆精神)那里寻找市民意识“萌芽”,以证明中国即使没有来自西方的冲击,也会产生出“近代思维”——既找错了对象,又用错了方法。这和 20 世纪 50 年代的一些学者力图证明即使没有欧风美雨的波及,中国也会原创出“资本主义萌芽”之既成真理的努力一样,都属于

① 譬如在中国影响颇大的日本学者沟口雄三的中国前近代思想的研究,就是在岛田这本书的影响下开始,并以超越岛田为己任的。可参见孙歌《在中国的历史脉动中求真——沟口雄三的学术世界》,载《开放时代》2010 年第 11 期。

② 关于这个问题的讨论,可参见《中国近代思维的挫折》1970 年修订再版本的《后记》和《中国思想史研究》第二部《王学左派论批判之批判》,也可参见本书《论岛田虔次的“中国近代思维挫折论”》一文。

缘木求鱼。

第三阶段:《中国思想史研究》的第一部《关于中国近世的主观唯心论——“万物一体之仁”的思想》。这是岛田1956年在京都大学的讲稿,修改后1958年发表于《东方学报》。根据著者的自述,写作此文的动机,一是为了弥补前两本著作没有论述“万物一体之仁”的不足,二是对当时中国思想学术界的趋向表示怀疑。

第四阶段:《朱子学和阳明学》(岩波新书C28,1968年初版)。该书虽然是面向社会的通俗读物,写得简单易懂,岛田却自认是对自己阳明学研究的总结。该书最大的特点在于将前三部专业著作已经论证过的主要观点浓缩、总结、概括、精炼出来。正因为如此,此书流传甚广,读者颇多,许多日本人就是通过这本书才对朱子学和阳明学以及二者的关系有大致了解的。

第五阶段:《中国思想史研究》的出版。此书日文原版出版于岛田先生逝世两年以后,由他的三位学生中国近代史专家狭间直树、小野和子和森纪子根据岛田的生前意愿收集整理的中国思想史方面的论文集。

二　日本王阳明哲学思想研究的开创者

尽管作为社会运动的日本阳明学曾经在日本热闹一时,而到20世纪40年代为止,日本中国哲学史中的王阳明哲学思想研究方面,则是异常冷清。总的来说,从明治时期中国哲学(当时叫“支那哲学”)这一学科诞生以来,日本学界对儒学的评价本来就不怎么样,对明代儒学思想的评价更低。特别是受到中国清代实学思潮的影响,重考据、兴“汉学”,明代思想被认为是空疏之学。到了战后,学界的风潮有些转变,但明代思想还是很少受到关注。特别是以号称继承清朝考证之学的京都学派,对于被认为是“空疏无内容”的

“明学”，有一种天然的反感。① 可以说，岛田之前日本学界的王阳明哲学思想研究，没有什么像样的学术成果②，完全是一块未开垦的处女地。

在王阳明心学哲学思想的故乡中国，又是怎么一个情形呢？对把“阳明学”这一日语词普及到中国学术界作出过重要贡献的陈来曾有这样一个回顾，可以作为参考：

> 改革开放以后，阳明学研究在大陆才真正开始。上世纪七十年代后期，浙江的沈善洪、王凤贤先生即开始研究王阳明哲学。1980年他们写成了《王阳明哲学研究》一书的初稿，并于同年秋天在杭州举办的华东地区宋明理学讨论会上，向与会代表分发了他们的小书。这本书虽然只是一本数万字的小册子，但却是新时期王阳明研究的开始。③

这里可以看到，20世纪80年代中国开始流行“阳明学”一词之前，学术界使用的是“王阳明哲学研究”一词，同时，从朱子到王阳明，使用的则是“宋明理学”一词。

按照20世纪50年代学术界的评判，唯物论高于唯心论，唯心论中客观唯心论高于主观唯心论。而唯心论又分为客观唯心论和主观唯心论。程朱理学被认为是客观唯心论，陆王心学被说成是主观唯心论。

对当时中国学术界的思想史研究方法和立场乃至观点，日本学

① 请参见中文版《中国思想史研究·解说》部分。

② 其间也有诸如《王阳明的哲学》（三岛复著，大冈山书店1934年）、《现代指导——阳明学讲话》（山田准编，章华社1934年）、《王阳明》（保田清著，弘文堂1942年）、《陆象山与王阳明》（山田准著，岩波书店1943年），但都是些以建立“国民教养”为主题的、配合社会运动日本阳明学的宣传小册子，并非真正的学术研究著作。

③ 陈来：《阳明学研究的回顾与前瞻——兼评〈阳明学研究丛书〉》，载《光明日报》2010年2月10日。

界一部分人选择沉默，也有人采取附和的态度。譬如同样在京都，当时京都大学文学部中国哲学史研究室的主任教授重泽俊郎在1964年出版了一本《中国哲学史研究》（法律文化出版社出版），副标题就叫《唯心主义和唯物主义的抗争史》。

就是在这样的大环境下，战时下的1941年，京都大学文学部史学科东洋学专业四年级学生岛田虔次，却选择王阳明哲学思想作为自己的毕业论文。并短短不到四个月，就写出了《阳明学中人的概念与自我意识的展开及其意义》（《中国思想史研究》第二部第一篇，发表时岛田年仅26岁）一文。这篇论文可谓开启日本中国学界研究王阳明思想哲学滥觞之作。

1949年，岛田又出版了《中国近代思维的挫折》一书。这本著作在出版当时没有引起什么大的反响，随着时间的推移评价越来越高，现在海内外学术界都公认这本著作是开创中国"近代"问题的划时代研究著作。其既是岛田的代表作，也是战后日本学界研究王阳明及其学派哲学思想的第一本专著。

1956年是王阳明哲学思想在中国最不受人欢迎的时候，此时岛田在京都大学研究生院开设了一个讲座，专讲《关于中国近世的主观唯心论——万物一体之仁的思想》。根据岛田的自我表白，发表此文的动机，一是为了弥补以前的著作没有论述"万物一体之仁"的不足，二是对当时中国学术界的思想史研究趋向表示怀疑。像岛田这样从正面对中国学术界的观点表示不同意见，进行堂吉诃德式挑战的，实为绝无仅有。这篇文章标志着岛田的王阳明哲学思想研究达到了一个新的高峰。

从思想研究渊源和方法来看，岛田的王阳明哲学思想研究是对传统日本中国学界的挑战，和日本阳明学没有任何关联，更和新中国成立之后的中国学界背道而驰，然而其并非无源之流。从时间上看，岛田的研究受到三四十年代中国学者嵇文甫和容肇祖的影响。在《中国近代思维的挫折》的序言里，岛田说"我是被嵇文甫氏的

《左派王学》这本小册子(开明书店,民国二十三年)开眼,才引起了对泰州派的兴味”。在《中国思想史研究》的第一部和第二部中,数十次提到嵇文甫和《明代思想史》(商务印书馆,1937 年)的作者容肇祖。但是岛田从嵇文甫和容肇祖处吸收的,与其说是他们那种将社会、生活、经济和时代思潮与心理结合在一起的研究方法,还不如说是从他们的反儒家礼教、追求思想自由解放的研究思路得到启迪,并加以发扬光大。①

自此以后,日本的阳明哲学思想研究如雨后春笋,涌现出了山下龙二、山井涌、冈田武彦、荒木见悟、沟口雄三等新一代的阳明学者,出现了一个阳明学研究的高潮。引人注目的是,这些后起之秀都属于日本的中国哲学(即“中哲”)领域,但是真正的王阳明哲学思想研究,却是由属于东洋史(也即“中国史”)领域的岛田虔次开启的。1993 年召开的继承日本“汉学”传脉、横跨中国哲学和中国文学两个学科领域的日本中国学会第四十五届大会,特邀岛田作题为《对“儒教和二十一世纪”的建议》(收入《中国思想史研究》第四部)的基调报告,1997 年岛田被选为日本最高学术荣誉机构“日本学士院”会员,这些都是对岛田开启王阳明哲学思想研究功劳的表彰。

值得注意的是,尽管岛田虔次选择王阳明哲学思想作为学术研究的对象,但是在名称使用上还是沿袭约定俗成的日语习惯,把“王阳明哲学思想研究”称为“阳明学”。

三　对“主观唯心主义”的处理

前文提到,当时中国学术界的思想史研究中,程、朱被认为是客

---

① 嵇文甫和容肇祖虽然也从马克思主义哲学那里有所启迪,但是没有采用唯物唯心式的研究方法,因此在新中国成立后被摈弃于中国哲学史研究的主流学派之外。关于这个问题,可参见左东岭《二十世纪以来心学与明代文学思想关系研究述评》,载《文学评论》2003 年第 3 期。

观唯心论,陆、王则被说成是主观唯心论。根据狭间直树的说法:

> 非马克思主义者的著者,对上述三分法并不赞成。但是他在写作本书时对有关此类问题采取“一概不问”的立场,不但使用这些范畴去讨论,还将主题定为“主观唯心论”。这大概是考虑到在对方设立的舞台上讨论问题,能够使问题的所在更加鲜明,能不岔开正题而直接进行论争。
>
> (狭间《解说》,《中国思想史研究》第5页)

也就是说,岛田的阳明学研究不讨论阳明学是不是主观唯心论的问题。他只是认为,按照中国学者者的说法,王阳明即便是一个主观唯心论者,但并不等于是反动的,相反,主观唯心论有时是进步的。岛田只是对唯物论高于唯心论,唯心论中客观唯心论又高于主观唯心论,而且又和它们在历史发展中的贡献度有直接联系这样的规定表示了不同意见。

如果根据当时流行的说法,主观唯心论只能起到反动的作用。对此,岛田在《关于中国近世的主观唯心论——“万物一体之仁”的思想》一文以及其他的文章中,举出许多历史事实,并结合马克思主义阶级斗争理论进行了讨论。他认为,以名教体制为骨架的客观唯心论(朱子学)体系,是中国近世统治阶级的意识形态,而主观唯心论则从正面对之进行了攻击,且主观唯心论中还包含有建立自我意识、追求平等的思想在内,所以明显地为历史的进步作出了贡献。特别是谭嗣同的主观唯心论,乃至清末的佛教,都曾有着开示中国近代意识的作用。岛田“这样的理论结构简直无懈可击”①。

基于同样的立场,岛田也反对为了达到某种目的,而把本来是

① [日]岛田虔次:《中国思想史研究》,《解说》(狭间直树执笔),邓红译,上海:上海古籍出版社,2009年,第6页。

唯心主义的思想家硬说成是唯物主义者的做法。岛田不但认为当时被认作是唯物主义的谭嗣同思想核心是唯心论，而且认为是主观唯心论(《关于中国近世的主观唯心论——“万物一体之仁”的思想》的前言以及第三章)；他还认为李卓吾的思想也是主观唯心主义，连清末的革命家梁启超的思想也是阳明式的主观唯心主义的心性态度(《关于中国近世的主观唯心论——“万物一体之仁”的思想》第二章)。

在不再使用唯物唯心的立场方法来研究中国思想史的今天，岛田的这种立场和方法已经很普通平常了。但是我们不要忘记，这样的局面正是以岛田为首的学者们开创的。

总而言之，为了和中国学者并列地站在同一立场，岛田对唯物、客观唯心、主观唯心这样的划分虽然不赞成，却能反其道而行之，使用唯物、唯心、主观、客观之类的范畴去讨论问题，将阳明哲学假定为“主观唯心论”。但有这样几点他是明确坚持、毫不动摇的：

1.他并不认为唯心主义是反动的，也不赞成主观唯心主义比客观唯心主义还反动那样的表达方式。

2.他也不反对唯物主义哲学有进步意义，但他反对为了把一个人和一种思想说成好人、好思想，不惜把那些本来是唯心主义的思想内容强说成是唯物主义的做法。具体而言，就是李贽的思想、谭嗣同的思想，还包括晚清的佛教思想等，按照唯物唯心的概念来衡量的话，都是唯心主义，但都起到了进步作用。

3.到后来他的思想有进一步发展。他甚至认为，像张载、王夫之、戴震那样的思想家，虽然可能有些唯物主义思想，但“从思想史的斗争史来看，这个系统其实并没有其他二者(主、客观唯心主义)的作用那么大”。张横渠的“气”哲学事实上是朱子“理气”说的一部分，王船山生前影响并不大，到死后一百五十年的清朝末期，其价值才重新为人发现，可说其著述和思想完全埋没于湖南的乡间。

戴震对西洋天文学有些造诣，但他的哲学中基本上看不到天文学的影响。戴震在今天被认作是中国气哲学最后的完成者，如是则气哲学由两个哲学家完成了最后的包装：一个是清朝的戴震，完成了气哲学式的人性哲学或社会哲学；在同一时期，日本的三浦梅园完成了彻底的气哲学史式的自然哲学。

（《三浦梅园的哲学》，《中国思想史研究》第323页）

也就是说，三浦梅园虽然通过引进西方自然科学，完成了彻底的气哲学史式的自然哲学，都还只是"儒教式自然哲学最后和最高的成果"，也即旧时代取得最高成就的儒家式思想家，但绝非新时代的哲学家；引进了点滴西洋知识，描述的却是中国古代的宇宙观，都非近代思维，而是新瓶装旧酒。这样的评价无疑也适用于戴震。他又说：

乾隆嘉庆时代至少有二位杰出的思想家，钱穆所谓"乾嘉最高的两位大师"戴震和章学诚，但是，他们在原理上的彻底性和规模却远远不及王阳明，而且全然没有作为"运动"影响社会那样的事。

（《章学诚的历史地位》，《中国思想史研究》第361—362页）

也就是说，戴震和章学诚的学问做得不错，非常精练，但缺乏思想性，是一种"吞吞吐吐"的思想，是受到异民族压制的文化。这样的观点在今天看来也是非常前卫的。

四　心学从大程、谢上蔡、陆象山到王阳明的发展理路

诚如"程朱理学"一词所表示的那样，二程是宋学的奠基人物，朱子则堪称集大成者。思想史上历来二程并称，但大多认为二程的

思想有着微妙的差异。至于是些什么样的差异,却是仁者见仁智者见智。思想的差异以外,学术体系的传承,也涉及二程的评价。譬如朱子得力于伊川,对明道思想则不一定“尽其传”。近代新儒家因注重内圣而彰显明道,如牟宗三称明道为划时代的英豪,其创辟智慧实不可及。

岛田阳明学研究的贡献,不仅在于他早就看出了二程思想的如斯分歧,还在于他说清了二程究竟在何处不同。

这一看法是在1956年撰写的《关于中国近世的主观唯心论——“万物一体之仁”的思想》一文明确提出来的。当是时,钱穆的《宋明理学概述》(“中华文化出版事业委员会”,1953年6月)出版不久,该书虽二程分叙,却无系统阐述;侯外庐等编著的《中国思想通史》第十二章第一节《二程的唯心主义理学》还将二程兄弟论述为一家之说;牟宗三的《心性与性体》(1968年)还未问世。

岛田说:

> 一是主张仁者万物一体的程明道(1032—1085),二是主张仁为“性”、爱为“情”,二者不能混淆的程伊川(明道之弟)。在思想系统方面,一般认为伊川是朱子的直接源泉,明道则是陆王的先驱。如前所述,“万物一体之仁”在陆象山那里逗留,在王阳明那里得到明显的继承和发展。
>
> (《中国思想史研究》第一部,第4—5页,以下同)

更重要的是,他还对为何“明道是陆王的先驱”这个问题,从“心即理”“万物一体之仁”两个方面进行了系统的论述。他说:

> 近世所谓“主观唯心论”者,可说在程明道的仁说那里已经奠定了基本框架,只是“心即理”这一点还没有明确。将之补充完善的是谢上蔡和陆象山,这是第一阶段。

（第 8 页）

程明道思想的基调，在于《易》所说“天地之大德曰生”、“生生之谓易”的“生”或者是“生生”的立场。

（第 10 页）

既然明道的万物一体之仁如此，为了知道它的内含，必须知晓从中派生出来的两个思想。一是谢上蔡所谓的“知觉说”，二是张横渠的《西铭》。谢上蔡说：“心者何也？仁是已。仁者何也？活者为仁，死者为不仁。今人身体麻痹不知痛痒谓之不仁，桃杏之核可种而生者谓之仁，言有生之意。推此，仁可见矣。”也即“有知觉知痛痒为仁”，明显是来自于明道。当然，上察所说，世人说仁之拘泥于爱，“今人唱一喏，不从心中流出，便是不识痛痒”之类，已经超出了明道所谓万物一体的同胞爱或者是恻隐之心之思，变成了一般道德之意。

（第 13 页）

“心即理”在明道那里还未明确，到了上察开始有些清晰起来，而在陆象山那里得到了最明确的表现。“‘大人者不失其赤子之心’。四端者，即此心也；天之所以与我者，即此心也。人皆有是心，心皆具是理，心即理也。”“盖心，一心也；理，一理也。至当归一，精义无二。此心此理实不容有二。故夫子曰：‘吾道一以贯之。’……（孟子）曰：‘道二，仁与不仁而已矣。’如是则为仁，反是则为不仁。仁即此心也，此理也。”（《象山集》）象山虽然基本上没有说过“万物一体之仁”、“生生”之类，然我认为其本身含有“心即理”说之源“万物一体之仁”思想，并从此发展而去。当然，古来众多学者都认为，陆象山思想来自于明道、上蔡，所以这不是什么新的说法。然而相对从明道而来

> 的说法,我更想强调的是将之限定于来自明道的“万物一体之仁”,因为明道的思想一言以蔽之,就是“万物一体之仁”,我想强调这一渊源。要对从明道到象山的形成过程加以严密的实证虽然有些困难,但从思想的潮流来看,完全可以说象山的“心即理”是明道“仁说”的一个发展形态。可将象山经常说“宇宙”,其高足杨慈湖说“己易”一事联系起来考察。
>
> (第21页)

从中可以看出,将谢上蔡看作连接明道和象山的桥梁也是一大发现,而且涉及了核心。上蔡以心释仁,故曰:“心者何也?仁是也。”以感觉释仁,故曰:“今人身体麻痹不知痛痒谓之不仁,桃杏之核可种而生者谓之仁,言有生之意。推此,仁可见矣。”所以岛田才说:

> 当然,上察所说,世人说仁之拘泥于爱,“今人唱一喏,不从心中流出,便是不识痛痒”之类,已经超出了明道所谓万物一体的同胞爱或者是恻隐之心之思,变成了一般道德之意。
>
> (第13页)

他还认为向“心即理”方向展开的第一步是谢上蔡,说:

> (明道)他的独特之处,在认为天理决非只是善,而是指对善恶并包“无独必有对”的体认,这也和他的“道”概念是融合成一体的。随后,天理概念朝着两个方向分道扬镳:一个是“性即理”,一个是“心即理”。如果说伊川转向了“性即理”的话,向“心即理”方向展开的第一步是谢上蔡迈出的。……后来在阳明派那里看到的,理(或心)和礼分裂之类的先驱性语言,在上蔡那里出现,决非偶然。碰见视听言动合于理、而不合于礼

的场合该怎么办呢？上蔡对于这个问题的回答是：言动固可以礼，视听有何礼文？以斯视，以斯听，则自合理。合理则合礼文，循理则复礼也。这样的问答基本上是古典式的。

（第20、21页）

虽然没有像后来的牟宗三那样去严格辨别二程，但岛田用了一个独特的方法，那就是高度重视《识仁篇》，将之看作大程的主要思想结晶。他详细解释了《识仁篇》，认为其意义在于：

一，明道首先指出了学问的根本意义，认为学者们的首要任务是知晓“仁”为何物，对此应铭记在心而不忘。“仁”不用说是浑然物我一体之谓，明道还提出，仁、义、礼、智、信五常最终也归结到一个“仁”字。这对明道来说是当然的归结，也是值得注目的提倡。因为“义礼智信皆仁也”这样的命题，不管有没有先声，在伊川、朱子的哲学那里是客观唯心论，在明道这里却变成了主观唯心论，已经涉及了它们之间根本性格的不同。

（第15页）

二，然而更重要的是从《识仁篇》那里看到的方法论。已经认识到了仁者万物一体，然为了维持仁，必须怎样去做呢？

（第16页）

一是诚敬，二是否定的方法，即对恶的警戒。

三，（明道）最后提出了“良知良能”。良知指不虑而知，良能指不学而能，这些功能同样都是人从天禀受的东西，是“本来不可能丧失”的。

（第19页）

最后，岛田指出明代重启心学的先锋人物是陈白沙和湛若水，对此岛田在第二部《阳明学中人的概念与自我意识的展开及其意义》一文中有所论证，这里不再赘述。

五　内在发展——朱子学和阳明学的关系

凡是讲阳明学的，首先绕不过去的就是朱子学和阳明学的关系。冯友兰《中国哲学史》以陆王心学为道学中的一派，既是反对者又是补充者的说法属于折衷，而日本阳明学把朱子学和阳明学对立起来，则是一种极端，都没有讲清楚。

岛田首先突破日本阳明学将王阳明哲学思想限定于“心即理”“知行合一”“致良知”三个项目的成见，指出阳明学有如下内容：

(1)万物一体之仁和良知的结合，产生了新的“人的形象”。(《中国思想史研究》第34页，以下同)不但从人的社会性、政治性来把握人的本质，还从万物一体和良知(心即理)结合而产生出来新的人间规定和准则。相信内在良知之生生，并据此而展开纯理性行动。

(2)肯定欲望的思潮，产生出了“人的自然”思想。(第36页)

(3)游侠或任侠风气的兴起。后来发展成为“人人有亡天下之责”。(第37页)

(4)重视讲学。所谓讲学，应是对学问的共同讨究，救生民于陷溺的“同志之士”必然的东西，而且在自觉的人那里也是必然的。(第41页)

(5)以友为命。会聚于讲学的同志才是“友”。这是道之探究者唯一的资格，故所有的地位、利害都不通用。这就是心学之“友”的原型。

(6)对异端的包容态度(所谓三教合一,在清末则是对西学、先秦诸子以及佛教的积极态度)。

(7)君主批判。

(8)“气哲学”。

在阐述了王阳明哲学思想的特点之后,岛田着手梳理阳明学和朱子学的关系。他通过对宋代以后儒学的内面主义的发展和阳明哲学的特点的考察,认为阳明学是宋学内面主义发展的顶峰,必然归宿。岛田在《朱子学和阳明学》一书中详细论述了这个观点。

他认为,相对朱子学重视“外王”,阳明学更多地强调“内圣”。但是这个“内圣”,并不单单是简单的“存天理灭人欲”,而是有更丰富的内容。一是圣人内容的变更,不是外在的“格物、致知”式的,而是将人内在的“良知”作为衡量成圣的标准。以“良知”为人固有,则“满街皆是圣人”。二是肯定人的欲望。三是“六经皆我注脚”(陆象山)到心至上主义。四是自我主义、个性主义、积极主义、主动主义乃至重视情、主张真,解放人的知识才干,促进历史文学的发展。

内和外的差别,最终演变成了两者的对立和冲突的历史。岛田认为[①],在朱子学那里,宋学志向的内面主义还没有来得及实现自己的原理,还停留在不得不承认“外”的阶段。而阳明学为了实现彻底的内面主义而夺取了“外”的权威。因为阳明在朱子学那里停滞不前,得不到满足,阳明最终追求的是将主体的自我意识作为现实判断的标准。他这样说道:

我那步履蹒跚的阳明学研究有三大缺点(指《阳明学中人的概念与自我意识的展开及其意义》和《中国近代思维的挫

① [日]岛田虔次:《中国思想史研究》,邓红译,上海:上海古籍出版社,2009年,第126页。

折》)：一，没有论述阳明思想中的万物一体说。二，对阳明学和朱子学关系把握得不充分。三，没有把握住阳明学到考证学的推移。关于第一点，已经在《东方学报》的论文有所详细的论述(即《关于中国近世的主观唯心论——“万物一体之仁”的思想》)，本书收入了其成果。关于第三点还只是一些推论，虽然在本书前面有所论述，但还未进行充分的论证和叙述。这是以后的一个课题。关于第二点，也就是朱子学和阳明学的关系问题，这本来就是本书的固有课题。整本书就是对这个问题的解答。也就是说，本书从内面主义的发展的角度，阐述了朱子学到阳明学的历史，也就是性理学的历史，并从这一角度概括了我迄今为止的研究成果。从第一篇论文到今天为止，我的立场都是一贯的，那就是反对只将阳明学作为“陆王学”(陆象山到王阳明)也即陆象山学问的单纯继续，只是和朱子学在形而上学上的极端对立之传统见解，而是将阳明学看作是朱子学的发展。这是我颇为得意的一个观点。诚然，阳明学具有陆象山哲学再版的浓厚色彩，称之为陆王学也没有什么不妥当，但这只是一种从结果上所做的解释，是对二者进行了历史的、逻辑的联系得出来的结论。那么，在这样的场合下，朱子学到阳明学又有什么样的发展呢？我想我在1955年度所作的那个讲义，才把握到了以前没有把握到的东西。①

总而言之，阳明学是朱子学的内在发展，是儒学内面化之一极，在这里，最高道德的判断标准从外在的定理转移到了内在的道德主体。

从这个意义上说，朱子学还不是完全的儒学的外面化。那什么

---

① 日文版《朱子学和阳明学》(岩波新书C28，1968年初版)一书的《结语》，第196页以后，邓红翻译。

才是儒学的外面化呢？岛田认为，如果说中国的阳明学是儒教内面化的一极的话，日本的徂徕学就是儒学外面化的另一个极端。可惜岛田对此没有展开叙述，甚为遗憾。

结　语

本文以笔者翻译的《中国思想史研究》一书，阐述了岛田虔次关于朱子学到阳明学的研究套路、解释方法和心路历程。由于篇幅关系，还没有来得及谈他从王阳明到李贽再到谭嗣同的研究。这一部分其实也是岛田阳明学研究中的精彩部分。从20世纪50年代起，从王阳明到李贽一段，关于中国有没有过"近代思维"问题，曾经引起过许多争议，岛田也做过一些退让。他说：

> 然而，请看一下标题吧！拙著题为《中国近代思维的挫折》。所谓"挫折"，即是指没有达到开花结实就停下来了，半途而废，到中途就破灭了之意。
>
> （《王学左派论批判之批判》，《中国思想史研究》第180页）

一个思想一旦产生，在遇到外来因素影响时，发展可能会暂时停顿或延迟，而不可能"半途而废""中途破灭"，终究还是会被后来的人们重新发现、再启功用乃至再评价的。[①] 譬如岛田著作涉及的戴震的气哲学、章学诚的历史学、顾炎武的政治学说乃至黄宗羲的民主观等，在他看来都是属于中国近代思维受到了"挫折"的"萌芽"，需要在清末民初再加以启动。

再就是岛田开启的历史的阳明学研究方法，即不停留在某一个

① 关于明清早期启蒙思想中的近代化因素，萧萐父、许苏民的《明清启蒙学术流变》（辽宁教育出版社，1995年）有详细的论述，可谓岛田理论的"接着讲"。

人或某种思想本身,而从历史发展中考察思想演变的动态研究方法,所谓“从朱子学到阳明学”“万物一体思想的发展”“王阳明、阳明学派到谭嗣同”“从王阳明到黄宗羲”,也为现在的学者们所模仿、继承和发展,《从陆象山到刘蕺山》(牟宗三)、《王学通论——从王阳明到熊十力》(杨国荣)、《阳明学的形成与发展》(钱明)之类的著作,沿袭的都是岛田开创的动态式阳明学研究理路。

岛田虔次的“中国近代思维挫折论”

前文在论述岛田虔次的阳明学研究历程时，提及岛田的名著《中国近代思维的挫折》[①]，并对岛田试图从王阳明—王艮—李贽的思想展开过程中，寻找中国近代思想，主要是近代市民意识的“萌芽”的“中国近代思维挫折论”（以下简称“挫折论”），进行了蜻蜓点水式的触及。下面将做详细论述。

一　评价甚高的“中国近代思维挫折论”

无论是在日本还是在中国学界，对岛田的评价都是很高的。这种评价主要针对两个方面，一个是他开创了战后日本的阳明学研究，二是他的“中国近代思维挫折论”。

关于他对阳明学研究的开创之功，笔者在前文有所阐发，这里不再赘述。相对而言，人们更欣赏他的“挫折论”。下面想以引用各家褒扬话语说明这一点。

① 1949年筑摩书店初版，1970年修订再版。甘万萍翻译中文版，江苏人民出版社2005年10月。后文简称《挫折》，引用江苏人民出版社2008年4月版。

岛田的学生狭间直树说:“此书(指《挫折》一书)堪称象征战后日本汉学研究再兴的具有里程碑意义的重要作品。”①

翻译《中国近代思维的挫折》一书的甘万萍在《译者的话》中说:“岛田氏以极其宽广的历史视野,描绘出从王阳明、经过泰州学派到李卓吾的所谓‘王学左派’的中国近代思想史的展开,再现了当时社会与思想运动的活泼泼的气息,并指出这个时期在哲学与思想中已经出现……近代市民意识的萌芽。与此同时,岛田氏又向我们描绘出了一幅这些新生事物由于过早出现的缘故,最终毫无疑义地遭受了‘挫折’的图画。”②

沟口雄三认为:“岛田虔次从克服所谓亚洲的停滞论,特别是把中国视为‘无历史持续的帝国’这种战前战中的黑格尔式中国观的立场出发,试图在明代中叶的王阳明到明末李卓吾这一所谓王学左派中,发现中国思想史的历史发展过程,并论证中国近代思维发展的萌芽。”③

诸如此类的评价甚多,不再一一引用。

由上可见,人们对“挫折论”的高度评价,集中在以下两点。拿沟口的话说:一是“发现中国思想史的历史发展过程”,二是“论证中国近代思维发展的萌芽”。

“发现中国思想史的历史发展过程”,是指岛田虔次把特殊的中国历史框架放入世界史、人类史的普遍立场。具体来说是以欧洲历史的发展为世界史、人类史的普遍规律,以中国的历史发展为特殊情况,将宋元明清作为中国的“近世”,再将中国的近世和欧洲的近世相比较,检验前者在思想发展方面有哪些方面符合后者的特

① [日]岛田虔次:《中国思想史研究》,邓红译,上海:上海古籍出版社,2009年。狭间的《解说》,载《中国思想史研究》,第3页。

② 见[日]岛田虔次《中国近代思维的挫折·译者的话》,甘万萍译,南京:江苏人民出版社,2008年,第2页。

③ 沟口雄三:《论明末清初时期在思想史上演变的意义》,载辛冠洁、衷尔钜、马振铎、徐远和编《日本学者论中国哲学史》,北京:中华书局,1986年,第428页。

征,或者说是中国近世的思想在哪些方面和欧洲近世相一致。他得出来的结论是,从王阳明经过泰州学派到李卓吾的所谓“王学左派”的学说和主张,在人的个性发展或者是近代市民意识方面,符合西欧人文主义的某些特征,所以堪称中国的“近世思维”。这样的比较1940年代以前没有人做过,至少是日本学者没有尝试过,所以沟口和其他日本学者称这种做法具有划时代意义,打破了亚洲停滞论等等。虽然它也有以西欧人文主义为模板、使用“近世”“近代”等欧洲史学概念等方面的缺点。

如果说日本学者比较欣赏“发现中国思想史的历史发展过程”的话,中国学者则更赞扬岛田企图“论证中国近代思维发展的萌芽”,说从王阳明经过泰州学派到李卓吾的所谓“王学左派”的思想,不但具有近世思想的特征,甚至出现了“近代市民意识的萌芽”。翻开《挫折》中文版,首先看到的是《译者的话》,其中有这样一段话,让通过翻译《中国思想史研究》①自诩对岛田的思想史研究有较深理解的笔者产生了许多疑窦:

> (岛田指出)中国和西方同样,不但存在着具有资本主义性质的近代社会,而且这个近代社会早在宋代就开始了,到明代已经发展到相当的程度。与中国近代社会相适应,中国出现了庶民(市民)社会和作为其意识反映的近代思想(思维)——阳明学。阳明学高扬人的主观能动性,反对和蔑视封建礼教及其权威,提倡知行合一的认识论和实践论,主张人不分高低尊卑、连愚夫愚妇那样的小人也能成为圣人的平等精神等等。阳明学的上述性质和特征使其当之无愧地成为中国近代社会中具有资本主义启蒙运动性质的反封建主义的东方精神运动,并

① 《挫折》一书,由《中国思想史研究》中的第二章《阳明学中人的概念与自我意识的展开及其意义》改写而成,主要是增加了一个《序》和第四章《一般的考察:近世士大夫的生活和意识》。而《挫折》中的《[补论]王学左派论批判的批判》也收入了《中国思想史研究》一书。

且和西方文艺复兴运动一样在人类精神文明史上具有同等的重要地位和意义。①

现将笔者的疑窦整理如下：

疑问一，中国存在过具有资本主义性质的近代社会吗？

疑问二，宋代是近代社会的开始吗？

疑问三，明代是发展到相当程度的资本主义性质的近代社会吗？

疑问四，中国出现过市民社会吗？阳明学是反映市民社会的近代思想吗？

疑问五，阳明学反对封建礼教、反对封建主义吗？

疑问六，阳明学具有资本主义启蒙运动性质吗？

本文的目的并不是想要诘难《译者的话》。笔者想指出的是，《译者的话》概括性地表述了中国学者们对岛田"挫折论"的高度评价。

众所周知，中国从1950年代到21世纪初，展开过一场关于"中国资本主义萌芽"的大讨论。这场讨论源于毛泽东1939年写的一段话："中国封建社会内的商品经济的发展，已经孕育着资本主义的萌芽，如果没有外国资本主义的影响，中国也将缓慢地发展到资本主义社会。"②所谓"讨论"，无非也就是如何去解释这个"萌芽"的内涵，发现"萌芽"在中国封建社会出现的迹象和形式，确定"萌芽"发生的时期年代，以证明萌芽论是一个科学论断。

在这场"资本主义萌芽"讨论中，出现了许多观点，总结起来可以分为这样两大类：

其一，关于"萌芽"的内涵，也就是关于什么是中国的"资本主

---

① 见[日]岛田虔次《中国近代思维的挫折·译者的话》，甘万萍译，南京：江苏人民出版社，2008年，第2—3页。

② 见《中国革命与中国共产党》，载《毛泽东选集》1卷本，北京：人民出版社，1966年。

义萌芽”。由于讨论参加者对“什么是资本主义”理解的不同,讨论起来也千奇百怪。有人把手工作坊的产生当作资本主义萌芽;有人把雇佣关系的出现当作资本主义萌芽;有人把商品经济和市场的出现和发展等同于资本主义萌芽;有人把所谓“启蒙思想”的出现当作资本主义萌芽;有人把市民阶级的形成当作资本主义萌芽;等等。至于萌芽的主体,从战国秦汉时期的历史人物子贡、弦高、范蠡、白圭、吕不韦,虚构人物从《红楼梦》中的钱铺主人到《醒世恒言》里独占花魁娘的卖油郎,都成了早期资本家的典型。

其二,关于“萌芽”的外延,也就是资本主义萌芽的产生时期,和“中国的奴隶社会与封建社会分期问题讨论”同步,出现了“战国说”“西汉说”“唐代说”“宋代说”“元代说”“明代说”“清代说”等说法,几乎囊括了战国以后的所有时代。①

再回头来看《挫折·译者的话》介绍的岛田的“挫折论”。

内涵:从王阳明经过泰州学派到李卓吾“王学左派”的所谓“近代市民意识”。这相当于“资本主义萌芽”中讨论过的“启蒙思想”。

外延:明代。和“资本主义萌芽”讨论中最有影响的“明代说”高度一致。

更有意思的是,岛田的《挫折》一书初版于1949年,作为原型的大学毕业论文《阳明学中人的概念与自我意识的展开及其意义》写于1941年,发表于1943年,和毛泽东的话在时间上非常接近。所以和中国的学者们相比还有点先知先觉之明,或至少是殊途同归之感。

时过境迁,在21世纪初,无花果般的“萌芽”讨论没有得出什么结论而偃甲息兵,“萌芽”讨论所代表的“西方有的东西在中国也曾

① 本文由于篇幅关系,对这场讨论不可能展开叙述,可参见1957年三联书店出版的《中国资本主义萌芽问题讨论集》、1960年三联书店出版的《中国资本主义萌芽问题讨论集续编》、1981年上海人民出版社出版的《明清资本主义萌芽研究论文集》、1983年江苏人民出版社出版的《中国资本主义萌芽问题论文集》等著作。本文涉及诸家观点都散见于这些著作。

经有过”的思维在中国学术界逐渐淡出之际，岛田《挫折》一书的中文版在中国问世了。光看书名就有“似曾相识燕归来”的感觉，何况翻译者甘氏在武汉大学的博士导师萧萐父先生一直致力“明清早期启蒙思潮”的探究！① 甘氏撰写《译者的话》时的心情不难揣测。

尽管如此，笔者还是不禁一口气提了上述六个疑问。

二　“近世”乎？“近代”乎？

《挫折·序》开门见山地说：

> 根据内藤湖南博士的观点，中国近代（宋、元、明、清）的成立，具有平民的发展与政治重要性的衰退这两个根本特征。在思想学术领域中，这两个根本特征以自由研究、自由批判的形式表现出来。我在本书中所展开的研究，归根结底，就是受到博士的这个观点的启发而产生出来的。②

可见岛田的学说建立在内藤湖南的中国历史时期四分法之上。查内藤的分期是：

第一期　从开天辟地到后汉中期　上古

第一过渡期……… 从后汉后半期到西晋

第二期　从五胡十六国到唐中期　中世

第二过渡期……… 唐末到五代

第三期　宋元时代　近世前期

① 可参见《东方的黎明：中国文化走向近代的历程》，成都：巴蜀书社，1988年。萧萐父、许苏民：《明清启蒙学术流变》，沈阳：辽宁教育出版社，1995年。

② ［日］岛田虔次：《中国近代思维的挫折·序》，甘万萍译，南京：江苏人民出版社，2008年，第1页。

第四期　明清时代　近世后期①

内藤是以宋元明清为“近世”而非“近代”。上面我们引用的《挫折》序言的话中，“近代”一词完全用错了；不仅如此，整本书中的“近代”都应该全部改成“近世”。关于这个错误，岛田曾受到多方面的尖锐批判。岛田自己也在1952年所写的《对王学左派论批判之批判》和1970年再版时写的《后记》中，对这个问题做过多次解释，承认整本书“近代”一词几乎完全应该换成“近世”。②

那么，为何岛田会错用“近代”“近世”呢？是初出茅庐的学者的低级错误，还是岛田想有所创新呢？

“近世”“近代”是英语名词的日译，再转口输入中国。首先从英语谈起。

“近代”的英语为“modern”。“近世”的英语为“early modern”，指近代之前的一段时期，也有“modern”的初期阶段的意思。但现代史学严格区分“modern”和“early modern”。

“pre-modern”也有“近世”的意思。使用这个概念时也要和“early modern”严格区分，其意义是指“近代以前”所有的历史时期，甚至包括中世和古代，没有“modern”的初期阶段的意思。所以也有人翻译为“前近代”。③

内藤湖南是岛田老师宫崎市定的老师，京都学派的开山祖师爷，他的中国历史四阶段分期说在日本历史学界影响很大，在创立百年后的今天还和唐宋社会变革论、中国文化中心转移论作为一个三位一体的模式，经过弟子们（宫崎市定、宫川尚志、谷川道雄等）的发扬光大和精致化，成为内藤假说（Naito Hypothesis）中具有广泛

① 《支那上古史》，载《内藤湖南全集》第9卷，第11—12页。

② ［日］岛田虔次：《中国近代思维的挫折》，甘万萍译，南京：江苏人民出版社，2008年，第209页。

③ 如沟口雄三著《中国前近代思想的屈折与展开》（中文版见生活·读书·新知三联书店2011年）。在日本，东京学派（白鸟库吉、加藤繁、西岛定生和后来的“历研派”）曾对内藤的历史分期法进行过激烈的批判。此为后话。

解释力的框架概念和适应性极强的学术命题。

内藤史学在今天看来其实是一套很有问题的理论,连一些日本学者也批判内藤的理论轻视中国的民族主体力量,中国文化中心转移论甚至提出中国的文化中心最终会转移到日本,从而起到了美化日本侵略的作用。然而改革开放后,厌倦了斯大林式五阶段历史分期法的中国学者在接触到这个理论时,觉得非常新鲜,没有进行批判性的消化就将之原封不动地引进中国,直到今天才出现了一些对之进行批判的文章。①

闲话休提。内藤是以上古、中世、近世、近代四阶段论来为中国历史分期的。那么分期的标准是什么?或者说各个时期的内涵是什么呢?

内藤认为,世界上的政治形态在原理上有平民政治(全体的政治)、君主独裁政治(一个人的政治)和贵族政治(少数人的政治)三种类型,并在此原理上确定各个时期的内容。上古是贵族(周代封建制)政治,中世是贵族(豪族)政治加君主独裁的统治(秦汉隋唐中世贵族王朝),近世是君主专制发展到一个人独裁的独裁政治(宋明元清近世王朝),辛亥革命开创的是平民政治(全体的政治的共和制)。②

由于"近世"和"近代"一字之差,所以有人老是分不清楚内藤史学中"近世"和"近代"的区别,到现在还有人说"近世=近代"③。

---

① 请参见王向远《近代日本"东洋史""支那史"研究中的侵华图谋》[《华侨大学学报》(哲学社会科学版)2006 年第 4 期],曹星《略论内藤湖南的"文化中心移动说"》(《史学理论与史学史学刊》2010 年第 8 卷)等。除开内藤史学的"轻视"和"侵略"方面的政治问题不谈,其四分期法最大的问题,在于将中国历史的最大特征,从秦始皇开始的、在汉代得到全面强化、一直延续到 1911 年完结的中国皇帝专制制度割裂开来,划分为三个时代:上古、中世和近世,以及两个不同性质的制度:贵族制和君主独裁制,却没有进行过严格的学术证明。本文对此暂不追究。

② 内藤湖南《支那论》(创元社 1938 年初版, 1941 年再版,全集第五卷)。关于近世说的详细内容,可见《内藤湖南全集》第 10 卷收《支那近世史》的第 1 章《近世史的意义》。

③ 如吉田宏一《封建制论的历史的射程——中国史的时代区分论和历史认识》(载《唐宋变革研究通讯》第 4 辑,2013 年 2 月,第 53 页)就认同内藤的"近世=近代"说。

内藤从来没有说过“近世”等于“近代”！不过也情有可原。在日语中，“世”和“代”同义，都是时代的意思，前面再加一个形容词“近”，使得“近代”“近世”在词语学意义上相同，在历史学中却是完全不同的概念，仅时间上就相差好几百年。

从内藤规定的辛亥革命的对象是君主独裁政治来看，内藤分期法中，中国的“近代”有特定含义，即推翻君主独裁政治建立“全体的政治”，也即“共和政治”。内藤甚至担心过中国辛亥革命带来的共和制会波及日本，给日本的天皇制带来威胁。①

内藤当初使用“近世”一词来为中国历史分期，没有将宋元明清这一历史时期定为“近代”的初级阶段，他只是将宋元时代定为近世前期，将明清时代定为近世后期。再就是在中国，“近代”平民政治（全体的政治）的革命对象为君主独裁政治（一个人的政治）。他认为，“中世和近世都是君主独裁政治，只不过中世是贵族政治限定下的君主独裁政治，近世是没有贵族以后的‘君主超越万民地位’的独裁政治，只不过平民势力有所‘抬头’”②。在内藤史学中，“平民”一词没有近代市民社会之类的意义，“平民”仅是相对于“贵族”而言。“贵族”则特指魏晋隋唐时期的士族门阀，也即“豪门”，平民则相当于“寒门”。

与内藤的“近世”内涵完全一样，岛田在《挫折》一书中最先表现出来的历史观，是从总体上将宋元明清这一历史时期定为“近世”，将宋元明清思想界定为近世性的思想，再从中寻找一些近世之后的时代“近代”思维的“萌芽”。他从泰州学派特别是李贽的思想中找到了一些类似的东西，并宣称它们只不过历史条件没有成熟而遇到“挫折”罢了。他对这一历史时期的看法在写作毕业论文乃至后来执笔《挫折》时都是如此。只是《挫折》在出版后受到别人的批

① 内藤湖南《支那论》第一章的题目即《君主制？共和制？》。

② 上引《支那论》（创元社 1938 年初版，1941 年再版），第 10、25、44、45 页。

判时，他才声明《挫折》一书中的"近代"应该全是"近世"，并开始整理自己的历史观，辩护道：

我这里想承认拙著的缺陷。也即在拙著中有二三处甚感没面子的事实误记（其实无关宏旨），以及对时代背景的考察不太充分等等，其中最大的缺陷便是全篇没有严格区分"近代"和"近世"的差别而使用。两者还是应该有区别的，书中应该都用"近世"一语加以统一。（然标题的《近代思维的挫折》可以不变。）这是我的不学无术造成的，我想没有什么辩解的余地——而这一缺陷也不是让山下先生的误解得到正当化的理由——但如果要谈起它的因缘的话，欧洲史上一般都统称文艺复兴以后为"Modern Age"，同时也是受了所谓内藤说的影响。我取宋代以后为近世说，是不赞成宋代以后为中世的说法；同时承认宋以后的中国，特别是在精神史上——如果以欧洲史为典型的话，文艺复兴时期前后到启蒙期——的各种事物呈现出了异常缓慢、分散且没有什么体系的现象，打上根基深厚的中国文明的烙印而表现出来的，同时再去承认其底层贯穿着的那种精神构造和意识态度。①

其实这个辩护现在看来也是有问题的。欧洲史上并不将文艺复兴以后的时代称为"近代"（Modern Age），欧洲意义上的"Modern Age"以启蒙运动为起点。而把从文艺复兴到启蒙运动这一段时间看作中世到近代的过渡时期，才是岛田想要表达的意思。

将宋元明清这一历史时期认识为"近世"的另一个表现，是他对阳明—泰州学派—李贽哲学的探索，用了一个偷梁换柱的手法，

① ［日］岛田虔次：《王学左派论批判之批判》，载《中国思想史研究》，邓红译，上海：上海古籍出版社，2009 年，第 181 页。

那就是他说的：

> 跟踪作为心学的核心——人的概念的成立与发展，通过回顾构想这样的人的概念的心学者们的实践，去探寻心学运动之历史的、社会的意义，将其所遭遇的命运的必然性和近代中国本身的构造联系起来进行理解。①

“人的概念的成立与发展”等于自我的确立，“这样的人的概念的心学者们的实践”等于个人价值的实现，这些都属于近代欧洲人文主义的概念。也就是说，他是运用近世之后的近代欧洲的标准去衡量近世中国的思想内容，以欧洲近代的新瓶装中国近世的旧酒。后来的中国资本主义“萌芽”讨论中经常使用这样的套用法，在宋代明代的社会寻找“商品经济”的蛛丝马迹以证明这些东西是“资本主义萌芽”。只是这种方法在岛田之前没有人实验过，所以这成了他的理论的新奇之处。②

他又说：“人，归根结底无非是社会性的人；即使是实践，说到底也不是外在于社会性的实践。”③这句话基本上是马克思所说的“人的本质是一切社会关系的总和”的翻版，他也将之运用于分析理解阳明心学。但是具有讽刺意义的是，如果过于强调人“归根结底无非是社会性的人”，和朱子学主张的“存天理，灭人欲”又有点异曲

---

① ［日］岛田虔次：《中国近代思维的挫折·序》，甘万萍译，南京：江苏人民出版社，2008年，第2页。

② 现在看来这样做当然是有问题的。“自我确立”“个人价值的实现”等，如果离开了“近代”“工业社会”这样的大环境，就将是超阶级、超时空的东西，是任何社会的任何个人都有的。譬如“食色，性也”“吃饭穿衣”自古以来就是自我确立的最基本条件，“杀身成仁”“舍身取义”也是任何时代个人价值实现的一种方式。这样的价值标准不适合中国历史。即使中国历史上有人说过类似这样的话，也不足以判断中国和欧洲有某种平行发展现象，并以此断定近代思维已经“萌芽”了。此是后话，不必苛求岛田先生。

③ ［日］岛田虔次：《中国近代思维的挫折·序》，甘万萍译，南京：江苏人民出版社，2008年，第2页。

同工之感了。过于强调人的社会性相当于整体主义(totalism),则和近代人文主义精神的个人主义(individualism)格格不入。

岛田还将“礼教的精神”规定为旧中国精神的核心,认为它“进入宋代之后,便理论化地开始自我分化;在明代,它自己驾驭自己的自律即将完成。或者对社会理性而言,它也可以被称之为个人理性的独立化、自律化吧”。他以此理论去分析阳明心学,得出了阳明心学具有个人作为异端成为具有自我主张性的人物的结论。“泰州学派显著地吸收了庶民的风气,追求独立的自我意识和人的概念。”①

换言之,他说的是个人理性的自立、个人精神世界的自立之类,这些东西实际上是日本阳明学的概念。② 日本阳明学理论家高濑武次郎也说:“我邦(日本)阳明学带有一种凛然生气,懦夫也立志,顽夫有廉风。”③另一位日本阳明学的重镇井上哲次郎历数从中江藤树到广濑武夫的日本江户时代以来的阳明学系谱之后,说:

> 简单地说,它们的特色在于怀抱纯洁如玉的动机,拥有贯穿壮烈乾坤的基本精神。这个学派虽然博学多识的学者比较少,但高洁俊迈的圣人君子和实践家却很多。④

可见岛田也没有离开日本这个大环境。他虽然对日本阳明学所说的中国明代阳明心学进行了批评,但进行批评之后建立新体系时又不知不觉地运用了日本阳明学。(详细见本文第四节)

---

① [日]岛田虔次:《中国近代思维的挫折》,甘万萍译,南京:江苏人民出版社,2008年,第168页。

② 沟口雄三在《论明末清初时期在思想史上演变的意义》(《日本学者论中国哲学史》,第428页)一文中认为岛田所谓“个人的精神世界的自立”是“日本近代的各种特征为基本的概念”。在《日本的中国思想史研究之改革与进程》一文中,他又指出,日本阳明学认为“阳明学的历史特质在于人的内部世界的自立志向”。(《国际儒学研究》第四辑)

③ [日]高濑武次郎:《日本之阳明学》,东京:榊原文盛堂,1907年,第34页。

④ [日]井上哲次郎:《日本阳明学派之哲学》,东京:富山堂,1900年,第1页。

反言之,正因为他用了这么些时髦的概念去研究阳明心学,才取得了与前人不同的结果。

三　寻找近代思维吗?——《挫折》最初的目的何在

既然岛田都纠正了自己的错误,我们就更不应该将错就错。所以上述六个疑问中的前三个疑问,便迎刃而解了。

疑问一:中国存在过具有资本主义性质的近代社会吗?

疑问二:宋代是近代社会的开始吗?

疑问三:明代是发展到相当程度的资本主义性质的近代社会吗?

解答应该是,中国从来没有存在过具有资本主义性质的近代社会,宋代不是近代社会的开始,明代更不是发展到相当程度的资本主义性质的近代社会;只是中国的宋、元、明、清四个朝代被内藤史学划分为"近世"。即使在中国关于"中国资本主义萌芽"的大讨论中出现的"宋代说"和最有力的"明代说",也只是说在宋代或明代可能出现过或曾经存在过一些"资本主义萌芽"而已。

岛田的误用是产生上述误解的原因,但和《挫折》的《译者的话》的误读误导有很大关系。

这样一来也就解答了疑问四:中国出现过市民社会吗?阳明学是反映市民社会的近代思想吗?既然明代是前近代的"近世",那么作为近代资本主义象征的市民社会也不应该存在,最多在泰州学派和李贽那里有些雏形,和所谓资本主义(思想)"萌芽"类似。阳明学更不是反映市民社会的近代思想,而是"反映近世社会的近世思想"。岛田自己也说道:

> 作为有市民权的市民自治团体的都市最终在中国的近世

没有出现过。因此在本书中有时使用的“市民社会”或“市民社会的”这种词语，从字面上说，不一定是在严格意义上使用的概念；那无非是通过从欧洲市民社会中寻找近世社会典型这种发达法则论的见解来说明问题。①

其实，证明阳明学是“反映近世社会的近世思想”，才是岛田写作《挫折》一书的真正目的。《挫折·序》说：

作为关于宇宙论、人性论的近代性思辨之学的宋学方面，作为对经典进行批判的考证学、文献学的清学，这两者怎么会成为近代学术史上的一对双璧，这个问题毋须再提了。然而，居于宋学和清学之间的明学，即因阳明心学而为人们所知的明学，又是怎样的呢？其确实是宋学某一个方向的发展，但仅此而已吗？一般认为，阳明学发展至其末流，便坠落于空疏的概念游戏，即所谓的“玄学”之中，而被其浸润的士大夫，则陷入无气力、无理想的境地，结果就发展成为被称之为“心学横流”的社会性弊病。阳明学就是这样被定论的。更有甚者，心学还被咒骂成是明代社稷之所以灭亡的根源。被我国所移植的阳明学，倒是一直以很高的评价而受到关注，甚至还被看成是明治维新的一个精神推动力。把两国对阳明学的评价相对比，人们不禁为这种评价的悬殊之大而感到吃惊。然而，一种独自形成的思想，在它诞生的过程中就完全陨落了，应该得到很好评价的东西完全没有了，这是难以置信的。阳明学就没有发展了吗？

……

① ［日］岛田虔次：《中国近代思维的挫折》，甘万萍译，南京：江苏人民出版社，2008年，第139页注2。

在本书中，我想用一种方法来尝试解决这些疑问。这就是，跟踪作为心学的核心——人的概念的成立与发展，通过回顾构想这样的人的概念的心学者们的实践，去探寻心学运动的历史的、社会的意义，将其所遭遇的命运的必然性和近代中国本身的构造联系起来进行理解。①

从上可见，岛田首先根据内藤湖南的中国历史四阶段分期说，以宋、元、明、清为中国“近代”（应该是“近世”）。然后说宋学和清学符合近代（近世）思想的（自由研究和自由批判）的特征而得到了高度评价，被认为是近代（近世）学术史上的一对双璧。但是以心学著称的明学却被人说得一无是处。岛田认为这对明学不公平，他要出来打抱不平，于是想通过论述明学（主要是阳明学）关于“人的概念的成立与发展”的理论，来证明心学运动的历史性、社会性意义，证阳明学就是地地道道的，不亚于宋学和清学的“近世”思想。

这才是岛田写作《挫折》一书的真正目的，至少是最早初衷。

这也解答了疑问五：阳明学反对封建礼教、反对封建主义吗？回答应该是，按照岛田的逻辑，阳明学是地地道道的中国近世的学问。“阳明心学是站在宋学的成果之上的，应该把它看成是宋学的正统展开。”②只不过是从“外”向“内”的一种展开。按照提问者这样的逻辑而言，则阳明学是封建礼教的一部分，是封建主义思想的重要组成部分。

只是从阳明左派的泰州学派到李贽那里，出现了一些变化。那就是“泰州学派显著地吸收了庶民的风气，追求独立的自我意识和人的概念”，换言之，“从阳明到泰州学派的心学，已经和名教世界

① ［日］岛田虔次：《中国近代思维的挫折·序》，甘万萍译，南京：江苏人民出版社，2008年，第1—2页。

② ［日］岛田虔次：《中国近代思维的挫折》，甘万萍译，南京：江苏人民出版社，2008年，第128页。

明显脱离,似乎成了与名教社会不相容的对立者"①,也就是出现了内和外的对立。而李贽的儒教批判,"确立了与士大夫的理念完全不能相容的文化批判"②。

如此这般的阳明—泰州学派—李贽的思想,面对疑问六"阳明学具有资本主义启蒙运动性质吗"该如何回答呢?回答也是否定的。"卓吾在其时代,不是代表小人、庶民要求的思想家,不是新兴阶级的代言人。因为这样的新兴势力,作为一个阶级,即作为有明确要求以及意识到了新的原理的阶级,其完全成立的 moment(契机)还不成熟。"③岛田也如是说。

四 是谁把中国的阳明学说得一塌糊涂?

那么,继续挖根刨底地追问,是谁把中国的阳明学说得一塌糊涂?让我们再引用一下《挫折·序》的这段话:

> 作为关于宇宙论、人性论的近代性思辨之学的宋学方面,作为对经典进行批判的考证学、文献学的清学,这两者怎么会成为近代学术史上的一对双璧,这个问题毋须再提了。然而,居于宋学和清学之间的明学,即因阳明心学而为人们所知的明学,又是怎样的呢?它确实是宋学某一个方向的发展,但仅此而已吗?一般认为,阳明学发展至其末流,便坠落于空疏的概念游戏,即所谓的"玄学"之中,而被其浸润的士大夫,则陷入

---

① [日]岛田虔次:《中国近代思维的挫折》,甘万萍译,南京:江苏人民出版社,2008年,第94、168页。

② [日]岛田虔次:《中国近代思维的挫折》,甘万萍译,南京:江苏人民出版社,2008年,第168页。

③ [日]岛田虔次:《中国近代思维的挫折》,甘万萍译,南京:江苏人民出版社,2008年,第156页。

无气力、无理想的境地，结果就发展成为被称之为“心学横流”的社会性弊病。阳明学就是这样被定论的。更有甚者，心学还被咒骂成是明代社稷之所以灭亡的根源。被我国所移植的阳明学，倒是一直以很高的评价而受到关注，甚至还被看成是明治维新的一个精神推动力。把两国对阳明学的评价相对比，人们不禁为这两种评价的悬殊之大而感到吃惊。

在这段话中，岛田一口气用了“明学”“因阳明心学而为人们所知的明学”“阳明学”这三个名词。

“明学”相对“宋学”而言。“阳明心学”相对于“陆王心学”而言，为宋明理学中的一派。“因阳明心学而为人们所知的明学”，也即“明学”中“阳明心学”最为有名，但“阳明心学”虽是“明学”的杰出代表却不是全部。翻开《明儒学案》，除了王学及其后学的三十来卷，王学之前有“崇仁白沙”，王学之外有“诸儒”，王学之后有“东林”等，再加上明代的佛学、道教以及外来的基督教的话，阳明心学只占有“明学”的半壁天下。如果“明学”“阳明心学”这两个词在当时的日中学术界通用的话，“阳明学”则是个地地道道的日语词语，在当时的中国学界还不流行。① 也就是说，“阳明学”在当时专指日本阳明学。

为此，笔者专门查找了原文。上面这段话的日文原文中，没有“把两国对阳明学的评价相对比”的字眼，也没有“一般认为”。如果是“把两国对阳明学的评价相对比”的话，就会被人误解为“中国对阳明学的评价差，日本对阳明学的评价好”。岛田的原话不是这个意思，而是说，历来对阳明学的评价所谓“定论”是很低的，甚至被咒骂为明朝亡国的“根源”，但是对“被日本移植的阳明学”（也即

① 请参见本书《岛田虔次阳明学研究心路和解释方法》。

日本阳明学)评价却很高。

那么,到底是谁对阳明心学评价很低,对"被日本移植的阳明学"评价很高呢?岛田没有明确指出。但是从岛田说的"被我国(指日本)所移植的阳明学,倒是一直以很高的评价而受到关注,甚至还被看成是明治维新的一个精神推动力"这段话来看,岛田无疑受到了日本阳明学的强烈影响和刺激——吹嘘"阳明学是明治维新的原动力"就是日本阳明学的发明。而关于中日两国阳明学的比较评价,日本阳明学理论家高濑武次郎曾说过这样一段有名的话:

> 大凡阳明学含有二种元素,一曰事业性的,一曰枯禅性的。得枯禅之元素者可以亡国,得事业之元素者可以兴国。中日两国各得其一,可以为事例之证明。①

果真如此的话,也说明《挫折》一书的前提不是要去证明阳明学是不是"中国近代思想的萌芽",而是对日本阳明学者们主张的中国阳明学亡国论作出的反驳。

这就牵涉《挫折》一书的写作背景。关于这个问题,岛田《中国思想史研究》的《解说》这样写道:

> 著者所学的京都支那学,在对中国文化表示敬意和共感的同时,其主流是清朝的考证学,"空疏不学"的明学受到排斥。而继承江户汉学的东京的支那哲学,则以宋学(道学)为主流,而其中的批判性潮流,对中国思想本身并不抱同情态度。(森纪子执笔)②

---

① [日]高濑武次郎:《日本之阳明学》,东京:铁华书院,1899年,第32页。

② [日]岛田虔次:《中国思想史研究·解说》,邓红译,上海:上海古籍出版社,2009年,第7页。

概言之,19世纪末20世纪初,在日本出现过一个作为社会运动的日本阳明学,在日本热闹一时。而到20世纪40年代为止日本的中国哲学史学界,在王阳明哲学思想的学术研究方面,则是异常的冷清。可以说,岛田之前日本学界的王阳明哲学思想研究,没有什么像样的学术成果,完全是一块未开垦的处女地。

著名作家三岛由纪夫1970年写过一篇题为《作为革命哲学的阳明学》的论文,曾这样描述到1960年代为止日本阳明学研究的惨状:

> 作为行动哲学的阳明学,现在被埋葬在尘埃中、置放在架子上的书籍罢了。据说朱子学以别的形式得到复兴,作为朱子学的一个分派的阳明学,除了一部分爱好者,只有其名称勉强为人所知。在美国研究阳明学的学者似乎有三个人,在日本也只被两三个号称阳明学家的学者所继承。对政治家、现实中的行动家应该有用的基本哲学的优点却遗失殆尽。①

联想起在中国,从1950年代的阳明学研究被宣判为"主观唯心主义"、王阳明本人被诅咒为"镇压农民起义的刽子手",阳明学研究的惨状似乎具有世界性。

所以在笔者看来,岛田开创阳明学研究之功,远远大于他对近代思维萌芽的探求。

五 《中国近代思维的挫折》的学术意义

本文以《挫折·译者的话》为契机,围绕《挫折》一书的评价,对

① [日]三岛由纪夫:《作为革命哲学的阳明学》,载《三岛由纪夫全集》第十一集"评论",东京:新潮社,2000年,第277页。

“挫折论”的思想背景、最初目的等进行了一些议论。笔者认为《挫折》的意义主要在日本中国学研究史上,同时也需要指出《挫折》作为研究中国思想史的古典名著意义。

一本古典名著在现代再版,必须首先弄清其产生的历史背景,其次要明白作者当时为什么要这样说这样做,再就是要探究当时的成功之处能否运用于当代实践,其理论具有普遍意义还是局部经验,其方法是暂时成功的尝试还是具有永恒意义等等,如此才能够融入现代的思想史研究界。人们毕竟不能两次走入同一条河流。

《挫折》诞生于20世纪50年代初,有着它的古典意义,代表了当时日本学界研究中国思想史的最高和最先进的水准。其开创日本新时代阳明学研究之功劳,暗合中国寻找资本主义“萌芽”讨论之巧缘,发掘中国思想史规律之企图,寻找西方史学一般原则在中国的体现之努力,都是可圈可点的。但是也有严重的缺点,这些缺点已经被山下龙二、岩间一雄乃至沟口雄三等老一辈的学者们指出过了,他自己也作了修正、辩护,难道还需要我们再一次指责吗?

相对于这些古典意义,我们更注重《挫折》在思想史研究领域中的学术性意义和方法论,因为它们更具有生命力。

《挫折》的学术意义,首先在于它并没有停留在赞美阳明心学是站在宋学的成果之上的、宋学的正统展开,而是看到了阳明学对朱子学的发展,是从“外”向“内”的一种展开,具体而言是为学和“心即理”追求心性的路线从“向外”转移到了“向内”。这个成果,在去掉了那些欧洲式的人文主义色彩之后,于18年后的《朱子学和阳明学》一书中得到了充分的展开。①

其次在于它的动态式阳明学研究方法。它从王阳明本人到泰州学派再到李贽那里,看到了阳明心学的“心即理”的发展轨迹和

① 《朱子学与阳明学》(岩波新书,1967年初版)。中文版见蒋国保译《朱子学与阳明学》,西安:陕西师范大学出版社,1986年。

出现的新思维。从儒学内部的发展来讲，从阳明到泰州学派，不但出现了由“外”向“内”的发展，而且发展到了外和内的尖锐对立。而到李贽那里，“当它被从理念形式中抽取出来的时候，它正好就是与儒家正统意识恰恰相反的东西”①。从人的发展来讲，“是从阳明的良知的人，即从纯于天理无人欲之私的‘圣人’到泰州学派的‘大丈夫’，然后加以具体性和能动性而发展起来的心学的自然人之回归的当然归结”②。只是《挫折》没有来得及关注阳明心学的另外一个重要理论——“万物一体之仁”，这要等到十年后的《论中国近世的主观唯心论——“万物一体之仁”的思想》（载《中国思想史研究》第一章，1958 年发表）一文加以论述。

再就是对李贽的彰显。《挫折》第三章专论李贽，堪称李贽研究的先驱者之一。其认为李贽不但是阳明心学发展轨迹上的一个终点站，而且是“最高潮”和“极限”，说“明学吸收了新兴社会的热量，作为被极大地扩张了其视野的近代中国的一个高潮，它可以被作为近代中国精神的极限来理解”③。他还认为李贽提出的“穿衣吃饭即人伦物理”、“私心”即自我尊严的主张以及“童心说”等新观点，是对阳明心学的新发展，“在这里几乎看到了西欧的所谓‘近代精神’‘近代原理’”④。

岛田在《挫折》中对李贽的高度评价，在后来他写的两篇论文中得到了新的发展。

1956 年写的《评朱谦之〈李贽——十六世纪中国反封建思想的先驱者〉》一文，是朱谦之《李贽——十六世纪中国反封建思想的先

① ［日］岛田虔次：《中国近代思维的挫折》，甘万萍译，南京：江苏人民出版社，2008 年，第 129 页。

② ［日］岛田虔次：《中国近代思维的挫折》，甘万萍译，南京：江苏人民出版社，2008 年，第 135 页。

③ ［日］岛田虔次：《中国近代思维的挫折》，甘万萍译，南京：江苏人民出版社，2008 年，第 153 页，只不过“近代”都要改成“近世”。

④ ［日］岛田虔次：《中国近代思维的挫折》，甘万萍译，南京：江苏人民出版社，2008 年，第 136 页。这里的“近代”似乎可以不改成“近世”。

驱者》一书的书评。在文中他将《李贽》一书的优点总结为四点，并着重对朱一些说过了火的评价提出了质疑和商榷。文章特别指出，“我承认‘萌芽论’的重要性，然我认为，没有欧洲资本主义的冲击，中国也会自发性地进入资本主义的说法是站不住脚的”①。这实际上是对寻找中国近代思维“萌芽”的意义进行了否定，或可以看成是岛田思想的一个进步。

而1962年在《思想》462号上发表的《儒教的叛逆者李贽（李卓吾）》一文，一反《挫折》的激昂文风，以平和的语气，分思想史背景、生涯、童心说、历史批判以及佛教等章节，对李贽的思想进行了全面的介绍和论述。此文对李贽思想的论述不仅抛弃了《挫折》的欧洲人文主义色彩，还对中国在五六十年代用唯物唯心论研究中国哲学史，“以王阳明为主观唯心论，却以阳明学左派（泰州学派）乃至卓吾为唯物论，并极力企图对两者加以分离”的做法提出了批判，认为“卓吾依然是主观唯心论者王阳明的‘嫡系子孙’，其童心则是阳明的‘良知’的所谓成年而已”②。

总而言之，《中国近代思维的挫折》一书标志着岛田虔次在日本战后的中国思想史研究方面登上了一个高峰，在当时获得了许多喝彩。但现在回过头来看，《挫折》一书仅仅是起步，是连绵群峰中的第一座山峰。他的阳明学研究在《论中国近世的主观唯心论》和系列论文中日臻成熟，在《朱子学和阳明学》一书时到达高潮，在《中国思想史研究》中得到概括，画上了一个完整的句号。

---

① ［日］岛田虔次：《中国思想史研究》，邓红译，上海：上海古籍出版社，2009年，第210页。

② ［日］岛田虔次：《中国思想史研究》，邓红译，上海：上海古籍出版社，2009年，第143页。

下 篇

日本的中国研究

日本九州的中国哲学史研究传统

日本九州岛有悠久的文化传统。单就日本汉学史而言，贝原益轩、三浦梅园、帆足万里、广濑淡窗和广濑旭庄兄弟、龟井南冥和龟井昭阳父子、楠本端山和楠本硕水兄弟、竹添光鸿等，都是名闻天下的大儒。他们的学问都有所创见而独树一帜。进入近代后，九州地区的中国学特别是中国哲学史研究，以位于福冈市的九州大学为中心，取得了丰硕的成果。

一　楠本正继和山室三良的学问

1925年九州大学法文学部设立“支那”学科，中国哲学史讲座迎来了第一任教授楠本正继(1886—1963)。楠本先生1922年毕业于东京大学“支那”哲学科，从1925年到1960年退休为止，一直在九州大学讲学。楠本正继的祖父为幕末大儒楠本端山，而且他本人曾于1928至1930年间留学德国，其间游历英国和中国，深受康德、费希特、黑格尔、尼采等思想家的影响，这使他年轻时代研究中国哲学史时略带西洋味道。但数年之后，楠本先生逐渐扬弃洋味，开始形成自己独特的风格。这就是在研究东洋思想时,不是旁观论说,而是深入吸取思想家们的精神,对之从内在加以理解。特别是宋明儒学,其思想往往与人格合为一体,因此更要以真切的体认作为基础。

楠本正继的主要著作有二,一为《宋明时代儒学思想的研究》(广池学园,1962年),二为《楠本正继先生中国哲学史研究》(国士馆大学附属图书馆,1975年)。《宋明时代儒学思想的研究》为楠本正继唯一的长篇论著。他曾用司马光的"精力尽于此书"来述怀该书的生涯意义。该书考察了宋学(朱子学)和明学(阳明学)的内在精神,以及它们追求的特质。通过抓住两学的精神特质,明确两学的纠葛所在并加以对比,以求达到对两学的整体理解。该书是日本第一部用现代方法研究中国宋明儒学,并加以自身体验的著作,因而具有划时代的意义,曾获西日本文化奖、朝日文化奖。《楠本正继先生中国哲学史研究》是楠本正继先生十周年祭的论文集,收编了从先秦到宋明的26篇论文。其中《读易》《中国的睿智》《庄子天籁考》等文章显示了楠本正继将《易》、老庄和宋明儒学结合起来考察的倾向。他的研究结果表明,中国哲学从《诗》《书》中的关于天的信仰出发,最终又通过宋明的理、性、心回归到关于天的思想。

楠本正继将自己的人生、人格与学问结合起来,形成了以"体认"为特点的学风。独特学风培养出群星璀璨的弟子,其中最著名的有冈田武彦、荒木见悟、福田殖等。

继楠本正继之后任九州大学文学部中国哲学史讲座教授的是山室三良(1904—)。山室三良1929年入九州大学预科,1932年去中国,先是进清华大学为特别研究生,后受日本外务省之命任日本设在北京的近代科学图书馆馆长至1945年。1948年任九州大学讲师,1961年升为教授。1960年以《中国古代的人文与超人文》一文获文学博士。山室先生一生坎坷,又深受西方学者如哲学神学家阿尔伯特·施韦策、历史学家汤因比等的影响,其学风具有文学性哲学特点,擅长以通俗简明的启蒙式方法阐述中国哲学之深邃。曾发表《从卜辞的世界到人间之敬的世界》《周初的人文主义黎明》,以及塑造作为人的孔子画像的《孔子论》《关于孟子的二三问题》等论文。

二 冈田武彦

与九州大学文学部中国哲学史研究室齐名的是九州大学教养部的中国古典讲座。该讲座的创始人为知名学者冈田武彦(1908—2004)。

冈田武彦,1934 年毕业于九州大学法文学部楠本正继门下,1958 年起任九州大学教养部教授。冈田的宋明儒学研究直接继承了楠本正继的衣钵。他在第一部专著《王阳明和明末儒学》(光明社,1970 年)的前言中写道:“此书为参加楠本正继的宋明思想研究项目时自己所得成果,在《宋明时代儒学的研究》一书出版时这一部分被割爱,故此书可为前书的续篇。”从中可见其师承。该书认为,在中国明末动乱的社会中,根据自己的深切体验以开发宋明性学与心学的秘蕴而在近代史上大放光彩的大儒,在程朱陆王之后相继出现。他们的思想为日本幕末的朱王学者所摄取。该书从王阳明与湛甘泉的关系出发,对阳明学的左中右的现成派、归寂派、修正派的思想和人物以及湛门批判派、复古派、东林学作了全面的论述和细致的分析。

冈田武彦的另一部专著《宋明哲学的本质》(文言社,1984 年)则对宋、明哲学的时代精神作了总体的阐述,将宋学的精神概括为“唯理的思想”,将明学概括为“唯心的思想”,即极度强调主观精神。他的《江户期的儒学》(木耳社,1982 年)一书,对在幕末维新中起了重大作用的阳明学者们作了详尽论述,是研究日本汉学不可多得的书。在《中国思想中的理想与现实》(木耳社,1983 年)一书中,冈田武彦提出中国思想家们以三条道路向我们展示了超越时空、体验人生的重要课题。一、法家(申、商、韩)、兵家(孙、吴)、纵横家(苏、张)等的思想,其直面人间的现实功利并加以巧妙利用以操纵对手,为现实主义或功利主义。二、道家对世道人心不屑一顾并加以批判,以归依天道自然来拯救人生社会,为自然主义或超越主义。三、儒家以人心中的仁义道德性为人类社会生活之根本,从而期待实现以人伦为中心的道德理想世界,为人道主义或理想主义。这一"三道"论,是对楠本正继早在 1963 年就提出的中国思想之道为现实的和理想的"二道论"的发展。冈田的其他著作还有《王阳明文集》《东洋之道》《中国和中国人》《楠本端山》《坐禅与静坐》等,主编有《阳明学的世界》(明德出版社,1986 年)等。冈田还是一位社会活动家,经常出席国际国内学术会议,并在福冈县主持各种民间的中国文化研讨会。自传有《我的半生·儒学者之道》(思远会,1991 年)。

2002 年起,明德出版社陆续出版了二十四卷本《冈田武彦全集》。

《王阳明与明末儒学》,吴光、钱明等译,上海古籍出版社,2000 年。

《简素的精神——日本文化的根本》,钱明译,西泠印社出版社,2000 年。

《王阳明与明末儒学》,吴光、钱明、屠承先译,华东师范大学出版社,2010 年。

《王阳明大传:知行合一的心学智慧》(全三册),杨田、冯莹莹、袁斌译,钱明审校,重庆出版社,2015 年。

三　荒木见悟

九州大学文学部中国哲学史教研室的第三任教授为荒木见悟(1917—　)。荒木见悟1940年进入九州大学法文学部,师从楠本正继,1950年以《朱子的哲学》一文获文学博士,1962年任副教授,1968年升任教授,1981年退休后任久留米大学教授。

如果说冈田武彦以宏观角度研究宋明儒学见长的话,荒木见悟则主要以研究儒学,特别是阳明学和佛教的关系见长,研究手法细腻详细、学风严谨、使用资料丰富、善于发掘使用鲜为人知的人物和资料。

荒木见悟出身佛教世家,入九州大学前曾就学佛教的龙谷大学专门部,师事金子大荣先生。入九州大学后,为发挥他熟悉佛学的专长,楠本正继劝导他主攻佛教与儒学的关系,从而确定了他一生的研究方向。1976年出版的《佛教与儒教》一书,奠定了他在日本国内和国际的学术地位。该书认为,宋明儒学的成立,与佛教思想特别是华严宗有着不断的关联、交涉、对立和纠葛。宋明儒学为了保持其纯洁性,不但狂热地排佛,而且身入敌境,抓住对手的要害而将其置于自己的支配之下。宋明儒学之所以能驾凌汉唐,其成功不在于排佛,而在于在与佛教的对立中取得了儒佛包容。这种儒佛包容,一方面是“本来成佛”与“本来圣人”有共同之本来性;另一方面,儒佛各宗派的对立,又均与以人心为世界的本源有关,从中才出现表现形式、把握方法、反省态度的差异。所以本来性潜伏着对现实的反省,而对现实的批判又表现出自我的本来性。此书通过对儒佛两教的现实性和本来性的把握,深刻地论述了佛特别是禅对宋明(朱王)的影响和关联。①

荒木先生著述甚丰,因为没有全集,特将其日文著述记录如下:

① 2001年中州古籍出版社出版了杜勤、舒志田翻译的《佛教与儒教》一书。

《仏教と儒教:中国思想を形成するもの》,平乐寺书店,1963年;研文出版,1993年。

《竹窓随筆》,明德出版社中国古典新书,1969年。

《明代思想研究:明代における儒教と仏教の交流》,创文社东洋学丛书,1972年。

《仏教と陽明学》,第三文明社レグルス文库,1979年。

《明末宗教思想研究 管東溟の生涯とその思想》,创文社东洋学丛书,1979年。

《叢書・日本の思想家46 東沢瀉》,明德出版社,1982年。

《釈迦堂への道》,苇书房,1983年。

《陽明学の開展と仏教》,研文出版,1984年。

《雲棲袾宏の研究》,大藏出版,1985年。

《叢書・日本の思想家27 亀井南冥　亀井昭陽》,明德出版社,1988年。

《中国思想史の諸相》,中国书店,1989年。

《李二曲》,明德出版社 シリーズ陽明学,1989年。

《明清思想論考》,研文出版,1992年。

《陽明学の位相》,研文出版,1992年。

《中国心学の鼓動と仏教》,中国书店,1995年。

《島田藍泉伝》,ぺりかん社,2000年。

《憂国烈火禅:禅僧覚浪道盛のたたかい》,研文出版,2000年。

《陽明学と仏教心学》,研文出版,2008年。

把中国古典译注成日语的著作如下:

《禅の语录17　大慧书》,筑摩书房,1969年。

《日本思想大系 34　贝原益轩·室鸠巢》,井上忠共校注,岩波书店,1970 年。

《世界の名著 続 4　朱子·王阳明》,中央公论社,1974。责任编集年。

《日本の禅语录 3 大応》,讲谈社,1978。

《禅入门 3　大応　语录》1994《禅の古典 2 大応国师语录》,讲谈社,1982 年。

《禅の语录 14　辅教编》,筑摩书房,1981 年。

吕坤《呻吟语》,讲谈社《中国の古典》,1986;讲谈社学术文库,1991 年。

《中国撰述経典 2　楞厳経》,筑摩书房《仏教経典选》,1986 年。

容肇祖《明代思想史》,秋吉久纪夫共译,北九州中国书店,1996 年。

以上著作翻译成中文的有:

《佛教与儒教》,杜勤、舒志田译,中州古籍出版社,2001 年。《儒教与佛教》,廖肇亨译,台北联经出版公司,2008 年。(以上两书的原书为《仏教と儒教:中国思想を形成するもの》)

《明末清初的思想与佛教》,廖肇亨译,台北联经出版公司,2006 年。简体字版为 2010 年上海古籍出版社出版。(原书为《中国心学の鼓动と仏教》)

《近世中国佛教的曙光:云栖祩宏之研究》,周贤博译,台北慧明出版,2001 年。(原书为《云棲祩宏の研究》)

四　町田三郎

町田三郎(1932—　),1951年进入东北大学,师从著名秦汉思想史专家金谷治。博士课程修完后直接任东北大学教养部助教、副教授,1974年调至九州大学文学部中国哲学史研究室任副教授,1981年升任教授。1995年退休。后任福冈纯真女子短期大学校长。

町田三郎的老师是金谷治,金谷治的老师是著名考据学家武内义雄之弟子,作为两位大师直系传人的町田先生的学术,继承师风,形成了在正确批判诵读古文献的基础上展开重点研究的风格。

町田三郎早年从事《管子》研究。在20世纪50年代之前,《管子》无好的校注本,它的散乱难懂使日本学者望而生畏。1956年郭沫若、许维遹、闻一多的《管子集校》出版后,立即为还是学生的町田所注意。1959年他写下了《管子幼官考》,这是战后日本学者用现代方法研究管子的先声,立即引起学术界瞩目。之后一发不可收,接连写出了《关于管子四篇》《管子的思想》等九篇论文,奠定了其管子研究的权威地位。1987年,金谷治发表专著《管子的研究》(岩波书店,1987年),师生珠连璧合同为管子研究的泰斗,被传为日本学术界的佳话。

随后,町田三郎先生转向研究先秦诸子和儒学是怎样以壮大的秦汉帝国为舞台展开其思想的。其成果为专著(博士论文)《秦汉思想史的研究》(创文社,1985年)。此书的重点在探索战国末期的思想界是如何在统一的思想和思想的统一这一大课题下,由奔放自由走向集约综合的。这一倾向的代表,为《庄子》外篇的老庄杂糅,《吕氏春秋》的儒道并存,《管子》的道法混在,荀况、韩非对未来政体思想的探索等。到董仲舒时完成了儒家的国教化。《盐铁论》则反映了西汉中叶的社会状况。《秦汉思想史的研究》在思想史研究上，将颇难处理的秦汉思想从历史学方向加以论述，从而明确了秦汉思想的价值和地位，为日本学界秦汉思想史研究的代表作。

随后，町田三郎转而研究幕末明治大正时期日本汉学的发展史。他认为，这一课题本为日本史的研究范围，但史学家为日本百年来的政治经济军事所陶醉，而忽略了汉学家们的业绩。为此，町田在九州大学开设了"明治汉学研究"专题讲座，陆续出版了一系列汉学研究著作：

《江户の漢学者たち》，研文出版，1998年，中文版《日本幕末以来之汉学家及其著述》，台北文史哲出版社，1992年。

《明治の漢学者たち》，东京研文出版，1998年。

《中国古代の思想家たち》，研文出版，2002年。

《明治の青春・続明治の漢学者たち》，研文出版，2009年。

另外，町田先生还翻译了下列中国古典著作：

《荀子》全释汉文大系7、8，佐川修、町田三郎共译，集英社，1974年。

《吕氏春秋》(中国的古典)，讲谈社，1987年。

《吕氏春秋》(学术文库)，讲谈社，2005年

《韩非子》上、下，中公文库，1992年。

《孙子》，中公文库，2001年。

五　其他

九州地区著名学者还有佐藤仁和福田殖。

佐藤仁先生(1927—　)曾于1970至1973年间担任九州大学教养部中国古典讲座副教授,后转任广岛大学文学部教授。佐藤先生主要研究宋学兼及明学、朝鲜朱子学。有专著《朱子·中国人和思想》(集英社,1985年),参加编写《朱子学大系》的《朱子学入门》和《朱子语类》篇、《中国思想史》(日原利国编)等。

福田殖(1933—　)原为九州大学教养部教授,1952年入九州大学文学部,先后师从楠本、山室、冈田和荒木先生,现主要从事朱子哲学和朝鲜大儒李退溪的研究。福田殖的朱子研究直接继承了其师楠本、冈田等的传统。他把研究对象放在人们所未能充分注意的朱子前后学、元代儒学,特别是对胡安国、张南轩、陆象山、许衡、吴澄、陈白沙等人物和思想的研究,写有大量论文。著述有《陆象山文集》(明德出版社,1972年)、《陈白沙文集》(明德出版社,1990年)。同时参加编写了在国内外颇有影响的《朱子学大系》(明德出版社,1974年)中的第三卷《朱子的先驱》(下)、第六卷《朱子语类》、第十四卷《朱子学者书简集》,以及《王阳明全集》(明德出版社,1983年起)中的第七卷《外集》、第九卷《年谱》。

九州学者们的一大业绩,是他们以集体力量编纂、出版了一批极有价值的书籍。1978年,荒木见悟、井上忠(福冈大学教授)、冈村繁(九大名誉教授、著名中国文学史专家)、林田慎之助、町田三郎主持编集了幕末大儒的全集《龟井南冥昭阳全集》(共八卷,苇书房)。1980年,冈田武彦、荒木见悟、町田三郎、福田殖共同编集了《楠本端山硕水全集》(全一卷,苇书房)。1972年以冈田武彦和荒木见悟为主编,编集了《和刻影印近世汉籍丛刊》,中文出版社和广文书局联合出版。

九州大学中国哲学教研室的教师和研究生鉴于宋明儒学研究缺乏工具书之弊,花费极大精力,于1972年编写出版了《二程遗书索引》,1974年出版了《二程外书粹言索引》,1977年出版了《传习录索引》。三部《索引》的问世,给学术界以极大裨益,颇得好评。

结　语

最近一段时间，九州地区宋明理学方面研究成果较少，朱王作为外国思想的“他者”被彻底客观化，研究层出现了“断代”式的塌方[①]。这固然和整个日本中国哲学史学界不景气的大环境有关，也要归咎于九州大学长年来实行的传统讲座制积累起来的弊病。撰写此文，一方面是记录下九州地区中国哲学史研究曾经的灿烂群星和丰功伟绩，也希望来者重整旗鼓，突破冈田、荒木他们开创的“体认”研究模式而再造辉煌。

① 见石立善《战后日本的朱子学研究史述评：1946—2006》，载徐洪兴主编《鉴往瞻来——儒学文化研究的回顾与展望》，上海：复旦大学出版社，2006 年。

日本著名诗经专家目加田诚其人其事

目加田诚(1904—1994)是日本最著名的诗经研究专家和翻译家,九州大学文学部中国文学史研究室的首任教授,并担任过早稻田大学文学部教授。笔者曾在日本九州大学文学部中国哲学史专业留学七年,对九州大学的中国学传统有切身体验,耳濡目染目加田先生开创九州大学中国文学史研究专业的丰功伟绩以及他的诗经研究和翻译。本文将对目加田先生的生平事迹、诗经翻译的历程和背景以及诗经翻译的特点等方面,作一简明扼要的论述,以求教于方家。

一　目加田诚的生平事迹

目加田诚的简要年谱:

1904 年,出生于日本福冈县久留米市,本籍地山口县岩国市

1921 年,岩国中学校卒业

1926 年,水户高等学校卒业,考进东京帝国大学文学部

1929 年,东京帝国大学文学部"支那"文学科毕业,其间,1928 年东京外国语学校"支那"语专修科毕业(夜校)

1929 年,东京帝国大学大学院入学,就任东方文化学院东京研究所(现东京大学东洋文化研究所)助手

1930 年 9 月,就任第三高等学校(京都)讲师

1930 年 12 月,就任第三高等学校教授

1933 年 7 月,就任九州帝国大学助教授

1933 年 10 月,为研究中国文学去北京留学

1935 年 3 月,回国

1938 年 3 月,就任九州帝国大学教授

1950 年 6 月,获文学博士学位

1957 年 1 月,被任命为日本学术会议第四期会员

1957 年 7 月,就任九州大学文学部长

1961 年 6 月,九州大学文学部长任期二期终了

1963 年 7 月,再就任九州大学文学部长

1967 年 3 月,九州大学退休

1967 年 4 月,就任早稻田大学教授

1972 年,任日本中国学会理事长(到 1973 年)

1974 年,早稻田大学退休

1994 年,去世①

他的主要著作有:

1.《中国现代文艺》,共立社汉文学讲座,1933 年

---

① 以上主要依据《中国文学论集:目加田诚博士古稀记念》(中国文学论集编集委员会编集,1974 年龙溪书舍)卷首的《目加田博士略年谱》编写而成,有所增删。

2.《诗经》(注译),东洋思想丛书8,日本评论社,1943年

3.《风雅集》,淳信堂,1947年

4.《诗经译注篇第一》(国风),丁字屋书店,1949年

5.《新译诗经》,岩波书店,1954年

6.《诗经·楚辞》(注译),中国古典文学大系第15卷,平凡社,1960年

7.《唐诗选》(注译),明治书院,1964年

8.《杜甫》,集英社新释汉文大系9,1965年

9.《屈原》,岩波书店,1967(岩波新书,青-663)

10.《杜甫物语:诗和生涯》,社会思想社,1969年(现代教养文库653)

11.《周诗—汉诗》(注译),社会思想社,1971年(现代教养文库718,中国诗选1)

12.《楚辞集注》(朱熹撰,目加田诚译注),读卖新闻社,1973

13.《唐诗三百首》译注(蘅塘退士编,目加田诚译注),平凡社1973.9.—1975.2.(东洋文库;239,265,267)

14.《世说新语》(刘义庆撰,刘孝标注,目加田诚译注)上、中、下,明治书院,1975—1978年(新释汉文大系76—78)

15.《秋から冬へ:随想》(《从秋到冬:随想》),龙溪书舍,1979年

16.《唐诗散策》,时事通信社,1979年

17.《うたの始め——詩經》(《诗歌的开始——诗经》,目加田诚译),平凡社,1982年(中国的名诗1)

18.《滄浪のうた屈原》(《屈原的沧浪诗歌》,目加田诚译),平凡社,1983年(中国的名诗2)

19.《夕阳无限好》,时事通信社,1986年

20.《汉诗日历》(目加田诚编著),时事通信社,1988

21.《洛神赋》,讲谈社,1989年(讲谈社学术文库887)

22.《诗经》(目加田诚译注),讲谈社,1991年(讲谈社学术文库953)

23.《中国的文艺思想》,讲谈社,1991年(讲谈社学术文库990)

24.《春花秋月》,时事通信社,1992年

25.《唐诗选》(目加田诚译注,渡部英喜编)新版,明治书院,2002年(新书汉文大系6)

26.《世说新语》(刘义庆撰,目加田诚译著,长尾直茂编),明治书院,2003年(新书汉文大系21)

27.歌集《残灯》,石风社,1993年①

另外,他还撰写有大量有关诗经研究以及其他中国文学方面的论文、研究笔记、随笔等等,主要著作被收入八卷本《目加田诚著作集》(1981—1985年龙溪书舍)。各卷分别为:

第一卷《诗经研究》

第二卷《定本诗经译注(上)》

第三卷《定本诗经译注(下)·楚辞译注》

第四卷《中国文学论考》

第五卷《文心雕龙》

第六卷《唐代诗史》

第七卷《杜甫的诗及其生平》

第八卷《中国文学随想集》

从以上的简历和主要著作来看,目加田先生的研究范围相当广泛,其主要业绩可归纳为下面几个方面:

1.《诗经》的翻译和研究。在下面的章节里,我们将要对他的

① 以上主要检索日本国立国会图书馆藏书检索系统NDL—OPAC。

《诗经》翻译作一些介绍和论述。

2.《文心雕龙》的翻译和研究。他第一次以现代日语口语翻译了《文心雕龙》，开辟了战后日本《文心雕龙》研究的新局面。他还写了许多有关《文心雕龙》和六朝文论的论文，提出了许多新见解，奠定了九州大学《文心雕龙》研究的基础。

3.《世说新语》的研究和翻译。他翻译的三卷本《世说新语》（明治书院，1975—1978 年，新释汉文大系 76—78），是日语翻译的所谓“定本”。[①] 也就是最重要的版本。

4.唐诗以及汉诗方面的研究、翻译和文艺鉴赏。

在社会活动方面，他曾担任日本最高学术机构日本学术会议的会员、日本中国学会理事长，他甚至是“平成”年号制定咨问委员会的委员。

总之，目加田先生是战前培养出来的正统派（相对于所谓“京都学派”或其他而言）学者。他在东京大学的老师是大名鼎鼎的盐谷温，在东方文化学院东京研究所（现东京大学东洋文化研究所）当助手时的上司是服部宇之吉；去中国留学，是当时颇为珍贵的“学士院派遣”；在北京大学当旁听生时，同学中有仓石武四郎、吉川幸次郎等未来的中国学大家，并和小川环树寄宿于同一人家。他在北京留学期间遍访群贤，拜见过胡适、俞平伯、钱稻孙、周作人等，还在上海拜见过鲁迅。他的翻译和研究工作突破了战前汉学-支那学的桎梏，和他的同学、同事们一起开创了战后崭新的中国学领域。他的学术研究范围相当广泛，但是构成核心的却是他的《诗经》翻译和研究。他最早也是成名作的《诗经》注译，为东洋思想丛书之八（评论社版）。而该丛书，既有大名鼎鼎的武者小路实笃翻译的《维摩经》、铃木大拙著作的《禅的思想》、武田泰淳著作的《司马迁》，也

① 对此可参见书评中国中世文学研究会《目加田诚〈世说新语〉（明治书院）》一文，载《中国中世文学研究》12，1977 年。

有正在崭露头角的福井康顺翻译的《老子》、竹内好的《鲁迅》。丛书出版于1943年,预告了战后新中国学的诞生。

二　《诗经》翻译的历程和背景

目加田的诗经翻译,是划时代的。

《诗经》很早就传入了日本。第一个日译本出现在9世纪,以后各种译本层出不穷,《诗经》在日本得到广泛流传。日本诗歌的发展也与《诗经》密切相关,和歌的体裁、内容和风格都深受《诗经》影响;《古今和歌集》的序可以说是《毛诗大序》的再版;《诗经》和《万叶集》的比较是中日比较文学家们永远做不完的大课题。

从19世纪后半叶到20世纪前半叶,随着锁国政策的打破,近世中国《诗经》研究的各种著作在日本大量翻刻,几种选译本、全译本流传于日本。但是,至此为止的翻译和选译本都是用日本独特的训读方式完成的。

譬如《汉广》一诗,1921年出版的《国译汉文大成》是这样翻译的:

南有乔木　　南(みなみ)に喬木(けいぼく)あり
不可休息　　休息(いこ)ふべからず
汉有游女　　漢(かん)に游女(いうじょ)あり
不可求思　　求(もと)むべからず
汉之广矣　　漢(かん)の廣(ひろ)き矣(かな)
不可泳思　　泳(みづ)くぐるべからず

江之永矣　　江(かう)の永(なが)き矣(かな)

不可方思　　方(いかだ)すべからず![1]

然后每一句下面是长长的解释:“南为南山。乔木上竦无枝。木下蟠时阴广,上竦时阴少。南山有乔竦之木,其阴不下及。”[2]再引用古人的解释,毛传怎么说,朱注怎么评,云云。这样根本不算翻译,充其量只能是训读给初学汉文的生徒看的所谓“書き下し”。读起来更是拗口,丝毫没有美感。

即将到来的新时代呼唤着新的翻译和研究出现,于是在新时代到来之前的1943年,目加田先生翻译的《诗经》(评论社,东洋思想丛书8)应运而生。他在1949年出版的《诗经译注篇第一》(《国风》,丁字屋书店)的《序》里这样叙述他的翻译的时代背景和心情:

昭和十年(1935)春,从北京留学结束回到福冈的滨町后,每天读《诗经》、写札记,是当时孤独生活中唯一的乐趣。我首先熟读历代的《诗经》注释书物,思考这个古典两千年来是怎样为人颂读过来的,抛弃各种注释上的一些糟粕,探求真正的古诗之心。札记逐渐积累,于是开始萌生译注之志,于昭和十三年(1938)开始执笔。迩来时事激烈动荡推移,或举国卷入战争的漩涡,或目睹终战后日本惨淡的状态。其间,时而辍笔不举,但无日不思考《诗》,总之最后完成了译注稿。忧心之日、心愤之日、心弱萎缩之日、心鄙悲痛之日,都为《诗》所慰藉、清静,切感古人强烈的意志、美丽的纯情、深澈敬畏之心,对自我的陋劣至今记忆犹新。“思无邪”可谓如此诗德吧![3]

---

① 原文为古日语。邓红翻译。

② 《国译汉文大成》经子史部第三卷《诗经》(国民文库刊行会大正十一年版),第26页。

③ [日]目加田诚:《诗经译注篇第一》,京都:丁字屋书店,1949年,第1页。

他还说:“我是想通过日语翻译的形式表现我的《诗经》研究的。”而关于为何用歌谣的形式来翻译,他说也曾经想过用训读的方式来翻译,但是《诗经》助字太多,训读实在是太勉强。①

正因为怀着对《诗经》如此深厚而复杂的感情,加入了个人的生死体验和时代关怀,他翻译的《诗经》一问世,便强烈地震撼了当时的读者。著名道家道教研究专家楠山春树第一次看到目加田译诗时,有这样的感触:

> 我作为专攻中国思想的学生,不能说和《诗经》无缘。但是训读后却留不下一点印象。我少有读唐诗那样的感动。但是打开此书(指目加田译《诗经》,评论社,1943 年)一看,下面不是训读也不是通释,而是非常流畅的译诗,深感惊叹。②

可以说他一出山便取得了成功。他的成功,不但和他的中国文学研究的专业性知识结构,和在东京大学受到盐谷温先生的教导、在东方文化学院东京研究所受到服部宇之吉先生的鞭策有关,更和他自己的文学造诣和才能分不开。他在《目加田诚著作集》第四卷《中国文学论考》卷末的《论文集的轨迹》一文中回顾了自己的文学生涯,自述年轻时曾博览群书,尤其爱好文学。外国文学中最喜欢俄国文学,进入东大以后甚至准备研究俄罗斯文学(托尔斯泰、陀思妥耶夫斯基,特别是契诃夫的戏剧),因为当时东大没有这个专业而作罢;日本文学中则以江户和近代文学为中心。在中国文学中特别

① 以上见[日]高桥繁树撰写的《目加田先生の晚年の研究と文学》一文,载《九州大学中国文学论集》第二十三号《目加田先生追悼号》,1994 年。

② [日]楠山春树:《东洋学丛书〈诗经〉二三事》,载《目加田诚著作集》4,东京:龙溪书舍,1984 年,第 1 页。楠山春树(1922—),早稻田大学名誉教授,日本著名道家道教专家,著有《老子传说研究》(创文社)、《老子》(“中国的人和思想”4,集英社)、《道家思想和道教》(平河出版社)等。

喜欢读《红楼梦》和唐诗，在北京留学期间曾跟随中国老师完整地读完过中文版《红楼梦》。另外就是爱好中外各种戏剧，在日本的歌舞伎特别是净琉璃研究方面有很深的造诣。他还是一个诗人，写过许多诗歌，晚年出版的歌集《残灯》(石风社，1993 年)在日本引起过意外的反响。

他翻译出版《诗经》版本的源流如下：

1943 年出版的《诗经》(注译，东洋思想丛书 8，评论社)，是他译注的第一部《诗经》。全书分四章。第一章《三百篇的本质》，在《总说》诗经之后，分别选译了《风》《小雅》《大雅》《颂》的一些主要诗歌。因此这次翻译不是全译而是选译本，但为第一个没有"训读"的《诗经》版本。第二、三、四章分别论述了《诗经》的历史、诗形和修饰(即文学形式)和古人之心(即诗情)。

《诗经译注篇》(《国风》，丁字屋书店，1949 年)。一开始本来是预定出版《诗经译注篇》三卷、研究著作《总说篇》一卷。但是因为丁字屋书店的老板藤井博职先生突然去世，只出了《国风》部分，其他手稿暂时束之高阁。

1960 年出版的《诗经 · 楚辞》(平凡社)，为第一本《诗经》的全译本，但是增加了"训读"，还有译注和考语。1969 年该书作为中国古典文学大系第 15 卷再版时，译文没有多大修改，但译注部分反而被大幅度删削。也就是 1943 年出版的那本《诗经》译注的第一章的全本。之所以要把《诗经》和《楚辞》放在一册里翻译，是因为当时出版社的策划编辑认为《诗经》为中国北方的古诗、《楚辞》为南方的古诗，放在一起，可以南北对照比较，交相辉映，云云。

岩波书店 1954 年版的《新译诗经》，则是除译注以外的关于《诗经》的概说性书籍。也相当于 1943 年出版的那本《诗经》译注第二、三、四章的单行本，但有许多增删。

《目加田诚著作集》(龙溪书舍，1981—1985 年)的第二卷《定本诗经译注(上)》和第三卷《定本诗经译注(下) · 楚辞译注》，是将已经绝版的1960年出版的《诗经·楚辞》(平凡社)作为底本,加笔补订而成“定本”。第二卷收《国风》和《小雅》,第三卷收《大雅》《颂》以及《楚辞》。

著作集的第一卷《诗经研究》则收集了目加田先生多年研究《诗经》成果。主要底稿,是1943年出版的那本《诗经》(注译,东洋思想丛书8,评论社)的第二、三、四章以及岩波书店1954年版的《新译诗经》。

三　目加田诗经翻译的特点

那么,目加田的诗经翻译有哪些特点呢?

目加田这样翻译前面提到的那首《汉广》一诗:

南有乔木	南（みなみ）に高（たか）い(7)木（き）があれど(5)
不可休息	蔭（かげ）に休（やす）まう(7)すべもない(5)
汉有游女	漢（かん）のほとりに(7)娘（むすめ）はゐれど(7)
不可求思	ちょいと云（い）い寄（よ）る(7)すべもない(5)
汉之广矣	漢（かん）は廣（ひろ）うて(7)
不可泳思	泳（くぐ）っててゆけぬ(7)
江之永矣	江（かわ）は永（なが）うて(7)
不可方思	筏（いかだ）でゆけぬ(7)

(《诗经》,评论社,1943年,第11页)

右边的现代诗为目加田译,数字为笔者添加的,(7)表示7音

节,(5)表示5音节,以表示合符七五调(下同)。这样一翻译,不但简明易懂,还朗朗上口。如果再翻译成现代汉语的话,则为:

南方有高高的树木,
树荫下却不能休憩。
汉水边有漂亮的姑娘,
想追也追不上。
宛如汉水宽广,
却不能游畅。
江水悠长,
筏儿却不能放桨。

如此翻译还算四平八稳的话,那么下面这一段《周南·桃夭》,则是具有冲击性的翻译了。

桃之夭夭　桃(もも)は若(わか)いよ
灼灼其华　燃(も)え立(た)つ花(はな)よ
之子于归　この娘(こ)嫁(ゆ)きやれば
宜其室家　ゆく先(さき)よかろ

桃之夭夭　桃(もも)はわかいよ
有蕡其实　大(おお)きい實(み)だよ
之子于归　この娘(こ)嫁(ゆ)きやれば
宜其家室　ゆく先(さき)よかろ

桃之夭夭　　桃(もも)はわかいよ

其叶蓁蓁　　茂(しげ)った葉だよ

之子于归　　この娘(こ)嫁(ゆ)きやれば

宜其家人　　ゆく先(さき)よかろ

这样的翻译,可以说已经不是翻译,而是诗歌的再创作了。且看第一二句,如果按照《国译汉文大成》的训读,只能训成:

桃(もも)の夭夭(ようよう)たる,灼灼(しゃくしゃく)たり其(そ)の華(はな)

基本上不能翻译成中文的现代语。如硬要翻译,就成了

夭夭般的桃,灼灼似的华

不但难看,读起来比原文"桃之夭夭,灼灼其华"难受多了。

但是,目加田翻译的"桃(もも)は若(わか)いよ,燃(も)え立(た)つ花(はな)よ",如果翻译成现代中文,则可变成这样的现代诗句:

鲜嫩的桃花啊!
宛如火燃般的花朵!

由上可见,从传统的训读方式到朗朗上口的现代文,是目加田先生开创的新翻译的第一个特点,这也意味着,他在日本第一次把《诗经》从经学的框框中解脱出来,当作和歌来翻译。

换言之,传统的翻译方式实际上不能算是翻译,而只是训读文。而目加田的新翻译方式,是以用简单易懂的现代文去翻译。二者的区别很简单:训读文基本上不能直接翻译成现代汉文,只能再回到古文;而新的翻译可以翻译成现代汉文。譬如《郑风·萚兮》:

萚兮萚兮　　落葉(おちば)よ落葉(おちば)
风其吹女　　風(かぜ)がお主(ぬし)をさそってく
叔兮伯兮　　叔(にい)さん伯(にい)さん
倡予和女　　さそってくれたら答(こた)へます

萚兮萚兮　　落葉(おちば)よ落葉(おちば)
风其漂女　　風(かぜ)がお主(ぬし)をつれてゆく
叔兮伯兮　　叔(にい)さん伯(にい)さん
倡予要女　　さそってくれたら行(ゆ)きますわ

(《诗经》,评论社,1943 年,第 15 页)

完全是用现代日语的口语来表现,最后一句连汉字也省略到了最低程度——一个字(其实不要也可以)。而把它翻译成现代汉语,则完全变成另外一个样子:

落叶呀落叶,
风儿把你来诱引。
好哥哥哟,
只要你邀就会有回应。

落叶呀落叶，
风儿吹你飘然去。
好哥哥哟，
只要你请就会跟着去。

第二，新的翻译不仅是用简单易懂的现代文去直接翻译，而是用日本歌谣的形式去再创作。上文提到过的《桃夭》是一个典型。“桃之夭夭，灼灼其华。之子于归，宜其室家”以及后面的几句，一般来说是向新娘祝福，祈愿子孙繁荣那样的中国传统庄严而郑重的气氛。目加田翻译为：

桃(もも)は若(わか)いよ，燃(も)え立(た)つ花(はな)よ。この娘(こ)嫁(ゆ)きやれば，ゆく先(さきよ)かろ。

这个“若(わか)い”“娘(こ)嫁(ゆ)きやれば”已经是用市井俗语来翻译古代歌谣了，但又显得一点儿都不俗气，而且如果再翻译成现代汉语的话，四句则变成这样：

鲜嫩的桃花啊！
宛如火燃般的花朵！
今朝出嫁，
定会使婆家美满幸福！

充满了喜气洋洋的节庆气氛，前半段甚至还可以读出调情的味道。

再如《郑风・有女同车》：

有女同车　　咲(さ)いたむくげの(7) 華(はな)のよな(5)

颜如舜华　　可愛(かわ)いい娘(むすめ)と(7)合乗(あいのり)りで(5)
将翱将翔　　ゆけばゆらゆら(7)
佩玉琼琚　　玉(たま)かざり(5)
彼美孟姜　　あの美(うつく)しい(7)孟姜(もうきょ)さん(5)
洵美且都　　ほんにきれいで(7)みやびてる(5)①

四言六句的《诗经》变成了七五调的和歌。前面那首《汉广》的翻译也合符七五调。

第三,把《国风》基本上都看作男女情歌,所以翻译解释时尽量朝男女情歌的方面倾斜。譬如《王风・扬之水》:

扬之水　　激(はげ)しい水(みず)の(7)流(なが)れには(5)
不流束薪　　束(たば)ねた薪(たき)も(7)流(なが)される(5)
彼其之子　　固(かた)く契(ちぎ)った(5)子(こ)に別(わか)れ(5)
不与我戍申　　ひとり私(わたし)は(7)申戍(しんまも)る(5)

"彼其之子"一般都翻译成"他(或她)那个人(儿)",目加田偏偏要翻成"固(かた)く契(ちぎ)った子(こ)に別(わか)れ",可译为"告别那密切相连的人儿",或直译成"告别我那紧密结合了的女人"。这是因为目加田将《王风・扬之水》《郑风・扬之水》以及《唐风・扬之水》联系起来考察,在《王风・扬之水》的"扬之水,不流束薪"之下写了一段长长的解释文章。全文如下:

① [日]目加田诚:《定本诗经译注(上)》,载《目加田诚著作集》2,东京:龙溪书舍,1983年,第184页。

“扬之水”毛传作激烈涌流的水。“不流束薪”的“不”毛传读为反语，作激烈的流水也流不走束薪解；而郑玄以“不”为否定，作不能流走束薪之意解。而朱子与之不同，以扬之水为缓流解，则完全意思不通。将之和《郑风·扬之水》以及《唐风·扬之水》联系起来思考的话，扬之水只能作激流解。而且束薪、束楚总是象征结婚、男女的结合，所以这里只能作“遭到了激流，困在一起的薪也被冲走；处于这烈政的时代，结合在了一起的人儿也被迫离散流失”这样的意思来解。其也许是当时的成语吧。①

最后是《郑风·东门之墠》。目加田先生干脆翻译成男女唱和：

（恋の歌）

东门之墠	男：東(ひがし)の門(かど)の(7)広(ひろ)っ場(ぱ)の(5)
茹藘在阪	坂(さか)に生(は)えたる(7)茜(あかね)ぐさ(5)
其室则迩	こんな近(ちか)くに(7)住(す)みながら(5)
其人甚远	思(おも)うお方(かた)は(7)なぜ遠(とお)い(5)
东门之栗	女：東(ひがし)の門(かど)の(7)栗並木(くりなみき)(5)
有践家室	軒(のき)を並(なら)べた(7)家(いえ)と家(いえ)(5)

① ［日］目加田诚：《定本诗经译注（上）》，载《目加田诚著作集》2，东京：龙溪书舍，1983年，第159页。

岂不尔思　　わたしが恋(こい)しう(7)思(おも)うても

子不我即　　主(ぬし)さん來(き)ては(7)下(くだ)さらぬ(5)①

再翻译为现代汉语,则为:

(男女恋歌)
男人:生长东门广场边,
　　开满山坡紫草茜。
　　我居离你这么近,
　　相思为何那么远?

女人:东门高高栗树下,
　　并排一对好人家。
　　尽管我也独相思,
　　你为何不主动下?

一般的《诗经》解释,都是一人称的咏叹。而同样是日本诗经研究专家的铃木修次先生认为②,虽然汉代有用唱和形式解其他诗,如刘向解《邶风·式微》,但毛传、朱子都从来没有提过此诗为唱和,在日本则目加田是第一个以唱和形式来解说翻译此诗。尽管只有这一例,而对唱的解说法后来被土居光知等发展到以原始剧来解《召南·野死有麕》等。

---

① [日]目加田诚:《定本诗经译注(上)》,载《目加田诚著作集》2,东京:龙溪书舍,第190—191页。

② 见[日]铃木修次《目加田译〈诗经·译注篇第一〉》一文,载《目加田诚著作集》5,东京:龙溪书舍,1985年,第1页。

结 语

总之,21 世纪中叶以后,在过去的基础上,日本汉学界推出了许多新的日译本,然目加田诚的译本被评价为信、达、雅兼具,深受研究者和文学爱好者们的欢迎。①

由于篇幅和笔者的水平关系,本文没有对目加田先生的《诗经》研究作论述。但是目加田先生自己曾经说过:“我是想通过日语翻译的形式表现我的《诗经》研究的。”②如《扬之水》一段的解释那样,他对《诗经》的见解,往往分布在对每一句诗句的翻译和注释之中。可以说,他的每一句翻译和注解,都是在参照所有前人的看法上作出的。所以要了解他的《诗经》研究,不单要读他写下的著作和论文,还得细读他翻译的每一句《诗经》和对诗句的注解。这么庞大的任务,还是留给下一次吧。

① 参见[日]田中和夫《现代日本诗经研究概论》,载《第一届诗经国际学术研讨会论文文集》,保定:河北大学出版社,1994 年。田中和夫是目加田的学生,现为宫城女子学院大学教授。

② 参照《目加田诚著作集》第四卷《中国文学论考》卷末的《论文集的轨迹》一文,东京:龙溪书舍,1985 年;还可参见[日]高桥繁树《目加田先生の晚年の研究と文学》一文,载《九州大学中国文学论集》第二十三号《目加田先生追悼号》,1994 年,第 16 页。

日本的董仲舒否定论之批判

所谓董仲舒否定论，指从怀疑《天人三策》的个别语句开始，逐渐怀疑整个《天人三策》的存在，断定这是班固的捏造，最后发展到否定董仲舒建言、汉武帝期间实行、被表述为“废黜百家，独尊儒术”（日本称“儒学国教化”）这一历史事件之论调。

无独有偶，中日两国学界都存在着这样的董仲舒否定论，而且观点和展开轨迹都令人惊讶地相似。

中国学界的董仲舒否定论，全部来自南京市委党校的孙景坛。1993年孙氏发表《汉武帝“罢黜百家，独尊儒术”子虚乌有》（《南京社会科学》1993年第6期）一文。这篇文章以《史记》没有明确记载为由，否定《汉书·董仲舒传》的《天人三策》。孙氏1995年发表的《董仲舒非儒家论》（《江海学刊》1995年第4期），首次提出了“《天人三策》为班固捏造说”。2000年孙氏的《董仲舒的〈天人三策〉是班固的伪作》（《南京社会科学》2000年第10期），对“班固捏造说”进行了更为详细的论述。①

① 同样的论文，还有《再论董仲舒非儒家》（《当代中国改革与发展的思考》，河海大学出版社，1999年）、《班固董子观献疑》（《岭南学刊》2002年第1期）、《汉史研究中的几个重要问题新探》（《南京社会科学》2005年第6期）等。而且，中日两国董仲舒否定论者之间的关系不太明了。从论文发表的时间来看，日本方面否定“天人三策”在先，班固捏造说则是孙氏的首创。孙氏懂不懂日语不太清楚，平井氏和福井氏能读懂中文的文章。

其实，董仲舒否定论并不完全是孙景坛的原创。董仲舒否定论，滥觞于1941年日本东京教育大学平井正士氏发表的《关于董仲舒的贤良对策的年次》①一文。该文从《天人三策》第二策中的“夜郎康居”一语的时间问题着眼，开始怀疑整个第二策，并暗示是班固的捏造。这篇论文发表之初，因为观点过于奇特，没有得到日本学界的任何反应。直到1967年，早稻田大学的福井重雅氏发表了《儒教成立史上的二三问题——有关五经博士设置和董仲舒事迹的疑义》②，将平井氏的第二策怀疑论发展为第二策全盘否定论，在此基础上否定汉武帝乃至整个西汉时期的“儒教国教化”。

孙氏的董仲舒否定论文，发表以来不断受到严肃的批评，如今也没有被中国学术界接受。③

在日本，福井氏的论文“自发表以来至今，围绕它的赞否两论源源不绝”，福井氏如是自赞。“福井1967”发表当年，东北大学佐川修氏就撰写了《武帝的五经博士和董仲舒的天人三策——对福井重雅氏〈儒教成立史上的二三问题〉一文的质疑》④，对福井的董仲舒否定论进行了全面商榷。福井氏在受到佐川氏的批判后，一直保持沉默而没有提出反驳。此后日本的中国哲学思想史学界，大多认为福井的沉默意味着败北。

然而，三十八年后的2005年，福井重雅氏出版了《汉代儒教史研究——对儒教官学化固有说法的再检讨》（以下称“福井2005”）

---

① 《董仲舒の賢良対策の年次に就いて》，《史潮》一一—2，1941年。以下称“平井1941”。

② 《儒教成立史上の二三の問題——五経博士の設置と董仲舒の事蹟に関する疑義》，《史学杂志》七六—1，1967年。以下称“福井1967”。

③ 批判孙氏的论文很多，主要的有管怀伦《汉武帝“罢黜百家，独尊儒术”确有其事——与孙景坛同志商榷》（《南京社会科学》1994年第6期）、吴九成《略论董仲舒的儒家属性——兼与孙景坛同志商榷》（《江海学刊》1996年第4期）、杨生民《论汉武帝是否独尊儒术——也谈思想方法问题》（《中国社会科学院研究生院学报》2004年第2期）、晋文《也谈“汉武帝尊儒问题”——与孙景坛教授商榷》（《南京社会科学》2005年第10期）等。

④ 《武帝の五経博士と董仲舒の天人三策について——福井重雅氏〈儒教成立史上の二三の問題〉に対する疑義》，《集刊东洋学》1967年。以下称“佐川1967”。

一书。这本书的第二篇《董仲舒研究》,为将“福井 1967”第三节《关于董仲舒的再考察》大幅度改写改订补正而成。第三篇的《班固〈汉书〉研究》,则提出了班固不但捏造了《天人三策》[①],而且整个汉代的儒学官学化都是班固的捏造之惊人论点。

“福井 2005”发表时,佐川修氏已经去世,以后日本也没有学者站出来正面反驳过福井他们的董仲舒否定论。为此笔者特撰此文,先介绍日本的董仲舒否定论的主要观点,然后对其做一些方法上、逻辑上的分析。

一　日本的董仲舒否定论观点介绍

由于平井氏和福井氏的董仲舒否定方面的文章很多,本节主要介绍其中一些重要文章的主要观点。

(一)平井 1941

“平井 1941”的主要观点如下:

(1)《天人三策》的年代不同。第一和第三策的对策年代应为元光元年(前 134),第二策为元光五年(前 130)。

(2)第二策和第一、第三策相比,内容不相关、性质也不同。特别是“夜郎康居,殊方万里,说德归谊”这一句,如果说是元光五年的作品则年代不合,因为“康居的事情为汉朝所知,是在张骞归还之年的元朔三年(前 126)以后”,可以推测应该是更后来的元朔或元鼎时期的作品。

(3)“夜郎康居”一句,也可看成是后代的窜入,但第二策的内容非常繁杂,如果看成元光五年的作品,则董仲舒作了两次对策,会

---

① 《漢代儒教の史的研究——儒教の官学化をめぐる定説の再検討》,汲古书院,2005 年。以下引用时称“福井书”,只记页数。

造成对第二策的全面怀疑,所以不加以深究。也就是说,有伪作的嫌疑,但不想往下怀疑。

(4)班固为何要在第一、第三策之间嵌入一个内容不一样的第二策呢?这和班固的编纂手法有关。班固在“编辑董仲舒的对策和奏议时,主要是要发挥其精神,不太注重精确年代”。也就是说,不能说班固故意捏造,但事实上捏造了。

上记的“平井 1941”发表以后,在日本学界没有引起任何反响。只是“佐川 1967”在指出“福井 1967”的董仲舒否定论的来源之际,曾经批判道:“平井说从对‘康居’之类的个别词语发出疑问,就去全盘否定第二策,是否做得太过?”

(二)福井 1967

首先想指出的是“福井 1967”和“平井 1941”的关系。无疑“福井 1967”的构思受了“平井 1941”的启发。对此,“佐川 1967”曾指出说“福井 1967”第三部分《关于董仲舒的再考察》部分,受到“平井 1967”“示唆甚多”。不单是构思,“福井 1967”第 14 页将《史记》嵌入《汉书》的关联部分,也抄袭了“平井 1941”。(平井 1941,第 81 页)

有了上述踏袭,“福井 1967”只用了一句“只要承认(平井 1941)出色的文献批判成果,以第二策为董仲舒的原文已经在事实上不可能”,没有作自己的论证,就将“平井 1941”的第二策部分怀疑论发展成了全面怀疑论。

其次,福井氏认为第一策也非建元元年(前 140)的作品。其理由如下:

理由 1,武帝的策问有“今临政而愿治七十余岁”一句。从汉高祖元年开始算起的话,到建元元年只有 66 年左右,和“七十余岁”一句不符合。

理由 2,建元元年时窦太后的势力还很强大,儒者受到弹压,此时提出儒学独尊的对策似乎不太可能。

理由3,《汉书·严助传》有"郡举贤良,对策百余人,武帝善助对,由是独擢助为中大夫",严助也成了中大夫,不单单是董仲舒。

理由4,《对策三》有"民日削月朘,寖以大穷。富者奢侈羡溢,贫者穷急愁苦;穷急愁苦而上不救,则民不乐生;民不乐生,尚不避死,安能避罪!此刑罚之所以蕃而奸邪不可胜者也",这样的切迫穷困并非汉武帝即位初年的状态,因为武帝初年经过文景之治是平安丰盛的,这一句没有体现时代的气氛。

值得注意的是,"福井1967"虽然否定第二策,但肯定第一、三策,认为是建元五年或者六年时的作品,包含"有儒教一尊的建言"。

(三)福井2005的主要内容

(1)对天人三策内容的考察

"福井2005"第二篇《董仲舒研究》,对《天人三策》的内容作了如下理解。

第一,将第一策分割成8个部分,2、3、4、5、8部分从内容来看和董仲舒的对策不是没有关系。第1、6、7条从"臣谨案"开始,先引用特定的经书,再陈述自己的意见。认为"这样的答问,在汉代的对策文中是很少见的变则式的体裁"。至于为何在"汉代的对策文中是很少见的变则式的体裁",则没有论证。而且1、6、7条没有相关的策问,和其他策问也没有关联性。再加上前面提到的70余岁的问题,第一策的问题,大概集中在这3条。

第二,第二策的问题,主要是"夜郎康居"一语。这一节对后世窜入和"拟作"两个角度进行了论述,认为都不太可能,揭示只有班固的捏造了。

第三,第三策的问题点,在于1、2、3部分可能是董仲舒的东西。本来董仲舒的对策应该在此结束。第4部分"然而臣窃有怪者"以下,没有武帝的策问,所以值得怀疑。

(2)全三策的问题及其形成

对策的内容在《汉书·杨恽传》和《后汉书·桓谭传》都有引用。《汉书》成立之前不应该见到,为何会被引用呢?他认为,在此之前,有一些被说成是董仲舒的文章存在并流传甚广。

(3)董仲舒的对策、"董仲舒书"和班固捏造说

福井认为,《汉书·董仲舒传》以前,可以推测有一个作为母胎的祖本存在。根据福井氏的推测,当时世间存在一本多达123篇的《董仲舒书》,班固将之选择取材编集成了如今的《董仲舒传》,这就是"班固捏造说"的根据。

这是一个非常惊人的观点,但福井氏手中却没有任何证据能证明这一点。为此,在这一段中,福井氏发明运用了一个叫作"根据推论的考证"或者是"加以推论的考证"的手法来论证。关于这个论证法,下文设专章讨论。

(4)班固捏造说

第三篇《班固〈汉书〉研究》,对班固捏造说作了详尽的论证。

(四)福井2005和福井1967的关系

福井在"福井2005"《后记》里说,"福井1967"是"和本书最有关联的主要原始论文",所以对之进行了"大幅度的改写、改订和补正",但没有指出改正的具体点。

本来,两篇文章都是福井的作品,大幅度改写本是自己的自由。但是从学术规范的视角来看,尽管都是本人的作品,经过了38年的岁月,思想不可能一成不变。改写时,如果不说出改写的理由、前面的论文有什么不恰当之点、其本人的思考变化轨迹有何变化、新论文和旧论文相比有什么新材料、新观点等等的话,则改写没有任何意义。

经过仔细检证,发现"福井1967"和"福井2005"有许多不同乃至矛盾之处,甚至根本观点也有篡改之嫌。下面指出其中3点不同之处。

第一，对《天人三策》的矛盾观点。“福井 1967”虽然否认第二策，却承认《天人三策》的第一策和第三策是董仲舒的，而且明确指出是建元五年或六年前后的文章。反之，“福井 2005”认为三策都是班固的捏造。

第二，“福井 1967”认为第二策可能是后世的窜入，“福井 2005”则对后世窜入说进行了批判，认为不可能窜入。

第三，对王充《论衡》的矛盾看法。“福井 1967”说：“即使到了东汉时代，以正史的《后汉书》和王充的《论衡》为代表的儒家文献中，关于董仲舒的对策和与之密切相关的有关儒教的确立之类的事件都没有明确的记载，实在令人惊奇。”（福井书，第 12 页）

然而，“福井 2005”《董仲舒研究序章》（福井书，第 247 页），对董仲舒的对策和王充的关系，却有如下记述：最后考察和《汉书》同时代的东汉初期编纂的王充的《论衡》，发现里面有 30 来条关于董仲舒的记事。这些记事的共通特色，在于都将董仲舒说成是儒学的“大人物”。譬如，“董仲舒虽无鼎足之位，知在公卿之上”（别通篇），“仲舒之道德政治，可嘉美也”（案书篇），还说“若仲舒之言，孟子见其阳，孙卿见其阴”（本性篇），和前面提到的刘向一样，以董仲舒来比附孟子和孙卿（荀子）的文章很多。而且说“孔子生周始其本，仲舒在汉终其末尽也……孔子终论，定于仲舒之言”（案书篇），同样，“推《春秋》之义，求雩祭之说，实孔子之心，考仲舒之意。孔子既殁，仲舒已死，世之论者，孰当复问？唯若孔子之徒，仲舒之党，为能说之”（明雩篇）。可见此时董仲舒已经成为和孔子比肩并称的存在而被神圣化了。

福井自己对“福井 1967”进行了否定，认为《论衡》有 30 多条董仲舒的记事，而且王充还成了董仲舒神话的作俑者之一。

根据以上理由，依照学术惯例，本文将两者作为单独的论文看待。

二　关于董仲舒否定的证据

(一)"硬伤"和"软伤"

持董仲舒否定论的学者们有一个共同特点,就是他们带着先入为主之见,用鸡蛋里找骨头似的方式,从历史资料中找出一些有关董仲舒的史料性错误,拿来作为否定董仲舒、整个《天人三策》乃至"独尊儒术"的证据。我们认为,这些证据有的属于"硬伤",有的属于"软伤"。所谓"硬伤",确实是史料性错误,但要做具体分析。至于"软伤",则属于主观判断问题。

(二)董仲舒传记史料的"硬伤"

(1)班固的《汉书·董仲舒传》对董仲舒对策的年代没有明确交代,所以早在宋代司马光就发出了"然仲舒对策,不知果在何时"的叹息之"硬伤"①。

其实这个硬伤,不是来源于班固的《汉书》,而是来自董仲舒否定论者们绝对信赖的《史记》。《史记·董仲舒传》有"今上即位,为江都相",既没有说是哪一年,也没有说董仲舒被任命为"江都相"的理由。继承《史记》,《汉书·董仲舒传》说"对即毕,天子以仲舒为江都相,事易王"。而《汉书·武帝纪》元光元年武帝诏贤良对策,有"于是董仲舒、公孙弘等出焉"的字样,于是《汉书》顺理成章地将对策之年定为元光元年,任命的理由说成是对策之功。司马光在编撰《资治通鉴》时,没有采取元光元年说,反而定对策之年在建元元年,但自己也不太相信,才发出了"不知果在何时"的叹息。

《史记》和《汉书》都没有记载董仲舒被任命为江都相的年份和理由,当然是这个史实的"硬伤"。但是这个"硬伤"的始作俑者是司马迁,董仲舒否定论者只怀疑《汉书》而不去怀疑《史记》,以《史

① "福井 1967"和"福井 2005",频繁引用司马光的这个叹息。

记》否定《汉书》,不知是否公平?

(2)第二策有"夜郎康居,殊方万里,说德归谊",如果是元光年间的作品的话则年代不合,应该是以后的作品之"硬伤"。

根据平井氏的说法,"康居的事情为汉朝所知,是在张骞归还之年的元朔三年(前126)以后"(平井1941,第108页)。如果此说法属实,有"夜郎康居,殊方万里,说德归谊"一句的第二对策应该是元朔三年以后的作品,所以是第二策的"硬伤"。

关于这个"硬伤","佐川1967"认为这一句是"后人的窜入"(佐川1967,第67页)。对此"福井2005"从"后人的窜入"和"拟作"两个角度加以了批判,认为不能作如此"否定性的处理",而只能是班固的捏造。

笔者认为,这个"硬伤"的问题在于,平井、佐川、福井三氏都没有真正理解"康居"一句的真实含义。"康居"作为固有名词在史籍上最早登场,不是平井氏所说的《史记·大苑列传》,而是《史记·司马相如列传》。元光五年司马相如向巴蜀之民发出的檄文有"康居西域,重译请朝,稽首来享"的字样。

换言之,平井氏说的"康居的事情为汉朝所知,是在张骞归还之年的元朔三年以后",不是事实。平井氏指的是元朔三年张骞归还之时,将康居的事情向汉武帝作了详细报告。在此之前虽然不知"康居"的详细情况,但《史记·司马相如列传》元光五年司马相如既然说"康居西域,重译请朝,稽首来享",至少证明元光五年前汉朝知道康居的存在,只是不知详情而已。

也就是说,"康居"一句不能成为董仲舒否定的证据,反而是第二策至迟是元光五年以前的作品的傍证。

而且还有一个重要问题需要解决,那就是"说谊""重译"是什么意思,"康居"为何会在元光五年以前来朝过?对此不但平井、佐川、福井三氏没有提及,以往也没有任何人研究过。

有研究表明,当时康居领有"索格底亚那"(Sogdiana,汉语名

"粟特"),索格底亚那商人世界闻名,在汉朝初年就来通商过,史载的康居使者,或许就是有关这些商人的记录[①]。

所以,"康居"一句最多只能作为判断第二策的时间参考材料,而不能作为第二策的证据,更不能以此来否定整个天人三策。

(3)"今临政而愿治七十余岁"之"硬伤"。

第一策武帝的策问里有"今临政而愿治七十余岁"。而从汉高祖元年起算的话,到建元元年只有63年,到元光元年只有68年,和"七十余岁"不符合,所以否定论者认为这也是一条"硬伤"。[②]

数字不相符合当然是"硬伤"。问题在于"今临政而愿治"之汉朝的起算点从何时数起。平井氏和孙氏都从汉高祖元年开始算起,所以有了如此疑问。

其实,刘邦当汉王是在公元前206年,当皇帝是在公元前202年。从前202年起算的话,数字可能凑不上,但从前206年起算的话,到前134年元光元年有72年,刚好符合"七十余岁"的说法[③]。

那么汉代人是如何计算的呢?《史记·高祖本纪》记载前206年刘邦首先进入关中的记事是"汉元年十月,沛公兵遂先诸侯至霸上",记刘邦当皇帝那年为"五年"。可见当时的人是从汉王元年开始算起的。

如果将对策之年定在元光元年的话,刚好符合"七十余岁"的说法。所以连"福井1967"也承认"天人三策"的第一策和第三策是建元五年或六年前后的文章,依据的就是这一条理由。

---

① 余太山:《两汉魏晋南北朝与西域关系史研究》"西汉和西域"注11,北京:商务印书馆,2011年,第84页。

② "平井1941"、"福井1967"以及福井书343页,对这一点进行过质疑。

③ 以下的计算法参照前面提到的张进(晋文)氏的《也谈"汉武帝尊儒问题"——与孙景坛教授商榷》一文。

（三）董仲舒否定的“软伤”

（1）“文气”问题

本文所谓董仲舒否定的“软伤”，指董仲舒否定论者从《天人三策》或《汉书·董仲舒传》中找到一些和自己的观点不相符合的史料，于是对之进行主观解释，认为是有问题的材料。这样的“软伤”，构成平井氏、孙氏、福井氏董仲舒否定论的第二手资料。

前面已经说过，董仲舒否定论的“硬伤”都有问题，那么“软伤”，充其量只是解释者的主观解释不同而已。

譬如“福井 1967”提到第三策有“民不乐生，尚不避死，安能避罪！此刑罚之所以蕃而奸邪不可胜者也”，认为这样的语言“没有反映经过文景之治平安丰盛的汉武帝即位初年的状态，也就是感觉不到时代的文气”。这里，所谓“软伤”，实际上是解释者的“文气感觉”，也即主观感觉的问题。

孙景坛也曾说过，《天人三策》第三策有“今世废而不修，亡以化民，民以故弃行谊而死财利，是犯法而罪多，一岁之狱以万千数”，认为汉武初年经过“黄老之治”，一年的犯罪者超过一万数千人是难以想象的。[①] 可见这个“软伤”不超出解释者的“想象”。因为对于这个“软伤”也可以这样解释：到景帝晚期，社会秩序已经开始混乱，统治支配阶级和民众的对立已经激化。譬如《汉书·景帝纪》有“今岁或不登，民食颇寡，其咎安在？或诈伪为吏，吏以货赂为市，渔夺百姓，侵牟万民”；《汉书·杜周传》有“廷尉及中都官诏狱逮至六七万人，吏所增加十有余万”的记录。也就是说，首都长安就有六七万民众被投入监狱。所以“一岁之狱以万千数”，在开始使用酷吏的武帝初期，是理所当然的。所以第三策才说“民不乐生，尚不避死，安能避罪！此刑罚之所以蕃而奸邪不可胜者也”。

---

① “孙景坛 2000”、“平井 1941”和“福井 1967”也谈到这个问题。同时这段话和汉武帝晚年的《轮台罪己诏》相符合，也有人说第三策为武帝晚期作品。

总之,“文气”和“想象”之类的“软伤”,完全属于主观的解释问题。

(2)“臣谨案”问题

福井氏(第341页)说:(第一策的1、6、7条部分)从“臣谨案”开始,先引用特定的经书,再陈述自己的意见。认为“这样的答问,在汉代的对策文中是很少见的变则式的体裁”。至于为何在“汉代的对策文中是很少见的变则式的体裁”,则没有论证。

如果我们不去调查整个《汉书》,这简直就是个“硬伤”。其实不然。

经过我们的详细调查,《汉书》以“臣闻”“臣谨案”开头的策文,有如下几个例子。

①《汉书·魏相丙吉传》有“臣闻明主在上,贤辅在下,则君安虞而民和睦”,同传还有“臣谨案王法必本于农而务积聚,量入制用以备凶灾,亡六年之畜,尚谓之急”。

②《汉书·外戚传》有“后数月,司隶解光奏言:臣闻许美人及故中宫史曹宫皆御幸孝成皇帝,产子,子隐不见”,同传还有“臣谨案永光三年男子忠等发长陵傅夫人冢。事更大赦”。

③《汉书·韦贤传》有“臣闻祭,非自外至者也,繇中出,生于心也”,同传还有(“臣”字缺)“谨案上世帝王承祖祢之大礼,皆不敢不自亲”。

④《汉书·儒林传》有“谷永上疏曰:臣闻圣王尊师傅,褒贤俊,显有功,生则致其爵禄,死则异其礼谥”。同传公孙弘的对策有“臣谨案诏书律令下者,明天人分际,通古今之谊,文章尔雅,训辞深厚,恩施甚美”。

加上董仲舒传,如此用例共有5处。有5处也还是“很少见的变则式的体裁”吗?是承认它们和董仲舒传的用例一样,都是常用的事例呢,还是都和董仲舒传用例一起,当作班固的捏造而加以否定呢?恐怕就不只是解释者的主观感觉问题了。然而完全否定是不可能的,因为第四个公孙弘的对策“臣谨案诏书律令下者,明天人分际,通古今之谊,文章尔雅,训辞深厚,恩施甚美”一文,来自《史记·儒林列传》!

(3)《董仲舒书》的引文问题

福井氏说,《汉书·杨恽传》所载私信有“董生不云乎:明明求仁义,常恐不能化民者,卿大夫之意也”,这一节文章见于第三策。《后汉书·桓谭列传》有“昔董仲舒言,理国譬若琴瑟,其不调者则解而更张”,这一句见于第一策。

福井对此提出如下疑问:《后传》(班彪)、《汉书》(班固)在东汉前期才写成。“西汉末期和东汉初期的人们不可能直接从《后传》(班彪)、《汉书》(班固)中的记事引用董仲舒对策中的文辞”,“但是被引用了,说明董仲舒的文章已经存在于世,而且一部分流布很广”。

福井想说的是,董仲舒没有上过《天人三策》,《汉书》完成之前曾经有一本被称作《董仲舒书》①的书存在,上述的文章就在《董仲舒书》中,班固以此为基础捏造了《董仲舒传》和《天人三策》。也就是说,福井氏的说法,依据于“班固捏造说”的假说,也即建立在假说上的假说。

反之我们认为,董仲舒确实在汉武帝时对策过,这个对策逐渐为世人所知,于是被以后的一些文献所引用。我们的这个假设比福井的“建立在假说上的假说”,真实性更大一些吧!

董仲舒对策的文章流传于当时世间的,其实并不止这两条。《论衡》的作者王充之所以说“孝武之时,诏百官对策,董仲舒策文最善”(佚文篇),“董仲舒虽无鼎足之位,知在公卿之上”(别通篇),

---

① 《春秋繁露》确为后人加的书名,《汉书·董仲舒传》提到董仲舒所著之书时举出了《玉杯》《竹林》等,这些都是《春秋繁露》现存的篇名。《董仲舒书》一书有《蕃露》之篇名,应该和《春秋繁露》有关。但是福井氏忽视这些历史记载,一方面承认《董仲舒书》的存在,但又完全否定被当作是董仲舒著作的《春秋繁露》的存在(福井书,第385页注35)。

就是这个原因。[①]

三　关于“根据推理的考证”

福井氏对董仲舒否定的最大贡献，其实不在于他指出、鉴定了《天人三策》和《汉书·董仲舒传》的几处“硬伤”和“软伤”，也不在于将这些“硬伤”和“软伤”发展成为班固的捏造，因为这些都不是他的原创。[②]

福井氏对董仲舒否定论最大的贡献，在于将“硬伤”和“软伤”发展成为班固捏造说时，使用了一个叫“根据推理的考证”的方法。本节想对这个“根据推理的考证”方法进行考察。

根据科学研究的常识，推理和考证，是逻辑学上完全不同的方法。所谓“推理”是一种演绎法，其根据既知的事情，推论未知的事情。也就是说，从一些命题（前提）出发，推论出别的命题（结论）。也称推测、推量等。所谓“考证”是对一些传承和二手资料或某些事件，运用客观证据，通过对一些古文献或器物进行的详细调查，搞清楚这些事件实际上是如何发生的，其中有些什么情况出现。在考证时，对作为客观证据的一些古文献或器物等进行详细调查是最重要的，也就是用客观证据说话。没有这样的证据的话，考证就不成立。

综上所述，推理和考证是完全不同的，甚至是相互对立的研究方法和手段。在做科学研究时人们往往交错使用这两种方法。

当想从一个命题（事物）发展到另一个命题（事物）时，如果没

---

① 关于王充和董仲舒的关系，可参见拙文《王充和董仲舒》（《大分县立艺术文化短期大学研究纪要》第47卷，2009年）。

② 福井氏的董仲舒否定的构思来自平井氏，班固捏造说的原形也来自平井氏。但是正式提出这一观点的，是孙景坛1995年发表的《董仲舒非儒家论》（《江海学刊》1995年第4期），比福井氏的《董仲舒对策的基础性研究》（《史学杂志》一〇六—2，1997年）早两年。

有客观证据的话，通常使用推理法。但是推出来的结论，只能称作“假说”。反之，如果拥有客观证据，则通常使用考证法。所谓历史的考证，就是根据新掌握的客观证据来进行，有时也会再次考究传承而来的古文献和器物，或者是鉴察出土文物乃至流失于外国的文献器物。

可见“根据推理的考证”并不是逻辑学上固有的研究方法，而是福井氏自己的发明。为何会发明如此荒唐的方法呢？那是因为包括他在内的董仲舒否定论者，要从《对策》或《董仲舒传》的一些“硬伤”和“软伤”出发，说是来源于当时存在着的一本名为《董仲舒书》的书，最后得出班固根据这本书捏造了《天人三策》乃至整个《汉书 · 董仲舒传》这样的结论，但是苦于没有任何“客观证据”。

没有“客观证据”，却要强词夺理得出想要的结论，于是不得不发明出“根据推理的考证”之方法！

从福井书第 372 页“从而以下的文章，不得不使用”一句，到第 380 页“以上，加以推论的考证”这一段里，福井氏的“根据推理的考证”或“加以推论的考证”，有如下一些例子：

373 页第 5 行：“可以推测。”

373 页第 13—14 行：“想要证明这个问题尽管没有证据”，但是有《董仲舒书》断片的存在一事，是完全可以“想定的”。

374 页第 2 行：“作这样的推测是可能的。”

374 页第 7 行：“可能是体现了某种盖然性的东西吧。”

375 页第 13 行：“恐怕可以作这样的想象吧。”

375 页第 15 行：“从常识来考虑。”

376 页第 13—14 行：“从这里开始推论，就可以作如下考虑……”

376 页第 17 行：“据说当时好像存在着一个被称为董仲舒‘党’的思想家集团。”

377 页第 13—14 行：“从这样的书名推论，无疑会……”

377 页第 17 行:“可作如此推理……”。

378 页第 6 行:“不能否定这样的盖然性。”

378 页第 14 行:“从这里看出不可解、不合理的疑念,也毫不足奇。”

这一节有关班固捏造说的关键性讨论,全部使用的是如此“根据推理的考证”或“加以推论的考证”的方法。

使用这样的方法和语言来进行推论,没有任何客观证据也可以得出自己需要的结论,用福井氏的话说,“不能否定这样的盖然性”,结果都“可以如此想象”。这样的推论没有超出推理法的范围,想象出来的结论只能是“假说”或建立在假说上的假说,而不是真正的考证。考证是要拿“客观证据”说话的,而福井他们没有任何“客观证据”!

推理是以“无(证据)”来推论假说,考证是对“客观证据”进行考察得出“有”之结论。“根据推理的考证”无异于“根据无的有”,从“无”中求“有”。这个方法和中国那句“无中生有”的成语倒是相符合的,但决非慎重的、科学的历史研究方法。

四 董仲舒否定论的逻辑错误

我们说过,没有根据的结论属于逻辑学的假说,“根据推理的考证”方法不是逻辑推理的固有方法,倒是和诡辩法的“强辩”法相近。也就是说,有必要对以福井为代表的董仲舒否定论,从逻辑学的角度加以考察。①

① 以下文章使用的逻辑学知识,除了逻辑学的一般教科书,还特别参考了野崎昭弘的《诡辩逻辑学》(中公新书 448)。

（一）含糊其词

“含糊其词”是诡辩术的主要手法之一。诡辩者的论点含混暧昧，似是而非，于是制造各种不同的假象，企图在不同的情况下作不同的解释，为自己的某种目的辩护。其特征是对学术性、现实性都有疑问的理论进行论说时，使用大量“恐怕”“大概”“似乎可以如此考虑”之类的暧昧用词。

福井氏“根据推理的论证”时使用的“不能否定这样的盖然性”，结果“可以如此想象”之类含混暧昧、似是而非的手法，完全符合诡辩术“含糊其词”的典型特征。

为了达到否定董仲舒的目的，而不厌其烦地去寻找各种可以作不同解释的“硬伤”和“软伤”，也符合制造各种不同的假象，做出各种主观的解释，达到论证自己观点的目的之“含糊其词”、混淆视听的特征。

特别是当其说法遭到别人反驳时，他们又会提出更多的、至今为止谁也没有提到过的所谓新证据。如福井提出的“臣谨案”和“臣闻”问题，就是谁也没有想到过的疑问。最典型的是孙景坛氏，他在《“董仲舒的〈天人三策〉是班固的伪作”新探》一文的第二节中，为了反驳晋文的商榷，一口气重新指出了《天人三策》另有 8 个漏洞，诸如“三策不都是儒学策问”“三策对历史背景的描绘迥异”“三策在风格上也不同”等等。这些其实也还是一些主观解释不一样的问题。①

（二）轻率的归纳（hasty generalization）

诡辩法中有一种叫作“轻率的归纳”的方法。这种做法企图以少数的例子得出一般化、普遍化结论。用公式来表现的话，则为“局

① 孙景坛：《“董仲舒的〈天人三策〉是班固的伪作”新探》，《中共南京市委党校学报》2009 年第 2 期。

部是 X=整体都是 X”。

具体到董仲舒否定,以一句“夜郎康居”的时间有问题便否定整个《天人对策》的第二策,便是一个典型例子。上文提到过,“佐川 1967”曾经批判道:“平井说从对‘康居’之类的个别词语发出疑问,就去全盘否定第二策,是否做得太过?”实际上就是对这种逻辑错误的批判。

福井氏以及孙氏以对董仲舒个别史实的“硬伤”,去全盘否定武帝时期的“独尊儒术”,也是在这个逻辑问题上犯了错误。因为即使把董仲舒个人否定掉,武帝时期“绌黄老、刑名、百家之言,延文学儒者数百人”①这样的兴儒政策的历史事实也是否定不了的。所以即使是“福井 1967”,虽然否定第二策,对武帝期的“儒教一尊”的史实也是持肯定态度的。

(三)合成的误谬(fallacy of composition)

和“轻率的归纳”类似的,是“合成的误谬”。用公式来表现的话,都可以说是“局部 X=整体 X”,但针对整体而言,无数的局部并不等于整体,这是和“轻率的归纳”不一样之处。

譬如“福井 2005”(第 32 页)在介绍儒教国教化论争时,引用了渡边义浩的一段话来概括“福井 1976”:“福井重视五经博士的设置以及董仲舒对策的史料,只在《汉书》出现,没有在《史记》出现一事。而且《汉书》是受以董仲舒为‘儒者之宗’的刘向、刘歆父子思想上的影响的书物,班固于是以董仲舒为汉代儒教的确立者。……关于《天人三策》,也继承平井说,以第二策为后世的窜入,其他对策也没有得到具体的实现。也就是说,武帝的儒教政策仅在即位当初十余年间暂时施行,以后便没有实行而凋落下去。”

---

① 《史记·儒林列传》有“及窦太后崩,武安侯田蚡为丞相,绌黄老、刑名、百家之言,延文学儒者数百人”。

这个场合下福井氏想要证明的整体问题，是武帝期儒教国教化的说法是错误的。福井氏的论证法，针对“武帝时期儒教国教化是错误的”这个整体，用了几个“部分是 X = 整体是 X”，于是陷入了“合成的误谬”。

具体而言，福井用了“只在《汉书》出现，没有在《史记》出现”之 X、“第二策是后世的窜入”之 X，“其他的对策也没有得到具体实现”之 X，“武帝的儒教政策只在即位当初十余年间暂时得以实施”之 X，去证明“武帝时期儒教国教化是错误的”这个整体问题也是 X。我们已经说过，针对整体而言，无数的局部并不等于整体，所以说福井犯了“合成的误谬”的逻辑错误。

另外，根据这个逻辑学原理，如此论证的结果一定不是真，但也未必是假。

所谓“结果一定不是真”，指的是“第二策是后世的窜入”，指的仅是《天人三策》第二策的真伪问题；“其他的对策也没有得到具体实现”，指的仅是第一、第三策有没有实现的问题，“武帝的儒教政策只在即位当初十余年间暂时得以实施”，指的仅是武帝兴儒政策的实施时期问题，即使在这 3 个问题上福井说得都对，得到的结果也一定是真，因为这些都不足以否定整体问题，即否定掉武帝时期的儒教国教化。

“也未必是假”，指这些个别观点本身有成立的可能性。但是问题在于，福井氏只是提出了观点，而没有论证过。

（四）捡樱桃（Cherry Picking，任意挑选）

所谓“捡樱桃”，指的是在众多事例中，只挑出对自家论证有利的事例来论证命题，即“掩耳盗铃”。

前述福井氏的董仲舒否定论“福井重视五经博士的设置以及董仲舒对策的史料，只在《汉书》出现，没有在《史记》出现一事”（渡边义浩语），也即仅重视《史记》而轻视《汉书》的手法，就是犯了典型的“捡樱桃”的错误。

同样,以《汉书》有记载而《史记》没有记载为理由,否定《汉书》记载的《天人三策》,也犯有同样的逻辑错误。

前面提到的福井氏对待王充《论衡》的态度,即“福井 1967”否认、“福井 2005”肯定的手法,也犯了同样的逻辑错误。

因为如果使用同样手法,我们也可以反之只相信《汉书》,不信任《史记》。就信古式的学者而言,史料越古可能越接近历史事实;对疑古式的学者而言,史料越古越值得怀疑,倒是离自己越近的史料,越值得信赖,因为其有可能包含新发现的资料。譬如这样的可能性非常大:司马迁当时没有见过《天人对策》,班固却看到了。且不说原来的《史记·孝武本纪》早已失传。

(五)错误的二分法(false dilemma,假两难推理)

福井氏在“福井 2005”《董仲舒研究》一节中(第 267 页),曾要求学者们研究董仲舒时,在《史记》和《汉书》之间“两者择一”,并提供了选择的方法。那就是对《史记》和《汉书》所记董仲舒之事进行“吟味”“比较对照”。但是,“吟味”“比较对照”也仅只是学者的主观判断而非证据证明。

更重要的是,福井氏要求的在《史记》和《汉书》之间“两者择一”的方法,犯有“错误的二分法”的逻辑错误。所谓错误的二分法,指人们依照一个预先决定好的原理性基准而进行两难判定。

具体而言,判定《史记》和《汉书》二分法方程式如下:

> 前提 1:(有关董仲舒对策的史料)《史记》没有记载;
> 前提 2:只有《汉书》才有;
> 结论:所以《汉书》不是真实的。

这个推理的原理性基准是:《史记》和《汉书》一个是善,一个是恶,必然分出善恶,《史记》是"好的史书"(离董仲舒近),《汉书》是"恶的史书"(班固捏造)。

要对这样的理论进行反驳太容易了:

(1)不见《史记》的历史太多了,难道那些都不是事实吗?这是最基本的常识。且不说"难道司马迁死后的历史书都不可信用吗?"《汉书》和《史记》的重复度大约只有1/3,那么其他的2/3都是班固的捏造吗?"佐川1967"批判"福井1967""仅以现存的《孝武本纪》没有五经博士的记录,就否定这件事(设五经博士),是不是太性急了呢",就是这样的批判。

(2)《史记》也有许多错误。针对"孙景坛1993","管怀伦1994"曾做过如下反驳:《史记》是中国最初的通史性著作,固然值得信赖,但并不能就此而将《史记》绝对化。《史记》的错误也不少,譬如"采经抵牾""论大道先黄老而后六经""编次同类,不求年月",而且重要的内容(譬如《孝武本纪》)欠缺。

就本文讨论的董仲舒否定论而言,不正是《史记·董仲舒传》中仅有"今上即位,为江都相""不求年月"才引起了今天的董仲舒否定论和肯定论争执的吗?

(3)《汉书》也有值得信赖的部分。这是理所当然的。平井氏、福井氏、孙氏都在不同的场合大段引用过《汉书》。

五　关于董仲舒否定论的哲学史方法问题

那么,犯有那么多错误的董仲舒否定论,到底出了什么方法论上的问题呢?"佐川1967"曾如此批判过"福井1967":关于董仲舒学说及其价值,无疑应该对包含《春秋繁露》在内的所有史汉关系资料进行精细的考察才能得出结论,这也只能是(福井)氏所说的"哲学史的方法"。如果不做这方面的考察,就去否定董仲舒的学说，诋毁其价值，是否太速断了些？

那么，福井氏是怎样认识“哲学史的方法”的呢？“福井 1967”的结语部分，认为“以往的哲学史式的方法论”是“对思想内容进行详密的分析评价，重视在此之上的体系性把握”。而自己的研究方法“与之不同，将对象限定于汉武帝的史实真伪之考证学方面视野，追求具体的事实”的“历史学的方法”，从而将自己的“历史学的方法”和以往的“哲学史的方法”对立起来。

笔者认为，“历史学的方法”和“哲学史的方法”不是对立的而是相辅相成的。具体而言应该有以下几个方面的内容：

（一）“义理之学”和“考据之学”

将“哲学史的方法”和“历史学的方法”对立起来“两者择一”，其实也犯有“错误的二分法”之逻辑错误。对此，只要一句“两者都是《史》，总有共通性吧”这样的反问就足够了。

而且必须指出的是，就在董仲舒的西汉时代，儒学研究朝两个方向发展开来。一个是“义理之学”，一个是“考据之学”。“义理之学”重视“微言大义”，从理论的角度系统把握儒学思想内容。这类似于福井所说的“对思想内容进行详密的分析评价，重视在此之上的体系性把握”之“哲学史的方法”。“考据之学”讲究“名物训诂”，也就是重视古典的文字、音义、文物以及典章制度，从文化学的角度来把握儒学。这类似于福井氏所说的“重视史实真伪之考证学方面视野，追求具体的事实”之“历史学的研究方法”。

在儒学发展史上这两种研究方法交错进行，相辅相成，在各个时代都取得了丰富的成果。既然“义理之学”和“考据之学”都不是相互对立的，“哲学史的方法”和“历史学的方法”就更不应该是相互对立、相互矛盾的方法。

(二)关于哲学家个人生平的史实和他的哲学思想的关系

在中国哲学史上,个人生平史实不详不明的哲学家非常多,譬如先秦的老子、列子、墨子,汉代的陆贾,隋代的王通等等。

哲学家的一生默默无闻,去世后其著作出世,受到重视,但是其生平还是迷雾一般,充满疑窦,诸如庄子、王充之类。董仲舒就是一个典型。

一部分著作冠以人名,但是和这个人物的个人生平没有多大关系。譬如《管子》《吕氏春秋》《淮南子》之类。

著者不明的哲学书也不少。诸如《尔雅》《尉缭子》《九章算术》等。

哲学史研究并不会因此而放弃自己的责任。搞清楚这些史实当然是最理想的了,但是因为史料方面的原因,弄不清楚的场合非常多。

在这种场合下,大多运用"义理之学"的方法,与其说弄清哲学家个人的史实,毋宁"对思想内容进行详密的分析评价,重视在此之上的体系性把握"。

换言之,"义理之学"式的哲学史的研究方法,最重视什么样的时代出现了什么样的思想。就董仲舒思想而言,为了适应汉武帝皇权专制、大一统政治,提出了要求思想一统的"独尊儒术"的建言。这样的思想与其说是属于董仲舒一个人的思想,还不如说是儒家思潮中的一个波浪,一个标识。

"考据之学"当然最重视搞清哲学家个人的史实了,但不明白之处比比皆是,此时采取的方法就是暂且存疑。但历史上从没有学者像董仲舒否定论者那样,专门去找某个思想家的"碴儿",也就是鸡蛋里挑骨头似的去寻找这个思想家个人史料的"硬伤"或"软伤",然后去质疑这个思想家生平的每一个环节,最后达到否定这个思想家的思想之目的。

以老子为例。关于老子生平的历史资料最为混乱,除了《史记》中记有几处，没有确切的传记，有的只是许多真伪难定的传说假说。但是，从来没有人专门去寻找老子史料的“硬伤”或“软伤”，以此否定老子的生平，再对老子思想本身加以否定。

要专门去“找碴”也不是不可以，但一定要以史料说话。“根据推理的考证”是行不通的。

(三)整体性和个性的区别

哲学史的研究方法，重视研究对象系统性、整体性、必然性。不孤立地看待某一个历史事件，而是将之放在历史的潮流中去做综合性的、系统性的考察。

就董仲舒研究而言，哲学史的研究方法注目于汉武帝时期出现的“独尊儒术”思潮。这一思潮从汉武时代的“绌黄老、刑名、百家之言，延文学儒者数百人”(《史记·儒林列传》)开始微澜，中间虽然有许多起伏，但是直到20世纪初，儒学都是中国皇权统治意识形态中的重要部分。对这一历史现象如何命名，哲学史家的智慧不同而名称各异。日本的某些学者称之为“儒教国教化”，福井称之为“儒学官学化”，中国学者有人用“废黜百家，独尊儒术”来形容，使用《史记》的原话叫“绌黄老、刑名、百家之言”也未尝不可。

但是，董仲舒否定论者，对此却不感兴趣，只知道用否定先行之有色眼镜，去寻找有关董仲舒资料的破绽。譬如“福井1967”有如下一节：

> (董仲舒的对策)献言独尊儒教，但武帝究竟接受了多少，其直接影响不太明了。《史记》说“对(策)既毕”，董仲舒只被任命为了一个地方职务的“江都相”，要实现献策的话，这样的职位似乎不太相称。总之董仲舒的对策即使很详细，也并不意味着马上得到了采纳。
>
> 而且对策一事，如前记所述，《汉书·严助传》有“郡举贤

良，对策百余人，武帝善助对”，《东方朔传》有“四方士多上书言得失，自炫鬻者以千数”，当时的学者都趋之若鹜，不能只夸大对董仲舒的评价。这样的事迹不被《史记》重视大概是理所当然的吧。

从以上的情况来看，“董仲舒献策促成了儒教官学化”之命题，是难以成立的。

按照福井的说法，董仲舒的对策献言“独尊儒教”虽然不错，但汉武帝并不一定接受并立刻实现了，也即汉武帝实行没实行的责任，应该由董仲舒来负。

董仲舒的进言固然很好，但并没有得到武帝的重赏，只得到了一个地方官位。而且得到奖赏的并不止董仲舒一个人。

哲学史的研究法，绝不对哲学家个人提出如此刻薄的要求，因为思想家只负责思考和进言，实不实施是皇帝的责任。诸如“儒教国教化”“儒学官学化”之类，只是日本的一些学者对儒教服务于汉朝君主专制制度乃至两千年来的皇帝专制制度的体制、形态、形式进行表述的一个形容词，一种表现方式而已。在这样的形态中，主导权捏在专制君主的皇帝手中。专制君主是主人，儒学是被利用的奴仆。维护皇权大一统政治才是“独尊儒术”的原动力。

用佐川氏的话说，“对策从理论上支持儒家一尊的政策，并担任了更积极的推进作用，这就达到了天人三策的思想史使命”。（佐川 1967，第 68 页）

（四）正确的考证方法

在进行哲学史研究时，遇到和自己的思考不相符合的历史资料，一般不轻率认定其为“硬伤”或“软伤”，也就是说，没有证据不说那些是误写、窜入、后人的添削乃至捏造。因为考据的论证方法，最重视客观证据，没有考证学的视野，没有发现新的资料（包括出土文书等),不能轻易否定历史传承下来的,经过两千年历史洗礼的,班固那样以慎重而闻名的历史学家留下来的史料。这些资料都经过两千年历史的洗练,有明显破绽的话在历史上至少被人质疑过,怀疑论者最多只是两千年来质疑者中的一个而已。譬如对董仲舒否定论而言,最重要的硬伤"康居"一句,其实也不是那么不堪一击。①

至于"软伤"那样的资料,更要慎重。譬如改变解释的,最重要的是从反面加以检验。譬如"臣谨案"问题就是一个典型。

再就是检验国内外其他学者的意见。譬如福井氏的董仲舒否定论中,可以看出其注目过孙景坛的观点,但是对孙氏反对方的管怀伦、晋文等学者的意见,似乎没有怎么参考过。如果参考过的话,可能就不会对孙氏发明的"班固捏造说"那么热心地诡辩,甚至发明"根据推理的考证"那样荒诞的方法去加以论证了。

(五)"班马异同"

中国史学史上所谓"班马异同",指对班固的《汉书》和司马迁《史记》进行的比较研究,研究对象包括二者的文字异同、体例异同、风格异同、思想异同之类。研究的目的在于搞清异同的内容和原因,取长补短、互相验证。"班马异同",很早就存在于中国传统史学研究中,即使在现代史学史研究中也是热门。

在各个时代,"班马异同"之研究有时出现"扬班抑马"的倾向,有时出现"扬马抑班"的倾向,但从来没有见过以《史记》来否定《汉书》,以司马迁来批判班固的。为什么呢?除了前文提到的"二者

① 作为补足,"康居"这个固有名词在中国史上疑窦非常多,处理时要特别注意。日本学者白鸟库吉著有《康居考》《粟特国考》(《白鸟库吉全集第六卷》岩波书店,1969年)。中国学者岑仲勉著有《汉书西域传地理校释》(中华书局1981年初版,2004年再版),对"康居"一词著有专门论文。根据岑氏的说法,"康居"这个地名,早在被认作是战国时代的著作《列子》中就已经出现过。(前引再版书第239页)在《穆天子传》中也有类似的地名出现。

择一”犯有“错误的二分法”的逻辑错误，在这样做之前，还得先证明《史记》比《汉书》更有价值，理论道德水平更高。不然的话，人们也可以《汉书》来否定《史记》，以班固来批判司马迁。真正的“哲学史的研究”或者是“历史的研究法”，都不会有意地去和传统的史学方式作对，更不用说以班固的增添补遗为“捏造”的了。

由此可见，董仲舒否定论者们从“重视五经博士的设置以及董仲舒对策的史料，只在《汉书》出现，没有在《史记》出现一事”（渡边义浩语）这个出发点和着眼点上就开始犯错误了。

结　语

本文以福井说为中心，介绍了日本的董仲舒否定论的主要观点，并从方法论和逻辑学的角度对它们进行了分析和批判。他山之石，可以攻玉，相信这些批判，也适用于中国的董仲舒否定论。

日本学术界关于“儒教国教化”的争论和教训

汉武帝就位不久，采纳董仲舒提出的“诸不在六艺之科孔子之术者，皆绝其道，勿使并进”的《贤良对策》，立太学，置明师，设五经博士，大量任用儒生为官，通晓儒家经典成为官吏的必要条件之一，儒学从此成为中国社会的统治思想，直到20世纪初。

在中国，这一历史事件被人们拼凑成两句诗一般的对偶语言“废黜百家，独尊儒术”来形容。尽管董仲舒对策的具体时间还有争论，是否实现了“废黜百家”尚待辨明，甚至有人否认董仲舒对策和董仲舒本身，但总而言之这是中国思想史上的一个重大事件。

在日本，“废黜百家”这一历史事件被高度概括为“儒教国教化”这样一个日语复合词组，写进各种历史课本和中国思想史、中国哲学史的教科书，也发生了一些学术上的争论。这些争论有时人为地达到了情绪化的程度，甚至和中国一样，出现过否定董仲舒的对策以及班固捏造《汉书·董仲舒传》的激进观点。

前文《日本的董仲舒否定论之批判》对日本的董仲舒否定论和班固捏造说进行了批评，本文主要想介绍日本历年来出现的有关

"儒教国教化"的各家论著和观点,并作出适当的评价,以飨中国读者,求教于方家。

一　各家观点简介

为了简明扼要地介绍日本学者的各家观点,笔者制作了一个一览表。表的各个栏目的"凡例"如下:

1."学者·时间·出处",介绍学者的名字、论文论著出处和时间。

2."何时开始",指这个观点强调"儒教国教化"的开始时间,注明开始于何时。

3."何时完成",指这个观点强调"儒教国教化"的完成时间,注明完成于何时。

4."主张",指这个观点的主要内容。

5."概念"。"儒教国教化"这个用词还存在着许多不同形式,譬如"儒学国教化""儒教官学化"之类。"概念"一栏标明该学者的用法。

6.尽量在注释里对每个学者进行简单的介绍。没有找到资料的暂且空栏。

学者·时间·出处	何时开始	何时完成	主张	概念
古典教科书·辞典				
冯友兰1934、通说派《中国哲学史》,商务印书馆,1934年	汉武帝开始采用董仲舒的献策	到康有为		儒术的统治思想化=儒学官学化

续表

学者·时间·出处	何时开始	何时完成	主张	概念
狩野直喜[1] 1953、通说派《中国哲学史》,岩波书店,1953 年	汉武帝采纳董仲舒的建议,置五经博士		以儒教为学术的正派的开始	儒教的正派化=儒教的官学化
本田济[2] 1998、通说派《岩波哲学·思想辞典》,岩波书店,1998 年	前汉的武帝根据董仲舒的建议,在太学里设置教授五经的博士		董仲舒要求统一思想,是儒教成为国教的契机	儒教国教化
第一期论争开幕期(1940—1960 年代)				
狩野直喜 1964、通说派《关于董仲舒的对策年》(董仲舒の対策年について),载《两汉学术考》,筑摩书房,1964 年	武帝时期实现了儒教的国教化		对五经博士设置和董仲舒对策提出了一些疑问	儒教国教化
平井正士[3] 1941、反通说派《关于董仲舒贤良对策的年次问题》(董仲舒の賢良対策の年次に就いて)、《史潮》1—12,1941 年	汉代儒学一尊的风潮,实际上是从田蚡那里开始的	到公孙弘时基本确定	对对策第二策"康居"一句提出疑问	汉代儒学一尊的风潮

① 狩野直喜(1868—1947),号君山,日本中国学实证主义先驱者和奠基者,"京都学派"的开创者。1906 年至 1928 年间为京都帝国大学中国哲学史讲座教授。

② 本田济(1920—2009),京都帝国大学中国哲学文学科毕业,时任大阪市立大学文学部教授。著有《东洋思想研究》(创文社,1987 年)等著作。

③ 生平不详。时任东京教育大学(后来的东京学艺大学)教授。

续表

学者·时间·出处	何时开始	何时完成	主张	概念
平井正士 1954A、反通说派 《关于举贤良方正的动机》(賢良方正を挙げる動机について),《史潮》第五一号,1954 年	实际上尊儒从文帝二年便开始了	到宣帝时代基本完成	以灾异天戒思想为中心进行了考察	灾异天戒思想(相当于儒学的国教化)
平井正士 1954B、反通说派 《汉武帝时代的儒家任用——儒教国教化的前一个阶段》(漢の武帝期に於ける儒家任用——儒学国教化の前階として)、《东洋史论丛》三,1954 年	武帝时代只是儒教国教化的前一个阶段	到(汉)元、成帝以后儒教才开始繁荣起来	儒家官僚进入朝廷,经过功令制定的沈潜期和昭宣帝时代的准备期而在元、成帝以后繁荣起来	儒教国教化
重泽俊郎① 1943、通说派 《董仲舒研究》,载《周汉思想研究》弘文堂,1943 年	汉代经过董仲舒打下基础而儒家得到再生	到后汉末完成儒教化	汉代再生儒教(从儒学到儒教)	儒家的儒教化

① 重泽俊郎(1906—1990),当时任京都大学中国哲学史讲座教授。著有《周汉思想研究》(弘文堂,1943 年)、《中国哲学史研究——唯心主义和唯物主义的抗争史》(法律文化社,1964 年)等。

续表

学者·时间·出处	何时开始	何时完成	主张	概念
福井重雅[①] 1967、反通说派 《关于儒教成立史上二三问题》(儒教成立史上の二三の问题——五经博士の設置と董仲舒の事蹟に関する疑義),《史学杂志》七六——,1967年	武帝时期儒学开始抬头 董仲舒的对策提出了“儒家一尊“的建议	到前汉末都没有什么儒学官学化	否定董仲舒《天人三策》之第二策,但没有自己的论证。肯定第一、第三策中有“儒家一尊”思想	将别人的观点概括为儒教官学化
佐川修 1967、通说派 《关于武帝时的五经博士和董仲舒的天人三策》(武帝の五経博士と董仲舒の天人三策について——福井重雅氏〈儒教成立史上の二三の問題〉に対する疑義),《集刊東洋学》17,1967年	武帝即位以来崇儒风潮高涨,董仲舒的《天人三策》支持儒家一尊政策		对“福井1967”进行了全面批判	儒家一尊
日原利国[②] 1967、通说派 《中世の思想》,载《中国文化叢书3思想史Ⅲ》,大修馆书店1967年	董仲舒的对策是儒教正统化的直接契机		承认儒教为唯一正统思想、儒教受到国家保护和给予特权	儒教正统化

① 福井重雅(1935—),时任早稻田大学讲师。著有《漢代官吏登用制度の研究》(创文社,1988年)等。

② 日原利国(1927—1984),文学博士。曾任爱知大学、大阪大学、京都大学文学部教授。著有《春秋公羊伝の研究》(创文社,1978年),翻译《春秋繁露》(中国古代新书、明德出版社,1977年)。

续表

学者·时间·出处	何时开始	何时完成	主张	概念
日原利国 1972、通说派 《灾异和谶纬——迈向汉代思想》(災異と讖緯——漢代思想へのアプローチ),《東方学》四三,1972 年。《漢代思想の研究》第一部三所收,研文出版,1986 年	武帝时儒教成为了国教	经过 100 余年的岁月,经过昭帝、宣帝到元帝时才完全实现	到前汉中期儒教还没有指导实际政治的力量	儒教国教化
第二节　论争的扩大期(1970—1980 年代)				
西嶋定生① 1970、反通说派 《皇帝支配の成立》,岩波讲座《世界歷史》4 古代(4)東アジア世界の形成Ⅰ·6,岩波书店,1970 年	儒家思想的官学化在元帝时代实现	儒教的国教化在王莽时代完成	儒教官僚进入政权,儒家思想得到整理完成官学化,为此国家祭祀仪礼也得到改革。此后儒家思想和谶纬说之神秘主义在一起,完成儒教国教化	儒家思想官学化和儒教国教化是两件事 国教化指祭祀谶纬等方面的宗教性

① 西嶋定生(1919—1988),1942 年毕业于东京帝国大学文学部东洋史学科。曾任东京大学文学部教授兼东洋文化研究所研究员。著有《中国古代帝国的形成与构造——二十等爵制的研究》(东京大学出版会,1961 年)、《秦汉帝国》(讲坛社,1974 年)等。

续表

学者·时间·出处	何时开始	何时完成	主张	概念
板野长八① 1970、反通说派 《儒教の成立》,岩波講座《世界歷史》4 古代(4),岩波书店,1970 年		经过宣帝、元帝、成帝、王莽时期,在光武帝时代完成了体制化	儒教即孔子教、儒教的成立,即是包含君主在内的社会全体在孔子教下体制化	国家教学正统孔子教的成立=儒教的成立
板野长八 1975、反通说派 《图谶和儒教的成立》(图谶と儒教の成立),《史学雜誌》八四—二·三,1975 年		光武帝以图谶告示天下,从而实现了国教化	礼制的改革和图谶的结合,重视儒教的呪术性、神秘性	以图谶为国教=儒教国教化
板野长八 1980、反通说派 《董仲舒の"对策"》,《史学研究五十周年記念論叢》世界編、福武书店,1980 年	概述董仲舒三策内容		即使武帝接受对策而加以实行,孔子教也不可能成为国教	
町田三郎② 1975、通说派 《汉宣期の儒教》,《中哲论集》1,1975 年	武帝建元五年置五经博士,是为儒教一尊体制的开始	武帝期以降的儒教,经过昭宣的准备沈潜期,到元成以降得以飞跃式的发展		儒教一尊体制

① 板野长八(1905—1993),时任广岛大学东洋史讲座教授。著有《中国古代における人間観の展開》(岩波书店,1976 年)、《儒教成立史の研究》(岩波书店,1995 年)等。

② 町田三郎(1932—),东北大学中国哲学科毕业,东北大学助教授、九州大学中国哲学史讲座教授。著有《秦漢思想史の研究》(创文社,1985 年)等。

续表

学者·时间·出处	何时开始	何时完成	主张	概念
町田三郎 1979、通说派 《从文景到汉武——儒教国教化的历程》(“文景”から“汉武”へ——儒教国教化への道程),《哲学年報》三八,1979年	汉武帝施行了儒教一尊体制		建元五年设立五经博士等学官,奠定了儒教一尊体制的方向	儒教一尊体制—儒教国教化
町田三郎 1985、通说派 《儒教の国教化について》,《秦汉思想史の研究》第二章六,创文社1985年	武帝初期修正了文景期的政策,建元五年设立五经博士,儒学成了国家教学			儒家儒教化 儒教式的思想统制 儒教国教化
冨谷至① 1978、通说派 《西漢後半期の政治と春秋学——〈左氏春秋〉と《公羊春秋》の对立と展開》,《東洋史研究》三六—四,1978年	董仲舒提出了儒学官学化的对策		儒学官学化有两个要素:一是儒学一尊,二是任用儒家官僚	儒学官学化

① 冨谷至(1952—),1975年京都大学文学部东洋史毕业,现任京都大学人文科学研究所教授。著有《古代中国の刑罰——髑髏が語るもの》(中央公论社,1995年),翻译《汉书五行志》(平凡社,1986年)等。

续表

学者・时间・出处	何时开始	何时完成	主张	概念
冨谷至1979、通说派《"儒教の国教化"と"儒学の官学化"》,《東洋史研究》三七—四,1979年	董仲舒进言的儒学一尊化,直接确立了其经学地位等于儒学官学化	儒家官僚任用制度在武帝以后开始出现实际效果	西嶋、板野两氏所说的是"儒教国教化"。国教也就是国家宗教	"儒教国教化"和"儒学官学化"是两回事。儒教国教化在后汉白虎观会议后
平川正士1974、反通说派《公孫弘上奏の功令について》,《杏林大学医学部進学過程研究報告》第一卷,1974年	武帝期间功令制开始出现,但立刻进入沈潜期	功令制到经过昭宣时期的准备阶段到元成以后繁荣起来	西嶋说是儒学国教化的原型 板野说是国家宗教体制的变型	儒学的统治思想化
平川正士1976、反通说派《漢代儒学国教化の定说の再検討(附、五经博士についての一解釈)》,《杏医教研究報告》第3卷,1976年	武帝时代为将来的发展埋下了重要的种子。这就是博士弟子和公孙弘的奏请制定了功令制度	儒学国教化即官僚进入政权,但条件成熟是元成以后的事		儒学国教化

续表

学者·时间·出处	何时开始	何时完成	主张	概念
宫川尚志[①] 1983、通说派 《漢武帝と方士》,《中国宗教史研究》第一、第二章第二节所收,同朋社,1983 年	武帝的考虑和董仲舒的动议使得儒学官学化成立	批判了儒教国教化论	认为应将儒学和儒教区别开来。只有五经博士讲的经学才是官学,开辟了学经学者当官吏的正途	应区别儒学官学化和儒教国教化
渡会显[②] 1984、反通说派 《关于汉代儒教国教化的二三考察——围绕王莽禅让革命》(漢代儒教国教化に関する二、三の考察——王莽の禅譲革命をめぐって),载《牧尾良海博士頌壽記念論集·中国の宗教·思想と科学》,国书刊行会,1984 年	成帝时代的易姓革命论、哀帝的禅让	王莽受禅	王莽受禅,使得儒教理想国家成立	儒教国教化=儒教理想国家成立
第三节　论争的调整期(1990 年代以后)				

① 宫川尚志(1913—2006),京都帝国大学文学部史学科东洋史学专业。时任京都大学人文科学研究所教授。著有《六朝史研究(政治、社会篇)》(平乐寺书店,1977 年)、《中国宗教史研究(第一)》(京都同朋社,1983 年)等。

② 渡会显,宗教法人静观寺住持。撰有《中国における生命観の一側面》(《豊山教学大会紀要》通号 14,1986)等论文。

续表

学者·时间·出处	何时开始	何时完成	主张	概念
山田胜芳① 1991、通说派 《儒学の国教化——中国的正统の形成》，载《正统と異论——天皇·天·神》第二部第一章，角川书店，1991年	董仲舒思想和武帝一致，于是儒学被国家采用	儒学经过王莽和光武帝时期，到后汉明帝时期完全成为儒教	武帝的儒家一尊政策是儒教化的第一阶段	儒学的儒教化 从儒学到儒学的国教化
浅野祐一② 1992、通说派 《关于董仲舒和天人对策的再检讨——围绕儒学国教化》(董仲舒·天人対策の再検討——儒学の国教化をめぐって)，载《黄老道の成立と展開》，创文社，1992年	武帝和董仲舒的对策，为日后儒学的隆盛开辟了道路，为思想的重大转移的契机	武帝从黄老道的消长探索了儒教国教化	武帝方面积极地提出天人相关和灾异思想，引出了董仲舒的对策	儒学儒教化(儒学向儒教变貌) 董仲舒实现了儒学的官学化
饭岛良子 1995、反通说派 《莽新政权的国家统合论——后稷神话和王莽的祭祀》(莽新政権の国家統合論——后稷神話と王莽のまつり)，载国際基督教大学学報Ⅲ—A《アジア文化研究》21，1995年	从前汉最末期的刘歆到莽新政权	将皇帝纳入儒教的教养系统，才形成了儒教国教化	王莽的古文经典形成儒教国教化 王莽为主体的儒教体制化	儒教国教化

---

① 山田胜芳(1944—)，东北大学东洋史专业毕业，曾任东北大学教授。著有《秦漢財政収入の研究》(汲古书院，1993年)等。

② 浅野裕一(1946—)，东北大学中国哲学史毕业，曾任东北大学教授。著有《黄老道の成立と展開》(创文社，1992)、《孔子神話・宗教としての儒教の形成》(岩波书店，1997年本)等。

续表

学者·时间·出处	何时开始	何时完成	主张	概念
渡边义浩① 1995、反通说派 《後漢国家の支配と儒教》,雄山阁出版,1995	否定前汉包括武帝期、元帝期、王莽—后汉光武帝时代的儒教国教化	认为后汉章帝建初白虎观会议才完成儒教国教化	1.儒教制度的确立。2.儒家官僚进入政权。3.确立以政治思想为根本的体制性儒教。4.儒教支配的成立。5.在地势力接受儒教	“儒教国家”的成立=儒教国教化 五个指标得到全面满足,缺一不可
斋木哲郎② 1993、通说派 《汉武帝和董仲舒——儒教教义的变容》(漢の武帝と董仲舒——儒教教義の変容)	汉代的儒教到董仲舒那里规模扩大,成为汉朝唯一的支配原理	儒教国教化=设置五经博士		儒教体制化 儒教国教化
斋木哲郎 1996、通说派 《关于董仲舒的生涯、对策的年次及儒教国教化的实际》(董仲舒の生涯·対策の年次、及び儒教国教化の実際について)	董仲舒在中国思想史上的最大功绩,在于他实现了儒教国教化		汉代儒家思想的发展最重要的课题,在于武帝时期儒教国教化董仲舒做出了很大的贡献	儒教国教化

① 渡边义浩(1962—),筑波大学毕业。时任大东文化大学文学部中国文学科助教授,现任早稻田大学教授。

② 斋木哲郎(1953—),鸣门教育大学学校教育学部教授,主要研究中国古代思想史。表中列举的两篇文章均收入氏著《秦漢儒教の研究》(汲古书院,2004年)。

续表

学者·时间·出处	何时开始	何时完成	主张	概念
保科季子[①] 1998、反通说派 《前汉后半期儒家礼制的受容——汉的伝统对立与皇帝观的变貌》(前漢後半期における儒家礼制の受容——漢の伝統との対立と皇帝観の変貌),载《歴史と方法》,青木书店,1998年	石渠阁会议废除宗庙制、改革郊祀制,都可看到皇权的介入		儒家的礼教世界中,汉代皇帝成了至高的存在	儒家的礼教世界
南部英彦[②] 1999、反通说派 《从前汉后期的宗廟制议论来看儒教国教化》(前漢後期の宗廟制議論などを通じて見たる儒教国教化),载《日本中国学会報》51,1999年	庙制为元帝期、郊祀制为成帝期之事。是为提高汉室权威,建立君臣秩序之运动	这个运动的中心人物为王莽	整顿宗庙制、废除郡国庙、改革郊祀制,从而实现了儒教国教化	儒教国教化 儒教官学化具体施策

① 保科季子,现任京都大学人文科学研究所特别研究员。

② 南部英彦,东北大学毕业,曾任东北大学助手,山口大学教育学部讲师。现任山口大学教育学部准教授。

续表

学者·时间·出处	何时开始	何时完成	主张	概念
西川利文① 1999、反通说派 《汉代的儒学和国家——以武帝期"官学化"议论为中心》(漢代の儒学と国家——武帝期の"官学化"議論を中心に),载佛教大学文学部史学科创设三十周年纪念《史学论集》,1999年	元朔五年(前124)开始	后汉章帝建初四年(七九)左右,儒学作为支撑专制国家政治思想,到达了润饰吏事的程度	否定董仲舒和五经博士。重视元朔五年(前124)创设的博士弟子制度	礼教国家的完成
关口顺② 2000、通说派 《对儒教国教化论的异议》(儒教国教化論への異議),载《中国哲学》二九,2000年	儒学国家制度化(将儒学纳入汉代官职制度)从武帝期开始	前汉后期儒教地位凸显	有必要对儒教国教化和什么是儒教、什么是国教等概念进行再检讨	儒学国家制度化(将儒学纳入汉代官职制度)

二　何谓"儒教国教化"

在弄清什么是"儒教国教化"之前,先要对几个有关日语名词概念进行一番辨析解释。

---

① 西川利文(1959—　),佛教大学文学部毕业,佛教大学文学部教授。

② 关口顺(1945—　),东京大学文学部毕业,时任埼玉大学教养学部教授。著有《儒学のかたち》(东京大学出版会,2003年)等。

(一)“儒学”“儒家”“儒教”

首先,日本学者相对“独尊儒术”的“儒术”,使用了“儒学”“儒家”“儒教”等词。如果说“儒家”和“儒学”的意思相同,都是Confucianism的话,使用“儒教”时就要注意了。因为有一部分日本学者使用“儒教”时,着重于其宗教意义。如“西嶋定生 1970”就提出要分别使用“儒家思想的官学化”和“儒教的国教化”。讲“儒家思想的官学化”时,强调的是儒学作为正统思想的意义,注重儒学的学术性;讲“儒教的国教化”时,强调的是儒教的宗教功能,如祭祀、宗庙、谶纬等,注重儒教的宗教性。而如“渡边义浩 1995”甚至主张儒教就是宗教,至少在西汉晚期或东汉初期制定《白虎通》时,儒教变成了宗教。

(二)“国教”

“国教”源于英语 state religion,原意指特定宗教和国家权力结合,受到国家权力的保护,而国家的权威和制度也在神的名义下得以神圣化。①

将“国教”的含义用于中国,特别是用它来表述儒学和中国皇权专制制度的结合形式则问题多多。因为中国儒佛道三教的地位从来没有凌驾过王权和皇权。在中国,儒学是不是宗教是一个争议极大的问题,儒学是宗教的观点从来没有占过上风。② 儒学和中国皇权专制制度的结合形式,更是与中世纪欧洲基督教和王权的关系有很大的差异。

所以有些日本学者在“国教化”之外,又使用了“官学化”“正统化”“体制化”之类的词语。如“福井重雅 1967”使用“儒教官学

---

① 日本《哲学事典》“国教”条,平凡社,1971 年。

② 这次论争的主要成果收集在《儒教问题争论集》(任继愈主编,宗教文化出版社,2000年)。现在看来,引起争论的主要原因在于概念不清,也即什么是宗教(religion),甚至可以归结为 religion 可不可以翻译为“宗教”一词。

化”，“日原利国 1967”使用“儒教正统化”，“町田三郎 1975”使用“儒教一尊体制”。“渡边义浩 1995”新创“儒教国家”一词，并认为“儒教国家的成立”等于“儒教的国教化”。

（三）“化”

“化”作为日语名词的后缀，“××化”和“××式”（如“西洋式”“东方式”）、××力（如“生产力”“战斗力”）、××性（如“可能性”“全国性”）、“××的”（如“必然的”“具体的”）等一样，在日语中得以广泛使用，也在近代开始流行于中国，为典型的“和制汉语”。

根据日本的《广辞苑》，“化”表示一种事物的性质发生根本性变化，变成另一种事物。而根据辩证法，一个事物的变化，首先要发生量变，经过一定的过程，当达到某种极限时，量变发生质变，完成变化过程，这个全过程就叫“化”。譬如“工业化”，指的是从农业社会进入工业社会的全过程，在欧洲从英国的产业革命到法国大革命，经过了一百多年的历程。

所以，日本学者所谓“儒教国教化”，指的是中国汉代的某一个时候，经过某个事件，儒学开始接近皇权专制制度而发生了量变，最终在某个时候完成质变，彻底变成皇权专制制度的御用工具。

正因为如此，日本学者对“儒教国教化”的形式的表述也各自不同。

“福井 1967”和“福井 2005”认为“儒教国教化”不是事件，而是一个长期“过程”。反之，内山俊彦认为“儒教国教化”不是事件也不是过程，而是一种“状态”。而堀池信夫认为“国教化是根据儒教理念而统治国家的一种体制”。①

笔者认为，诸如“儒教国教化”“儒学官学化”之类，只是日本的

① 内山的话见《两漢の儒教と政治権力》（渡边义浩编，汲古书院，2005 年）第 163 页，堀池信夫的话见该书第 157 页。内山是前京都大学中国哲学史讲座教授，堀池信夫是筑波大学教授。

一些学者对儒教服务于汉朝君主专制制度乃至两千年来的皇权专制制度的体制、形态、形式进行表述的一个形容词、一种表现方式而已。①

（四）“何时开始”和“何时完成”

一般来说，中国学者们在谈论“废黜百家，独尊儒术”时，都只以汉武帝采纳董仲舒的对策为起点，而不讨论何时完成。因为儒学成为中国皇权专制社会的统治思想，经历了漫长的磨合和复杂的历史过程，各个朝代儒学和皇权专制制度结合的形态又各不相同。如“冯友兰 1934”认为，“废黜百家，独尊儒术”从“董仲舒的对策”开始，经历了数百年，儒术才最终成为统治思想。

同样，日本学者在谈论“儒教国教化”时，最初也不讨论何时完成的问题，如“狩野直喜 1953”认为从董仲舒开始，儒教被定为正派。有的学者由于不能确定董仲舒对策的具体时间，没有使用何时开始的字眼，而将董仲舒的对策作为“儒教国教化”的一个决定性环节。如“本田济 1998”认为，董仲舒要求思想统一的意见，是儒教成为国教的契机；“日原利国 1967”认为，儒教的正统化以董仲舒的对策为转化的机缘。

但是，既然使用了“化”这个词，就不能不是一个过程，只讲“儒教国教化”“何时开始”似乎还不够，还必须涉及“何时完成”。就是这个“何时完成”，在日本学界引起了一场热闹的学术争论。

三　传统观点和标新立异

（一）所谓“通说”和杂音

其实到 20 世纪 60 年代，日本学界关于董仲舒思想和“儒教国

① 见本书《日本的董仲舒否定论之批判》一文。

教化”的研究，还是处于正常状态的。

譬如董仲舒的思想研究方面，重泽俊郎的研究[①]，还有狩野直喜、山口察常、西田保[②]等人的研究，都和中国乃至世界的学术界保持同步。庆松光雄的《〈春秋繁露〉五行诸篇伪作考——和董仲舒的阴阳、五行说的关联》一文[③]，虽认为《春秋繁露》五行诸篇可能是伪篇，但还是对《春秋繁露》的其他篇章或“贤良对策”的董仲舒思想有所肯定。[④]

再说“儒教国教化”，自“重泽 1943”、“狩野 1953”和“狩野 1964”、“日原 1967”以后，“董仲舒的对策为儒教国教化的直接契机”的观点基本上在日本学界形成共识，被人称为“通说”（“通论说”“定论”的意思）。

即使是后来加入直接否定董仲舒行列的平井正士，在“平井 1941”、“平井 1954A”和“平井 1954B”里，也对董仲舒和汉武帝时代的“儒教国教化”提出了许多建设性的观点。他认为“武帝时代是儒教国教化的前期阶段，经过（汉）昭宣帝时的准备期，到（汉）元成帝时代完成”。

只是在“平井 1941”中，平井对董仲舒“贤良对策”第二策中的“夜郎康居，殊方万里，说德归谊”一句提出了如下疑问：“康居的事情为汉朝所知，是在张骞归还之年的元朔三年（前 126 年）以后”（“平井 1941”，第 108 页）。如果这一说法属实的话，第二对策应该是元朔三年以后的作品。

---

① 重泽俊郎《周汉思想研究》（弘文堂，1943 年）中的《董仲舒》一章，可谓日本学界董仲舒研究的开端。

② 狩野直喜《中国哲学史》（昭和二八年，岩波书店）第四篇第四节专门论述了董仲舒。西田保笔在《东洋历史大辞典》的“董仲舒”条（昭和十三年，平凡社），详细论述了董仲舒的五行说。

③ 载 1959 年 3 月《金泽大学法文学部论集》哲学史学编 6，作者时任金泽大学法文学部东洋史讲座教授。

④ 参见拙文《日本中国学界有关〈春秋繁露〉伪篇问题的论争》，载邓红《董仲舒思想研究》，台北：文津出版社，2007 年。

另外,平井还提出了《贤良对策》班固捏造说的雏形。他在"平井 1941"中说:为什么第二策的内容和第一、第三策迥然不同,而且对策的时间也不一样,第二策为元光五年,而第一、第三策为元光元年,班固还是要把第二策放在最中间,那是因为"班固在将董仲舒的对策和奏议收入典籍时,主要想发挥其精神,没有严格讲究年代"。[①] 可谓是对班固"诛心"。

(二)"福井重雅 1967"的标新立异

如果说"平井 1941"还只是提出观点没有详细论证,所以在日本学界还没有什么影响的话,观点奇拔的"福井 1967"一经发表便引起了日本学界的强烈反应。"福井 1967"的新观点如下:

(1)汉武帝时没有立"五经博士"。理由是《史记》中没有这方面的记载,只有《汉书》有。而且史书上没有五经博士中的礼、易博士到底立了谁的记载。

(2)董仲舒的对策仅见于《汉书》而不见于《史记》,值得怀疑。《汉书》受到了以董仲舒为"儒者宗"的刘向、刘歆的影响,班固想以董仲舒为儒教的确立者。

(3)继承平井正士的观点,认为"贤良三策"的第二策可能就是后人的窜入,但没有进行自己的论述。认为第一、第三策可能是建元五年或六年左右的作品。

(4)第一策和第三策没有被武帝当作有现实性的政策来施行。也即武帝即位前十年才施行了提高儒学地位(隆儒)的政策,以后就逐渐置之不顾而凋谢了。

(三)佐川修的批评

就在"福井 1967"发表后不久,东北大学教授佐川修发表了"佐

① 见"平井 1941",第 106 页。

川修 1967”,对福井的董仲舒否定说和五经博士否说进行了全面的商榷。具体而言,佐川提出了以下批评:

(1)关于五经博士。虽然《史记·武帝本纪》没有设置五经博士的记载,但是《汉书·儒林传》基本上根据《史记·儒林列传》编撰而成。《汉书·儒林传》有关于设置五经博士的完整记录。且除《汉书》以外,《史记·贾生传》和《史记·儒林列传》也有设立五经博士的记载。

(2)“贤良三策”第二策中有“今子大夫待诏百有余人”,可知这可能是第一次策问,是董仲舒的对策。武帝认为董仲舒的对策与别人不一样,留下董仲舒亲策,是为第一策,再问再答,则为第三策。至于“康居”一句,可能是后人的窜入。

(3)福井也承认,武帝即位以来汉朝隆儒风气日盛,特别是田蚡升上高位,即使如福井所说,对策一时没有具体施行,也从理论上对汉武帝以来儒家一尊的政策加以了支持,《天人三策》的思想史使命就在于此。

佐川的反驳有论有据,观点在理。特别是他指出了“福井1967”的要害,在于没有读透《史记》,更没有注重《史记》和《汉书》的关系,才提出如此荒谬观点。

佐川的批评在四十年前的日本学界是一个著名公案,它体现了一位学术造诣炉火纯青的学者对年轻学者的循循善诱。在那以后福井也没有再提出反论,知道这一事件的老一辈学者都认为福井的沉默意味着认输。①

(四)“福井 2005”的突然袭击

然而,三十八年后也就是佐川去世三年后,福井重雅出版了《汉

① 2013 年笔者采访町田三郎先生时,先生如是回忆当时的情形。佐川修出生于 1914 年(2002 年去世),为东北大学中国哲学史教授,1967 年时 53 岁。2002 年 88 岁时去世。福井重雅出生于 1935 年,1967 年时 32 岁,时任早稻田大学讲师。

代儒教史研究——对儒教官学化固有说法的再检讨》(以下简称“福井 2005”)一书,再次挑起了关于“儒教国教化”的论战。

“福井 2005”的内容归纳起来有两个方面。

一是对董仲舒否定论和班固捏造论进行了全面阐述。关于这方面的内容介绍和笔者的反驳,请参见前文《日本的董仲舒否定论之批判》,这里不再赘述。

二是他虽然没有对“佐川修 1967”进行再反驳,却对几十年来日本关于“儒教国教化”的各家观点进行了整理,将“佐川修 1967”归入“通说派”。

根据福井氏的整理,日本学界关于“儒教国教化”存在着两派:一是传统的“通说派”(“定说”),这一派大多属于中国哲学史出身的学者;二是反通说派。

通说派一般认为,汉武帝采纳董仲舒的对策标志着“儒教国教化”的开始,至于董仲舒何年对策、汉武帝采取了哪些措施、儒教和皇权的结合形式等方面的内容如何,则因人而异,各有表述。福井坚决反对这些通说,认为过于陈旧、墨守。

反通说派大多属于东洋史出身的学者。他们学说的内容在两点上大致相通。首先都不赞成汉武帝时代“儒教国教化”就完成了的说法,把完成的时间往后推,最晚的推迟到了东汉的“白虎通”会议。反对理由是“儒教国教化”应该是以“何时完成”来划分。其次他们认为,“儒教国教化”的内容应该是儒学变为“国家宗教”,也就是儒教成为国家宗教,在国家的祭祀仪式、皇帝的宗庙制度乃至谶纬中完全起主导作用,强调儒教的宗教性。

最后,福井认为“儒教国教化”的完成时间太长,而且概念也不统一。于是他自己出来收拾局面,提出了“儒教官学化”概念。何谓“儒教官学化”呢?在此之前“儒教还不是皇帝和国家公认的唯一的思想,在(汉)元帝以后,儒教成了以皇帝为首的,得到了官民一致拥戴的国家的正统思想”。也就是说,他认为汉宣帝到元帝之间的二十年为“儒教官学化”完成的一瞬。至于这二十年当中发生过什么重大事件，他却没有论证过。

（五）2005年“第50回国际东方学者会议”——福井重雅《汉代儒教史研究》合评会

2005年5月“福井2005”出版不久，日本东方学会东京支部召开了“第50回国际东方学者会议”，作为会议的一项重要事项，召开了一个“福井重雅《汉代儒教史研究》合评会”。会议的成果编为《两汉的儒教和政治权力》一书。[①]

顾名思义，合评会是对“福井2005”一书公开进行的书评大会。作为一个书评大会，特别是“福井2005”那样有重大争议的书，它全面否定董仲舒、主张班固捏造说、把主张“儒教国教化”的“通说派”都攻击为“陈旧、墨守”，照理说书评会应该邀请反方，也就是说邀请“通说派”的学者们到会。但是该合评会没有这样做，而是结集了一批“反通说派”乃至从来没有参与过“儒教国教化”讨论的学者悄悄开会，把福井吹捧成了一个“反对两千年来的通说”的大英雄。看不惯这种做法的前京都大学中国哲学史讲座教授、著名汉代哲学史学家内山俊彦先生，在大会当场抛出了这样的重话：

> 我想说几句不那么中听的话。史料批判不能随心所欲，一看到对自己的论点不中意的史料，就去说这些史料是“后世的捏造”，这样的话想得出什么样的结论都是可以的了。我不想说有人这样干，但我认为如果这样干的话就会有这样的弊病，包括我自己在内，每个操纵文献的人都应该自戒。[②]

---

① 渡边义浩主编，汲古书院，2005年9月。

② 见渡边义浩编《两漢の儒教と政治権力》，汲古书院，2005年，第163—164页。

内山先生说得太好了。具体而言,如果举不出班固捏造的具体证据,那这样说的人自己就是在捏造,光靠"根据推论的考证"是不行的。

笔者最近写了一篇长文,对这个书评会的非学术性和"渡边2005",乃至"福井2005",进行了全面的批判,可供参考。①

四　一场似是而非的虚拟争论

本文对日本学界论述过"儒教国教化"问题的20多名学者和30来篇文章进行了简单的介绍,同时对"儒教国教化"的讨论进行了评论。

由于各个学者对"儒学""儒教""国教""化"等概念理解的不同,出现了许多种观点,但大致可以分为两派。

一派是通说派。他们大都主张董仲舒的对策对"儒教国教化"起了关键作用,至少是儒教(或儒学)国教化的契机,所以这一派主张"儒教国教化"是从汉武帝时期开始的,至少肯定武帝时期儒学的地位开始凸显。

一派是反通说派。他们都反对汉武帝时"实现了"儒教国教化的说法,但是他们所说的"儒教国教化"的内容和"通说派"的内容基本上不一致,有的说的完全是另外一回事。

如"西嶋定生1970"主张儒家思想和谶纬说之神秘主义结合在一起,才完成了儒教国教化,儒教的国教化在王莽时代完成。"板野长八1970"主张儒教即孔子教,"儒教的成立"指包含君主在内的社会全体被纳入孔子教体制下,所以儒教在后汉光武帝时期才完成了体制化。"板野长八1970"甚至认为"以图谶为国教"才意味着"国

---

① 《日本における儒教国教化論争について(二)——"儒教国家"論批判》,载《北九州市立大学国際論集》第13号,2015年3月。

教化”。“渡会显 1984”认为哀帝的禅让和王莽受禅，使得儒教理想国家成立。儒教国教化等于儒教理想国家的成立。

因此笔者称这样各说各的争论为似是而非的“虚拟争论”。

这样的“虚拟争论”、各说各的原因，首先在于每一个学者使用的“儒×××化”概念是不一样的。单从构词形式来讲，儒学、儒教、国教、正统、官学、化等词语构成“儒×××化”，至少可以构成“儒学的儒教化”“儒学的国教化”“儒学的官学化”“儒教的官学化”“儒教的正统化”、“儒教的国教化”等组合。从前文所列表格来看，这些组合都出现过，甚至出现了“孔子教的体制化”（板野长八 1970）那样独特的组合。

其次，即便使用的词相同，内涵和外延也相去甚远。譬如通说派的“日原利国 1972”和反通说派的“西嶋定生 1970”，都使用了“儒教国教化”。

日原利国所说的“儒教国教化”，指的是武帝时期儒教成了唯一的正统思想，受到了国家的保护。而西嶋定生主张的“儒教国教化”，则是指国家按照儒家思想改革了祭祀礼仪制度，再和谶纬说之神秘主义结合在一起，完成时间为一百多年后的王莽时代。两者的根本不同在于日原利国所说的“儒教国教化”不带宗教性，而西嶋定生则专门去寻求儒教的宗教性因素。如果前者说的国教是“国家教学”的话，后者堪称“国家宗教”。

概念名词的变化必然带来内容和时期的差异，产生外延和内涵的不同，当然会引起争论，但这样的争论只是一种虚拟争论，并不针锋相对。因此，“西嶋定生 1970”就提出要分别使用“儒家思想的官学化”和“儒教的国教化”。“宫川尚志 1983”使用“儒学官学化”的同时，认为应该严格区别使用“儒学官学化”和“儒教国教化”；“富谷至 1979”也认为要严格区分“儒教的国教化”和“儒学的官学化”，因为两者的内容和完成的时间截然不同。

再次，通说派都主张“儒教国教化”是从汉武帝时期开始的。

反之,反通说派反对汉武帝时实现了儒教国教化。

这一点也完全不是问题,通说派主张"儒教国教化"从汉武帝时期开始,但从来没有人说过汉武帝时,一经董仲舒的献策"儒教国教化"就完成了。同样,反通说派反对的是汉武帝董仲舒献策时实现了儒教国教化,他们并不反对汉武帝时董仲舒的献策是儒教国教化的开始。即使是否定董仲舒的"福井 1967",也说汉武帝时代采取了许多隆儒政策,儒学的地位得到了提高。

也就是说,两派在"儒教国教化"的时间问题上其实并不存在争执,一派说的是开始时间,一派说的是完成时间。

这场争论是福井重雅无事生非挑起来的,本来不存在争执之处。

既然"儒教国教化"是一场似曾相似、似是而非的虚拟争论,说明"儒教国教化"本身是一个不准确的概念,是混乱的源泉。所以有学者建议在肯定迄今为止通说派和反通说派取得的学术成果的基础上,废除"儒教国教化"或类似于"儒×××化"这一类的概念。因为这样的标志性符号已经完成了它的历史使命。①

他山之石可以攻玉,在中国,同样也应该从此以后取消"废黜百家,独尊儒术"这种用诗一样的语言来表述的不科学的概念,改为比较准确精密的诸如"董仲舒对策的历史意义""儒学在中国历史上的地位"之类的思想史命题来表述。

① 井之口哲也:《完成使命的"儒教国教化"学说》,载《後漢経学の基礎的研究》2013 年 3 月,第 79 页(2)。

邓豁渠《南询录》的发现和回归故里

邓豁渠，名鹤，号太湖，四川省成都府内江县人（现四川省内江市市中区）。豁渠是落发以后的僧名。邓豁渠著有《南询录》一书，但该书于明末清初即在中国失传，现在唯日本内阁文库珍藏有一本明版海外孤本。本文旨在叙述《南询录》的发现过程和回归故里四川内江的曲折历程。

一　邓豁渠的生平和著作《南询录》

邓豁渠为乡人赵大洲（1508—1576，名贞吉）的学生。赵大洲在学问上属王心斋—徐波石—赵大洲之阳明后学体系，为泰州学派的重要传人。李贽曾说："心斋之后为徐波石，为颜山农。山农以布衣讲学，雄视一世而遭诬陷；波石以布政使请兵督战而死广南。云龙风虎，各从其类，然哉！盖心斋真英雄，故其徒亦英雄也；波石之后为赵大洲，大洲之后为邓豁渠；山农之后为罗近溪，为何心隐，心隐之后为钱怀苏，为程后台：一代高似一代。"①

① （明）李贽：《焚书》卷二《为黄安二上人三首》，北京：中华书局，1975 年，第 80 页。

所以邓豁渠算得上阳明后学中的一个人物，从他在各地流浪时和阳明学派中人广泛交往、颇得照拂这一点也可以看出。只是他的所作所为在时人看来颇为怪诞，于是具有强烈卫道精神的耿天台[1]撰写了一篇《里中三异传》[2]，将他和何心隐、方山人并列，称为三“异人”。其实，人们并不都完全这样认为，譬如李贽对邓豁渠就非常尊崇。在《明儒学案》的《泰州学案·序》中也有关于邓豁渠及何心隐、方山人的长篇传记，此篇传记虽与《里中三异传》多有重复，却少了“狂”“怪诞”“异人”之类的言辞。

邓豁渠的生平大致如下：

他比曾当过内阁大学士的其师赵大洲年长十岁。家为内江右族，少时成绩优秀，补县学诸生，为生员。

赵大洲在明嘉靖十四年(1535年)即二十八岁时进士及第，入翰林院后晋为编修，因得罪严嵩而返乡，在内江县城桂湖街讲学，邓豁渠亦于此处开办了一所私塾，“彼此一间耳，朝夕声相闻”。一开始邓豁渠小视大洲，但不久便拜倒在其门下。为了求学，之后竟过家门而不入，更不见妻子儿女；有老父在堂，女未嫁，又有祖丧未举，皆不顾。这些均是邓豁渠被称为“异人”的重要原因。

邓豁渠礼师，从大洲处学到了“良知”之学，却理解不透。为此特意赴青城山参禅，时间长达七年。其行踪记录在《南询录》以及《里中三异传》中，现归纳如下：

明弘治戊午十一年(1498年)，生于四川内江。

己亥嘉靖十八年(1539年)，42岁。拜赵大洲为师。不久赴青城山参禅。

丁未嘉靖二十六年(1547年)，50岁。青城山参禅完毕，游云

---

[1] 耿天台，即耿定向，1524—1593，字在伦，号天台，耿定理之兄。嘉靖三十五年进士，曾任御史、大理右寺丞、衡州推官。万历年间任福建巡抚。官至户部尚书。在黄安县，他曾资助过邓豁渠。

[2] 《耿天台先生文集》卷16，台北：文海出版社，1970年，明万历二十六年刊本。

南，抵鸡足山。

戊申嘉靖二十七年（1548年）。在云南，三月，剃度为僧。

己酉嘉靖二十八年（1549年），52岁。云游贵州。

庚戌嘉靖二十九年（1550年），53岁。春，登南岳衡山。过慈化寺，往江西安福县。

辛亥嘉靖三十年（1551年），54岁。至杭州。过南京，住锡鹫峰寺。往栖霞寺参云谷。

壬子嘉靖三十一年（1552年），55岁。至泰州，访王心斋之子王东涯。从王东涯指引，赴湖州府武康县天池山礼月泉。

癸丑嘉靖三十二年（1553年），56岁，去浙江崇福天清宫，蓄发。

甲寅嘉靖三十三年（1554年），57岁。过绍兴，访阳明祠堂和阳明洞。泛舟钱唐。抵兰溪。

丙辰嘉靖三十五年（1556年），59岁。过广西八八岭，得第一次大悟。游广西兴安和全州。

丁巳年嘉靖三十六年（1557年），60岁。登岳阳楼，游吕仙亭，泛舟洞庭。抵武陵。

戊午年嘉靖三十七年（1558年），61岁。抵澧州，以此地为根据地，长达八年。

己未嘉靖三十八年（1559年），62岁，游荆州，拜谒张太和（即张居正）。

甲子嘉靖四十三年（1564年），67岁。离澧州。入湖北黄安，寄食耿氏兄弟。

乙丑嘉靖四十四年（1565年），68岁。居黄安南塘山。闻鸡啼狗吠，第二次大彻大悟。

丙寅嘉靖四十五年（1566年），69岁。仍居黄安南塘山。

此后的履历，在耿天台的《里中三异传》中虽有记载，但缺乏明确纪年，和相关史料对照，还可以得知大概：

隆庆初年（其元年为1567年）离开黄安，流浪北方（河南）卫辉府,族人邓石阳在当地任太守。邓石阳和李贽有交往(《焚书》卷一中收录了几封李贽给邓石阳的信,对邓豁渠有颇多议论)。在卫辉,邓豁渠偶然和赵大洲再次相会。(《明史》卷一百九十三《列传第八十一·赵贞吉传》载大洲于隆庆初年起复,任礼部左侍郎。)相见之时,悔责道:"误子者余也。余学往见过高,致子于此,吾罪业重矣。……可亟归,庐而父墓侧终身,以补前愆,吾割田租百石赡子。"随即造券相赠。邓豁渠拒绝了他的好意,并没有归家,还是在齐鲁间游荡。

《明史·赵贞吉传》载,大洲"(隆庆)三年(1569年)秋,命兼文渊阁大学士参预机务"。当赵大洲再次入京为首辅时,邓豁渠又赴京造访。这次大洲拒绝和他会面,却心怀怜悯赠予其黄金十两,指令同乡赴四川为官者携其返乡。然刚入河北涿州地界邓豁渠患病,赴任者因急着赶路,将其置放在一野寺中独自而去,"竟死于野寺中,无所殡云"。(《里中三异传》)后来耿天台过涿州,托人寻找遗骸,未果。若此事为真,可以推定邓豁渠卒于隆庆三年,此年邓豁渠72岁。

根据他的思想轨迹,大致可划分为如下三期:

从1539年拜师到1558年61岁以湖南澧州为根据地,可称为前期,也即他的思想启蒙期。

进入澧州后,他在此逗留了八年。其间总结自己的思想,开始著述《南询录》,这一期间可称为中期,也即思想的发展期。

67岁进入黄安以后的一段时期可称为晚期,也即思想的成熟期,最终悟道。

这三个时期和《南询录》的顺序相对照,大致可以这样划分:

前期:《南询录》第一条到第三〇条。

中期:《南询录》第三一条到第七〇条。

晚期:《南询录》第七一条到一一三条。

在历史文献中,关于邓豁渠的记载不多。袁宗道(伯修)在《白苏斋类稿·杂说》中说邓著书"《东询录》,现存百分之一"。《东询录》和《南询录》一字之差,大概是为了避开清朝当局的禁书锋芒。至于百分之一存稿的说法,则大可不必相信。因为《南询录》现存113条、17000多字,乘一百倍的话则太多了。完整的记载,只见于耿天台撰写的《里中三异传》之邓豁渠部分。《明儒学案》也有载,但大多文字来自《里中三异传》。这些书籍所记载的史实和袁宗道的《白苏斋类稿·杂说》有出入,对照《南询录》,可知袁宗道是道听途说。还有的记载是在一些认识邓豁渠的人的信件中,譬如赵大洲的《答胡庐山督学书》、罗念庵的《与邓豁渠山人》等。这些信件都收集在《〈南询录〉校注》(武汉理工大学出版社,2008年)中。

邓豁渠唯一的著作《南询录》取名于《华严经》中善财童子去南方参访求法的佛教故事,因为他自42岁去青城山参禅后一直在南方各地游荡。但是可悲的是,他晚年凄凉地死在北方的一个野寺,自参禅以来的三十年间再也没有回过故乡四川内江。

二 《南询录》的发现过程

(一)京都大学教授岛田虔次先生的发现

1968年,日本著名中国思想史研究专家、京都大学人文科学研究所教授岛田虔次在日本国立公文馆下属的内阁文库发现了明版《南询录》。于是他按照《南询录》的顺序,结合耿天台的《里中三异传》和《明儒学案》中的有关章节,为邓立传,撰写了《异人邓豁渠略传》一文[①]。这是中国思想史研究史上有关邓豁渠的第一篇文章。至此,日本内阁文库收藏有明版《南询录》一事才为学界所知。

在这篇文章中,岛田将《南询录》的思想内容概括为强调"见性

① 原载《吉川博士退休纪念中国文学论集》,筑摩书房,1968年3月。后收入《中国思想史研究》,京都:京都大学出版社,2002年;中文版为邓红译,上海:上海古籍出版社,2009年。

为宗”“百姓日用而不知”，想打破“秀才旧套子”等三个方面，可谓一针见血。

（二）九州大学教授荒木见悟先生的贡献

荒木见悟，笔者的母校日本九州大学文学部中国哲学史讲座的前任教授，1995 年撰写了《邓豁渠的出现及其背景》①一文。该文认为邓豁渠的性命说具有道家色彩，企图在超越良知之上追求三教混融，反映了明朝末年追求三教成立以前的心知原点的风潮。

《南询录》文本前有一个李贽的序、邓豁渠的自序，文后有印刷者何继高的跋文。本文共 113 条，没有编号。荒木先生在撰写该文时，为了便于查找，在原文复印件每一段的上方用硬笔写上了序号。各家版本在出版时均采用了这个编号。

荒木见悟先生还撰有《赵大洲的思想》一文，为日本学界研究赵大洲的前无古人的大作。中文由台湾“中科院文史所”廖肇亨研究员翻译。② 复旦大学哲学系吴震教授 2007 年参加在内江市举行的纪念赵贞吉诞辰五百周年国际学术研讨会时，曾将该文介绍给与会代表。

（三）中国社科院研究员黄宣民先生的贡献

1995 年夏，笔者在北京偶遇当时为中国社会科学院历史研究所思想史研究室主任黄宣民研究员（1934—2001）。黄宣民拜托笔者在日本寻找《南询录》。回日本后，正值荒木见悟先生发表了《邓豁渠的出现及其背景》。为此笔者马上写信给荒木先生，希望能翻译这篇文章，并索求《南询录》的复印件。荒木先生很快寄来了《南询录》复印件，并答应笔者的翻译请求。一个月后，笔者完成了《邓

---

① 原载《中国心学的鼓动和佛教》，北京：中国书店，1995 年。

② 载《明末清初的思想与佛教》，廖肇亨译，台北：联经出版公司，2006 年。

豁渠的出现及其背景》一文的翻译工作,将其和《南询录》复印件一起寄给黄宣民。

随后,黄宣民将《南询录》全文标点,同时还标点了《里中三异传》的邓豁渠部分,取名《邓豁渠传》(文海出版社,1970 年,明万历二十六年刊本,台湾学者提供)。再加上笔者翻译的《邓豁渠的出现及其背景》一文,一起发表在了他主编的《中国哲学》第 19 集(岳麓书社,1998 年)上。

特别值得一提的是,黄宣民先生编辑出版《中国哲学》第 19 集时,受荒木见悟先生吩咐,曾致函日本国立公文书馆,说明想在该书中刊登《南询录》,希望得到许可。日本国立公文书馆也专门致函黄先生,批准出版。

黄宣民标点的《南询录》一问世便引起学界的注目,流传甚广,泛滥于网络。但笔者自翻译荒木论文以后便再也没有接触它。直至十年后的 2007 年夏天,笔者应上海古籍出版社之邀翻译岛田虔次的论文集《中国思想史研究》(京都大学出版会 2002 年,上海古籍出版社 2008 年)一书时,由于该书收入了《异人邓豁渠略传》,必须查对《南询录》原文,才把黄宣民标点本和笔者保存的内阁文库藏本的复印件拿出来重新对照查阅,于是发现黄宣民标点本存在重大缺陷。

首先,标点本没有刊登内阁本所附万历己亥(二十七年,1600 年)的何继高《跋语》。

其次,对《里中三异传》则只摘取了其中所谓《邓豁渠传》部分。其实《里中三异传》前后有两个总论,总论介绍了为什么要为何、邓、方三人合写一篇传记的原因,并对三人的大致印象做了画龙点睛式的描述。这对邓豁渠研究来说非常重要。

最重要的是,标点本有不少错误。包括脱落字(有时是整行脱落)、错字、衍字,多达数百处。可以说标点本《南询录》113 条中,完全没有错误的只有十来条。短短的《邓豁渠传》也有七八处错误。

再次，标点也有问题。譬如第八六条，标点本将“白沙曰”以后的文章全部当作邓豁渠引用的陈白沙文，其实属于陈白沙的只有一句“定性未能忘物外”，以及最后的“依旧落迷途”两句。另外，标点的《里中三异传》邓豁渠部分即《邓豁渠传》也有很多错误。

2008年秋天，中国人民大学教授张立文先生来我处访问时，我向张先生提及此事，并出示了原文和标点本。张先生看后大摇脑袋。是为后话。

（四）《南询录校注》的出版

黄宣民标点本在中国乃至世界范围内流传甚广，如不及时订正，会贻害后世。于是笔者在将《中国思想史研究》翻译稿交给上海古籍出版社之后的2008年初，重新找出内阁文库藏本的复印件，对照黄宣民标点本，将那些明显的谬误之处加以修正，并对一些句子重新标点，还加上了一些简单的注释；并找到《里中三异传》全文，重新加以标点。

2008年5月，我们武汉大学历史系77级三个班在武汉举行纪念进校30周年同学聚会，会上见到了时任武汉理工大学出版社社长的同班同学雷绍锋。我向绍锋详细介绍了《南询录》的来龙去脉，希望武汉理工大学出版该书。绍锋同学既是出版社社长，也是武汉理工大学艺术学院教授，还是一名出色的古文献研究专家，是著名历史文献研究专家张舜徽先生的博士。他一听我的介绍，便知晓了《南询录》的价值，当场拍板决定由武汉理工大学出版社来出版该书。

绍锋同学是古文献研究专家，于是该书由他亲自担任责任编辑。他在编辑过程中发现了一些错误，提出了许多宝贵意见。在他的襄助下，《南询录校注》于2008年底顺利出版，前后只花了半年时间，比之前交稿的《中国思想史研究》的出版还早半年。

三　明版《南询录》介绍

明版《南询录》在清朝早期还有流传,到乾隆年间就不传于世间了,甚为蹊跷。据笔者推断,大概是因为其内容在统治者看来荒诞不经,明清时都曾被禁过,乾隆年间编撰《四库全书》时,干脆将之收缴而废弃了吧。现在世间仅有一本存于日本的内阁文库,成了名副其实的海外孤本。

内阁文库现在是日本国立公文书馆下面的一个文库。它因明治政府内阁收藏古书和古文献的仓库而得名,里面的古书部分承继德川幕府的红叶山文库。在江户时代,德川幕府通过长崎奉行进口了许多新刊的明清汉籍,都存放在红叶山文库,《南询录》或许可认为是明末清初作为出口货物传入日本的。

明版原书为包背装,封皮为深蓝色,雕刻本。书的第一页盖有内阁文库藏书大红印章。书中没有任何关于牌记、雕版时间、书坊字号、刊行地点等出版信息的记录,但书的前面有李贽撰写的《叙南询录》,书的后面有万历己亥年何继高撰写的《跋语》。根据古籍出版史,万历年间流行私家刻本,因此完全可以断定该书为万历己亥年何继高私人刊行的原版私家刻本。其字体接近手写体,又颇多用异体字,符合私家刻本的特征。

原书的尺寸为:书长二十七厘米,书框高十九点五厘米,天顶五厘米,下脚二点五厘米。单面宽十六点五厘米,书框宽十三点五厘米。左右双边、上下单边、单鱼尾、小黑口。

四　《南询录》回归内江

邓豁渠的故乡内江乡梓人士十分关怀《南询录》,一直希望《南询录》能回归故里。

2002年,北京语言大学黄卓越教授曾向市政协文史委主委(后任市政协副主席)周昌亮先生赠送过半部《南询录》的复印本。2007年10月,由内江师范学院、市政协文史委、市宗教协会内江师院、市政协文史委、市宗教协会联合举办了纪念(邓豁渠的老师)“赵贞吉诞辰500周年国际学术研讨会”。会议期间,韩国世宗大学博士、著名阳明学专家李庆龙带来了《南询录》的半本复印件。2009年4月19日,《内江日报》长江周刊登载了《〈南询录〉回到故里》的长篇报道,对《南询录》回归故里一事作了详细的叙述。同时还刊登了一篇石维民写的评论员文章《文化内江添新页》,对此事发出了一些独特感想。

遗憾的是这一部半《南询录》复印本均非原版大小,且黄、李两位教授对《南询录》的来龙去脉也不是很清楚。

《南询录校注》出版后,内江市委统战部副部长周维祥先生又于2010年3月21日在《内江日报》长江周刊发表了一篇题为《茅舍独坐,鸡犬明心》的文章,介绍了自己读《南询录校注》的切身体会。为此周维祥先生还一直希望和笔者取得联系,但因边关万里,联络不便而未能成功。

在网上看到上述文章后,笔者深为内江各界人士对邓豁渠和《南询录》的乡梓情怀打动,于是于2012年3月15日冒昧地向素昧平生的内江市政协副主席周昌亮先生写了一封信,提出了把日本内阁文库《南询录》原书等同大小的复印本送回内江,顺便访问邓豁渠礼师的内江圣水崖的想法。不出半个月,笔者便收到了周昌亮先生委托内江市政协文史和学习委员会办公室主任毛建威寄来的欢迎来内江访问的邮件。

2013年9月16日,策划已久的内江之行终于得以实现。16日上午,笔者在周昌亮先生和毛建威先生的陪同下,首先访问了向往已久的邓豁渠拜师处内江市内的圣水寺。16日下午,在内江市政协前副主席周昌亮、内江市统战部副部长周维祥、内江市政协文史委副调研员毛建威、内江师范学院文学与新闻传播学院院长邓国军教授等陪同下，笔者向内江市政协陈宗淑主席赠送了日本内阁文库藏明版《南询录》的原本同样大小的复印件和武汉理工大学出版的《南询录校注》一书。陈宗淑主席设晚宴招待了笔者。

当天晚上7时，笔者又前往内江师范学院，向文学与新闻传播学院的学生们作了题为《邓豁渠的〈南询录〉和内江》的学术报告。周昌亮、周维祥、毛建威、邓国军诸先生，以及内江市文史专家李见友、文学与新闻传播学院副院长高佳博士等出席了讲座。高佳副院长亲自主持了讲座。据称，报告使听讲的师生们深受启发，激起了学生们对内江文化名人的无限敬仰之情。

虽然不是原书，但《南询录》以这种形式回归故里，也算了却了内江人民和文史研究者们的一桩心愿。

结　语

2013年，笔者将《南询录》复印本带回内江时，与内江师范学院文新学院达成了共同译注该书的意向。2015年12月，中州古籍出版社出版了由邓红和内江师范学院文新学院两位年轻教师梁明玉、李见勇共同编著的《南询录今译今注》。2016年3月，《南询录今译今注》一书在内江师范学院文新学院举行了首发式。

《南询录今译今注》全书采用繁体字，并尽量使用原版的异体字，封面和装帧沿袭了原版的风格。更为重要的是，该书将明版《南询录》的每一页拍成图片编号附录在书的后面，并在每一条下注明所出图片编号，为读者们提供了一个能展现全书风貌的绝佳版本。

关于尊经阁藏崇祯本《梧州府志》

明代崇祯四年（1631 年）刻本《（崇祯）梧州府志》是最早的梧州府志。由于明末清初的战乱，该刻本在清朝就已不存在于中土，唯在日本尊经阁有一本存世，堪称海外孤本。广西壮族自治区地方志编纂委员会办公室通过多方努力，于 2012 年成功地从日本获得了该刻本的照相版复印件。

本文拟介绍崇祯本《梧州府志》的来龙去脉，报告前往尊经阁和前田育德会的访书过程，论述该书的内容和体例。

一 《（崇祯）梧州府志》编纂考

《（崇祯）梧州府志》，谢君慧修，王尚贤、马神征纂。崇祯四年刻本，全书共十卷本，又细分为二十卷。

谢君慧为福建将乐人，万历庚子年（万历二十八年，1600 年）举人，曾知学官、建文昌书院等。在出任怀集县知县时，主修过《怀集县志》。后擢升刑曹、郎中等。崇祯二年（1629 年）任梧州知府。王尚贤为江西安福人，举人，崇祯四年任苍梧县令。马神征为江苏吴江人,举人,先任东乡县知县,崇祯三年改任苍梧县学教谕。

梧州历史传承悠久,文化底蕴深厚。根据本志第二卷卷之三《郡事志》记载,早在两千多年前的汉武帝时代,“元封五年(前 105 年)初置交趾部刺史,领七郡,治苍梧。始置猛陵岑溪二县”,自此开始设立苍梧郡。历史上曾有人编撰过《苍梧郡志》,可惜已经失传,仅在清同治十三年(1874 年)版《苍梧县志·艺文志》上留下“《苍梧郡志》,佚名。见文渊阁书目”的记载。书不但失传,著者也佚名,甚为憾事。

唐武德四年(621 年)始称梧州。明朝初年设梧州府。根据本志,当时的梧州府下辖一州九县,即苍梧县、藤县、容县、岑溪县、怀集县、郁林州、博白县、陆川县、北流县、兴业县。最早的《梧州府志》似乎在明朝弘治八年(1495 年)左右修成。时任梧州知府的张吉(字克修,江西余干人)组织编纂《梧州府志》,并成书付梓。但是由于历史原因,该书在清代似乎就已经不传于世,关于著者、体例等都没有留下线索,仅在同治版《苍梧县志》据通志转载《粤西文载》的桑悦序文里,对成书过程有一些记载。

所以成书于明崇祯四年的本志《梧州府志》,堪称现存于世的最早的梧州府志。关于本志的修撰,谢君慧在本志《梧州府志序》中有如下记载:

> 予初令怀阳,即志怀阳也。志成,适以内擢,行郡丞南海陈公怃然曰:“郡无志,奈何?今幸脱草矣。剞劂有灵,愿以异日。”及予浮沉大官署与守尚书郎,又若而年乃被命守梧,梧犹然无志也。忆陈公语,心殊怦怦自觐。旋得其所定草,乃嘱苍梧令王君、学博马君加芟润焉。越月成,乃寿之梓。

由此,可知如下史实。怀阳即今天的广东省怀集县,当年属梧州府管辖。谢君慧首次出仕担任怀集县令时,便修成了《怀集县志》。修成时刚好得到提拔，离任时拜见了当时的梧州府郡丞陈熙韶。陈是南海人，举人，明万历四十七年(1619年)任梧州府同知。同知为知府的副职。明清以郡丞为“同知”的代称，以比附汉唐风雅。陈熙韶知道谢君慧修好了《怀集县志》，于是深有感怀地对谢君慧说，梧州还没有府志，很是遗憾。幸好现在大致修好，已经脱稿了。“剞劂有灵，愿以异日。”“剞劂”指雕版刻印，“愿以异日”出自《战国策》苏秦以连横说秦一段。意思是如果雕版有灵的话，希望在不远的将来将刚修好的府志上梓出版。但是时隔十几年，谢君慧几经宦海沉浮，于崇祯二年(1629年)高升知府再来梧州时，梧州还是没有府志。也就是说，当年那本陈熙韶组织修撰的梧州府志还没有出版。谢慧君回忆起陈熙韶当年的话，不觉忐忑不安而扪心自问，于是找出当年的底稿，命令王尚贤、马神征二人修改润色。王马二人居然只用一两个月就修改好了，可见原稿质量非常不错。另外，增补了万历末年到崇祯四年(也就是陈书脱稿以后到出版当时)的一些史实，马上付梓。

至于该书的蓝本陈志的编书过程，梧州市地方志编纂委员会出版的《梧州市志・文化卷・地方志著述》[①]一节有详细叙述，请参考之。这里不再赘述。

尽管如此，崇祯版《梧州府志》大概在“天崩地裂”的明末清初就散失了。康熙年间梧州知府陈天植在康熙二十六年(1687年)《(康熙)梧州府志・原序》中这样写道：

> 乃购求遗书，无有应者。今岁复锐意咨访，于苍梧绅士家得谢君慧刻本十二卷。……然皆蛀蚀之余。始于秦而终于明崇祯四年。

---

① 《梧州市志》，南宁：广西人民出版社，2008年。

本志《(崇祯)梧州府志》为十卷本,下面细分为二十卷,但仅仅在五十年后的康熙时期,新任知府"锐意咨访",好不容易找到一套,不但是"蛀蚀之余",而且只有十二卷。《(康熙)梧州府志》全文转载了谢君慧的旧序,并在崇祯府志的基础上,追加了清代的史实。但是,那本"蛀蚀之余"的旧书存在何处却没有任何交代,也没有了下落。

查《中国地方志联合目录》①,"广西梧州地区"条下有:

> [崇祯]梧州府志二十卷。(明)谢君慧修,黄尚贤纂。明崇祯四年(1631年修)。清抄本,北京。抄本:湖北、广西一、广西二。注:日本尊经阁文库藏有崇祯四年刻本。

黄尚贤应为王尚贤之误,还少了一个马神征。北京指北京图书馆,即现在的国家图书馆。该处存有本志的清抄本原件。

《广西地方史志文献联合目录》②在"梧州地区"的栏目里也有如下记载:

> [崇祯]梧州府志二十卷。(明)谢君慧修,王尚贤纂。明崇祯四年(1631年)刻本。桂图(传抄本)。区图(传抄本)。注:原刻本藏日本尊经阁文库。北京图书馆藏清抄本。府治今梧州市。

《中国地方志联合目录》所载"广西一""广西二",就是《广西地方史志文献联合目录》里面的桂图(桂林市图书馆)、区图(广西壮族自治区图书馆)本。湖北的不知藏于何处。从上可知广西的几个

---

① 《中国地方志联合目录》,北京:中华书局,1985年,第728页。
② 《广西地方志文献联合目录》,南宁:广西人民出版社,1988年,第25—26页。

抄本，其实都是从北京图书馆复印回来的清抄本。

根据以上记载，至少在康熙以后，谢君慧修的这本《（崇祯）梧州府志》，就不在广西乃至中国存在了。唯一存世的只有日本尊经阁文库藏本。在中国的只有北京图书馆收藏的清抄本。

广西壮族自治区地方志编纂委员会办公室也从北京图书馆复印回来了所藏的清代抄本。从复印件来看，抄本是用钢笔抄写的，字迹不太工整，时有潦草处，但内容和我们后来从日本尊经阁文库复印回来的十卷本《（崇祯）梧州府志》完全一致。

经查，钢笔传入日本是在19世纪80年代末，输入中国是在19世纪末。可见所谓清抄本也只是钢笔传入东方的19世末到20世纪初这短短一二十来年后的产物。而早在明末清初《（崇祯）梧州府志》就不存在于中国了，只有日本尊经阁才有珍藏。据此或许可以认为，这个清抄本大概是19世纪末20世纪初叶清末中国留学生大举留学日本时，由某个留学生从日本尊经阁文库抄回来的。

顺便说一句，现在台湾“中央”图书馆收有《（崇祯）梧州府志》的“影照版”，也是从日本尊经阁文库拍照来的，入手时间不详。

二　尊经阁和前田育德会访书报告

由于《（崇祯）梧州府志》在中国已经绝迹，受广西壮族自治区地方志编纂委员会办公室的派遣，本志副主编邓红于2012年6月21日亲自飞往日本东京，造访了尊经阁，见到了那本梦寐以求的崇祯版《梧州府志》原书。

尊经阁原本是日本江户时代加贺藩主前田利家（现在的石川县一带）收藏图书的文库。加贺藩是日本江户时代仅次于德川幕府的第二大诸侯，拥有 100 多万石①土地，经济实力雄厚，所以尊经阁收藏有许多国宝级的珍贵图书。二战后，加贺藩的文化活动由管理前田家文物图书的法人团体前田育德会统一管理，尊经阁现为前田育德会的图书馆。前田育德会的办公室设在东京都内绿树成荫的驹场公园内的一栋小洋楼里。该公园内还有前田家第十六代当主前田利为的洋式和日式旧居。现在这三座建筑物都属于日本的重点文物保护单位。

尊经阁收藏的图书收载于《尊经阁汉籍分类目录》和《尊经阁和文图书分类目录》两本目录。②《（崇祯）梧州府志》载于《尊经阁汉籍分类目录索引》第 34 页，《尊经阁汉籍分类目录》第 212 页。目录记有“梧州府志十卷，谢君慧等，明崇祯版”的字样。

《（崇祯）梧州府志》共十册，每一册为一卷。每卷第一页有“前田氏尊经阁图书部”的印章。没有书牌。

书高二十八厘米，宽十八厘米。天头四厘米，地脚一点六厘米，界行一点六厘米，书口宽一点六厘米。花口单鱼尾。

书为白黄土纸做成，白色细线装帧。没有函盒。十册书按顺序重叠放置，所以放在最上面的第一册表面有很多黄色斑点。订书线有些脱线，没有修复。最下面的第十卷的最后一页也有些斑点。但是整本书堪称保存完善。

至于尊经阁是如何得到崇祯版《梧州府志》原书的，在访书过程中我们曾询问过尊经阁的管理人员，回答是不得而知。不过从中日文化交流史来看，在德川幕府时代（1603—1867），日本通过九州岛上的长崎港，从中国进口了许多汉籍图书。这些图书进入日本后，先是由德川幕府设立的长崎奉行优先选购，其次才是各家诸侯

① 江户时代的金融实行米本位。石是日本独有的计量单位，略大于中国的“担”或“石”，一石大米大约相当于大米 150 公斤、180 升，大概值 1 两银子。产一石大米的土地面积大致相当于 1000 平方米，折合中国的 0.6 亩土地，100 万石大致相当于 60 万亩土地。

② 侯爵前田家昭和十六年（1941 年）版。

和其他人选购。前田家作为日本第二大诸侯,拥有仅次于德川幕府的选购权。《(崇祯)梧州府志》一书,大概就是通过如此形式进入尊经阁库藏的吧。

访书之际,我们向前田育德会提出了复印该书的请求,得到了对方同意的答复。三个月之后,我们收到了该书的照相版复印件。

三 崇祯版《梧州府志》内容体例平议

十卷本《(崇祯)梧州府志》每一卷的具体情况如下:

第一卷:

卷之一:

《梧州府志序》。谢君慧作于崇祯四年,记述修志的始末、修志意义及治教思想观点。序的后面盖有两个印章。一枚刻有"莲软氏"的字样,大概是谢的书斋名章。另一枚刻有"谢氏君慧"的字样,应该是谢君慧的私章。这两枚印章是本志为崇祯版《梧州府志》原刻本的最重要的证据。

卷之一舆地图目录。

舆地图。载一府一州九县地图。

全书总目录。

凡例。

卷之一舆地图正文。

由于这一本第一卷放在最上面,表面有很多黄色斑点,订书线有些脱线,没有修复。

第二卷:

第二卷以下保存完好,很少见黄斑。

第二卷内容为:

卷之二,舆地志。

卷之一和卷之二的舆地志,依次记述了府属州县的沿革、分野、疆域、山川、社里、墟市、瑶峒(少数民族聚居点)、风俗、气候、物产等。

卷之三,郡事志·古史到元代。记述从秦朝起至元代发生于府属州县内的大事。

卷之四,郡事志·大明。记述元代至明朝崇祯初年发生于府属州县内的大事。

第三卷:

卷之五,建置志。

卷之六,坛庙、楼观、津梁、驿铺。

这两卷记述了府、州、县内的城池、公署、学校(书院、社学、射圃)、坛庙(祠宇)、楼观、铺舍、津梁、驿铺的设置、位置与修废举坠的情况。

第四卷:

卷之七,赋徭志(上)。

第五卷:

卷之八,赋徭志(下)。

以上两卷赋徭志,记述府、州、县的户口、田赋、屯余田、国课(厂税)、税课、杂供、解饷、兵饷、均徭、里甲、驿传、兵款的数额、增减变化以及各项收支情况。

卷之九,秩官志。

这一卷记载历代任职梧州的官吏的简单履历。其中"知府"一栏,可见和本志有关的历代知府的履历。关于张吉,有"余干人、进士、弘治八年人。有传"(第 6 页);关于谢君慧,有"谢君慧、将乐人、崇祯二年任"(第7页)的字样。关于陈熙韶,在"同知"一栏有"陈熙韶、南海人。万历四十七年任"。(第8页)在苍梧县知事一栏的最后面,有"王尚贤、安福人、崇祯三年任"(第14页)的字样。

第六卷:

卷之十,学官,共四十页。记载梧州府学教授、训导;各县县学教谕、训导等名簿。其中"苍梧县教谕"一栏,有关于本志编撰者之一马神征的记录:"马神征、吴江人、举人、由东乡县知县改今职。崇祯三年任"。

卷之十一,兵防志。戍署、卫所官、旗军等。

卷之十二,兵防志。管镇、屯田、土巡司、目兵、班军、营镇、教场等。

以上两卷兵防志,记述了府、州、县各个军事机构的设置、建制、军兵种、戍守征发等情况。其中卷之十一记述戎署、卫所官、旗军的设置、方位、各个卫所的正副千户(百户、试百户)、指挥、镇抚、把总、吏目的姓名、何时任职、是否世袭、调升、编额等情况;第十二卷记述府州县各营镇哨(教场附)、屯田的位置数额,土巡司、目兵、班军编额及饷额情况。

第七卷:

卷之十三,选举表。四十四页。

卷之十四,选举表,岁贡。五十八页。

以上两卷选举表,叙述征辟、进士、举人、岁贡、恩贡的次第,记述了历代府、州、县籍人士获朝廷或官员选举的姓名、籍贯、获选时间及任职情况。

第八卷:

卷之十五,人物志(附烈女)。记述历代府、州、县籍著名人士及妇女的生平行迹。

卷之十六,名官志(流寓附)。记述历代外省(府)籍任府(郡)、州、县(同知、通判等属官)官中有政声、政绩的人物传记,以及被朝廷贬谪、客居(或路经勾留)梧州府州县的著名人物事略。

第九卷:

卷之十七,艺文志(上)。

卷之十八,艺文志(下)。

第十卷:

卷之十九,赋。

以上有关艺文的三卷,主要收录历代朝廷大员、总督、巡抚、巡道、府(郡)、州、县官、著名人物客居梧州府、州、县时所作的诗文疏表,修建府州县城池、衙门、学宫、桥梁、楼阁、堂馆、仓储、民居以及游观山水岩洞的诗文题记。

卷之二十,杂事志。记述历代府、州、县内各类传闻、古迹、怪异等杂事。

第十卷最后是苍梧令王尚贤写的"跋",而且是手书体,大概是王尚贤亲笔所写。盖有"王氏尚贤"的私章。

结　语

本志的主要特点为:

首先,本志在每一页的书口上,除记有书名、卷数、页数以外,还记有刻书工匠的姓名和所刻字数。刻字数大概是为了按字数领取工钱。

其次,本志每一分卷及其细目后面都记载有修撰蓝本的陈熙韶的分析评语。不少篇志在陈熙韶评语后另有谢君慧的评语。而在卷之一舆地图目录之后等处，还有谢君慧单独写的评语。

再者，本志雕刻精细，保持状态完好，影印出版时基本不需要添补修缮。

最后，关于本志有两个疑窦还未得到解决，希望各位专家学者齐心协力加以解密。

一是我们能够按图索骥，前往尊经阁复印回本志，完全是根据中华书局1985年出版的《中国地方志联合目录》的指点。杜甫诗曰："此曲只应天上有，人间能得几回闻。"《中国地方志联合目录》为何知道此书只有日本有而中国无？"解铃还须系铃人"，当年这一条是哪位专家撰写的？

二是笔者在本文第一节里提到，钢笔抄写的"清抄本大概是19世纪末20世纪初叶清末中国留学生大举留学日本时，由某个留学生从日本尊经阁文库抄回来的"，毕竟只是臆测而已。其真相如何，还须明白人分解。

张之洞的政法顾问松平康国

松平康国,字子宽、天行,号破天荒斋。文久三年四月十一日(1863 年 5 月 28 日)生。昭和二十年(1945 年 1 月 30 日)去世,享年 82 岁。父亲大久保忠恕,号樫轩,世代为德川氏的旗本,食邑五千石。康国生于大久保忠恕长崎奉行的在任中期间,后来居住在骏河(现静冈县)的沼津。七岁时被过继给东京松平家(德川幕府开创人德川家康的本家)。

由于没有详细的传记,迄今为止松平康国的生平事迹只是片段地被人提起,其担任过清朝湖广总督张之洞的政法顾问一事更鲜为人知。

吾师日本九州大学名誉教授町田三郎先生写了一篇《读〈天行文钞〉》①,实为世界首篇研究天行的论文。他知道我在研究张之洞后,便将自己收集的资料提供给我,命我写一篇"张之洞与天行"之类的论文。

---

① [日]町田三郎《二松学舍的日本近代汉学》,东京:二松大学学舍大学近世汉文近代汉文班·三岛中洲研究会编,2009 年 3 月 31 日。

一　学贯东西

豪门出身的松平康国自幼受英才教育，在学习汉文方面下了很大功夫。根据《天行文钞》的《代自序》，其学习汉文的经历如下：

三岁时跟父亲学《三字经》。

七岁时跟一村师学四书（素读）。

到东京后跟着一些不知名的先生素读五经，还听过《十八史略》《日本外史》《文章规范》等的讲义。

十五岁时入门堤静斋门下（1825—1892）。先生讳正胜，广濑淡窗、安积艮斋的学生，幕臣。代表著作有《皆山阁诗抄》《日本蒙求》等。

十八九岁时进二松学舍，还在斯文会听讲，饱读博览古典。此时的先生主要为三岛中洲（1830—1919）。三岛名毅，字远叔，号桐南、绘庄、中洲，江户时代著名阳明学者山田方谷的学生，后任东京帝国大学教授。为二松学舍大学的前身汉学塾二松学舍的创立者。

后进东京大学预备门学了两年英语。1885 年去美国密歇根大学留学，学习法律和政治学。归国后，于 1888 年任早稻田专门学校（早稻田大学的前身）讲师、《读卖新闻》记者。1901 年从新闻社的重役转任编辑主任（主编）、主笔。1902 年 2 月从报社退职，专任早稻田大学的教职。是年早稻田大学正式成立。1921 年参加创立“东洋文化学会”，担任理事。1924 年参加创立大东文化学院。还一直担任“无穷会东洋文化研究所”的教头。

1902 年 9 月以早稻田大学讲师的身份任袁世凯的顾问，1905 年解职。

1906 年，经友人日本驻上海总领事小田切富卿介绍，开始任张之洞的政治法律顾问。① 《天行文钞》有《仰天楼诗集序》一文。《仰天楼诗集》为小田切富卿的诗集,命天行作序。据载,两人相识于十六岁。文章说:"明治乙酉。予有北米之行。始与富卿别。归则富卿已仕。历任诸外邦。丙巳之际。以总领事在上海。予以其荐应张香涛尚书聘。适武昌。途过沪则富卿已罢去。"

天行被当时中国两个最重要的总督聘为顾问,其理由追究起来大概有三:

一是名门出身。松平家为日本第一贵族。有人说他是湖北武备学堂教官,有误,因为他是个手无缚鸡之力的文人。

二是西方政治法律历史著作丰富。

天行的学究生涯以担任张之洞的政法顾问为分期。前期主要精力集中于西方政治法律历史方面的研究。在担任(东京)早稻田专门学校和早稻田大学讲师期间著述甚丰。更重要的是,(东京)早稻田专门学校(早稻田大学)当时清朝留学生非常之多,而中国在19世纪末20世纪初曾有一个翻译日本著作的高潮,他的许多著作(或讲稿)也在这一时期被翻译成了中文。

他有关西方政治法律历史著作中最有名的是《英国宪法史》(东京专门学校出版部,1901年2月)和《世界近世史》(东京专门学校出版部,1901年9月)。两书均为当时的讲稿,此后正式再版。1897年梁启超设立译书公会,翻译了许多西学新书(作新社),其中就有这两本。而《世界近世史》除作新社1902年11月译本以外,还有商务印书馆1903年1月译本、广智书局1903年3月译本。同一本书在同一期间出了三个译本,实为中国出版史之罕见现象。

《英国史》1899年东京专门学校政治经济科第4回1部讲义录。早稻田大学出版部,1904年5月正式出版。戴麒翻译,文明书

① 小田切富卿(1868—1934),名万寿之助,号银台或田盛大。外交官、银行家。1902年任上海总领事,1906年后任横滨正金银行取缔役。

局1904年出版。

再就是他1898年翻译的日文版《政治罪恶论》(东京专门学校出版部1901年12月,英文原名*Political Crime*,Louis Proal著)居然也翻译成了中文出版。1905年,23岁的马一浮留学日本时①,将这本《政治罪恶论》翻译刊登于革命派机关报《民报》。但是他当时弄成"义大利麦伽费尔,松平康国翻译"。而此书直到1999年才有人从英文版翻译成现代中文版。②

三是汉文好。

天行自幼学习汉文,名师指点,英才教育。曾著《支那文学史谈》,早稻田大学出版部,出版年代不明。大概也是1904年前后,当时在早稻田大学的讲稿。该书被评价为把文学研究自觉地纳入了史学研究的范围之中,用西方现代编史的一套方法与体例来审视、编纂和评论中国历史上的文学现象。

天行从中国回来后自1907年起专任早稻田大学教授,以后除教授汉文外,尽全力编辑发行《汉籍国字解全书》(早稻田大学发行)。

1908年到1917年,早稻田大学出版部以四次预约出版的形式,出版发行了《汉籍国字解全书》(全45册)。该丛书由收集江户时代的汉学者对中国古典所作的"国字解"也即训读翻译本再加上一些新的解释,以及当时一些日本学者的翻译注释本而成。它的出版为当时的汉学打下了汉文的文献基础。

① 马一浮(1883—1967),国学大师,书法家,篆刻家,近代新儒家学派的代表人物之一。原名浮,字一佛,幼名福田,号谌翁、被揭。浙江绍兴人。1899年,应科举乡试名列第一。1901年,与马君武、谢无量等人合办《翻译世界》。1903年,留学美国,后又游学德国、日本。1911年回国,潜心国学。曾任国立浙江大学教授。1953年任浙江文史馆馆长。1964年任中央文史馆副馆长。

② [法]路易斯·博格尔:《政治的罪恶》,蒋庆、王天成、李柏光、刘曙光译,北京:改革出版社,1999年。据笔者所知,英文版*Political Crime*出版于1898年,可见英文版一出版便由松平康国翻译成了日语。而*Political Crime*为Louis Proal将自己1892年出版的法文著作*Le Crime Et La peine*(也可翻译为《政治的犯罪性》)改写成英文后再版,而非原创的英文著作。

参与该书编辑发行的除松平康国以外，还有菊池晚香、桂湖村、牧野藻洲等当时早稻田大学著名的汉文教授。其中松平康国名门出身、教龄最长、社会经验丰富、参与早稻田大学的组建、参加早稻田大学《教旨》的起草，深得创始人大隈重信的信任，因此为该书编辑出版的中心人物。

不仅如此，他自己还亲自注释了以下注释本：

《汉籍国字解全书：先哲遗著》

第5—8卷《史记列传》(1913)

第24—25卷《韩非子》(1911)

第30—33卷《唐宋八大家文读本》(1914)

第34—35卷《文章轨范》《续文章轨范》(1916)

在他生前，他的主要汉文作品编辑出版了《天行文钞》(三册)和《天行诗钞》(一册、附录一册)。他去世后，他的一些学生收集《天行文钞》之后的文章编成《天行先生遗稿》，于1980年油印出版。

二　关于《天行文钞》和《天行诗钞》

早稻田大学"松平先生古稀纪念文集出版挂"于1933年11月出版了松平康国的五册本文集，包括《天行文钞》(三册)和《天行诗钞》(一册、附录一册)，以现代线装书的形式收为一帙。该书中与张之洞以及武汉有关的重要文章有三组：

一是《天行文钞》卷一《湘鄂游草序》。

二是《天行诗钞》附录中的诗集《湘鄂游草》。

三是《天行文钞》第三册中的《松平顾问·张总督〈立宪问答〉》。

（一）《天行文钞》卷一《湘鄂游草序》

为自己的诗集《湘鄂游草》的序文。该文很短，现全载如下：

张文襄之督湖广也。余以政法顾问。参其帷幕。文襄公诚忠尽。身系社稷之安危。其视革命党如蛇蝎。获辄杀无赦。余谓之曰。敛急而民怨。政乱而盗起。苟不治其本。革命党岂可胜诛乎。文襄大息称善。当此之时。哥老会徒。潜伏武昌者。不可一二数。特惮文襄威望未发也。既余以家累辞去。闻文襄入相。窃冀其有济。文襄亦欲招余。而遽罹疾遂毙。越二年。乃有革命之乱。诗云。人之云亡。邦国殄瘁。岂不痛哉。今也革命党方据武昌。隐如一敌国。其地则文襄所镇。其兵则文襄所养。曾几何时。举以资敌。供其巢窟。任其驱驰。事固在意料之外矣。设使文襄尚在。果能消祸于未萌邪。抑又世运之变。不可如之何邪。余在武昌二年。其所游而赋处。今皆兵火战尘。不复留旧观。及校此稿。西望慨然者久之。①

（二）《天行诗钞》附录《湘鄂游草》诗集

该诗集共有23首诗，其中与张之洞、武汉有关的，有如下几首（笔者编号）：

（一）余归自燕北，适张香帅聘至，临发赋此。

画龙美兮真龙丑，一见失色叶公走。
神物飞跃应有时，潜在故渊干初九。
丈夫未可轻去就，欲遇知己展抱负。
纵非明珠惜暗投，勿道千金珍敝帚。

① 《天行文钞》一书日文原文无句读，本书均按照原文引用。

昨非今是唯自知，前簠往吝后无咎。
忽释布褐上扁舟，南国美人待我久。

(八)寿张宫保七秩

雄镇东南锡命优，名贤事业自无俦。
功勋长与日星耀，德化直同江汉流。
身历三朝扶国步，天遗一老赞皇猷。
玉堂添得神仙福，风貌依稀李邺侯。

(九)汉阳寄怀藻洲①

一篇诗寄旧知音。
客里无朋感更深。
今夜怀君眠不得。
伯牙台下月湖浔。

(十)登黄鹤楼

昔贤题咏壁间留，万古长江独此楼。
黄鹤影空云杳杳，仙人不返水悠悠。
大江摇荡槛前月，远树回环帆外洲。
临眺勿吟崔颢句，烟波枨触异乡愁。

(二十)鹦鹉州

骂曹操，辱黄祖，一鹦安能敌狼虎。
虽脱虎爪婴狼牙，血洒江汉纷毛羽。
膏以明自焚，象以牙灭身。
文章恶着才忌傲，其罪在璧怜小人。

---

① 藻洲即早稻田大学的汉文教授牧野藻洲，为天行挚友。

幽馥何处不见兰蕙，萋萋草绿芳洲春。

其中或可见天行的汉文功底之深度。

（三）《松平顾问·张总督〈立宪问答〉》

为该文集的压卷之作。下一节将详细分析。其共由如下五篇文章构成：

《问立宪之好处何在。附贵国情形如何》（1700字左右）

《问立宪之流弊何在。附贵国如何》（1700字左右）

《问中国之立宪如何相宜。如何办起》（3100字左右）

《问中国立宪能否全仿贵国办法。抑有参酌之处》（1100字左右）

《问中国官制宜先从何处改起。是否须全改》（1000字左右）

另外，《天行文钞》卷一中的《登泰山记》为1905年4月作，以及《击筑余音引》，都是在袁世凯处当顾问期间的作品。

《天行文钞》卷三中的《新三字经》，则标榜为"为清国童蒙述"，用三字的形式叙述、介绍、传授当时最新的世界地理历史知识。譬如他这样描述最拿手的世界近代史：

开大观。庐索唱。宗教革。阁龙探。米洲辟。新大陆。别乾坤。货财裕。

庶类蕃。扶列特。强孛国。统鄂罗。有彼得。西班牙。方式微。英吉利。

代振威。那勃翁。徒渎武。再为帝。再为虏。欧既冶。三国盟。伊将兴。

三杰生。露冠土。普破佛。墺地利。离独逸。今西洋。属小康。

《天行文钞》卷三的《玄白诞言》,则用汉文来表达了他的世界观和哲学观。譬如:

西欧文明生于动。东亚文明成于静。静之极槁木死灰。动之极飞禽走兽。其去人也远矣。

共产党的创始人李大钊著有《东西文明根本之异点》(1918年),提出东西文明的根本不同点在于"东洋文明主静,西洋文明主动"。而李大钊早年(1913—1914)曾留学日本早稻田大学。不知这一思想是受了老师的影响,还是当时的流行说法。

三　论《松平顾问·张总督〈立宪问答〉》

(一)《问立宪之好处何在。附贵国情形如何》

该文主要论述君主立宪的理论依据和优点,所谓"好处":

且好恶忧乐。人之至诚存焉。根于良智。而发于良能。圣人忠恕。君子絜矩。虽心诚求之。未若其自为谋也。(中略)父母之于赤子。何所不至。然疾痛苛痒。犹忧不得其情。况他人乎。是西人所以贵于自治也。

以上为"主权在民"的理论依据。他又说:

公者私之推也。国者民之积也。民参国政。利害己出。视国犹家。剀切恳到。以其诚身者诚于人。以其忠己君忠于人。亿兆之私。合而为天下之公。

以上为民主主义的根据，无数个“私”构成“公”，只有做到民参国政，才能视国如家，爱国如家。

在君主专制国。则民之祸福。一因君主。尧舜在上。则鼓腹击壤。桀纣为君。则倒悬涂炭。自古以来。明君少而暗主多。贤相少而奸相多。民之毙于赋于役于干戈于虐政者。不知其几千万。虽时有小康。岂可望一二于千百。以恃其无祸哉。

以上讲君主专制的害处。

故曰。言人主之失易。言宰相之罪难。代议制度则不然。宪法以明辅弼之责。议院以行弹劾之权。元首丛脞。罪归股肱。相臣奸回。不瘝阙君。乃知人君所应择者。亦在立宪。而不在专制也。由是观之。万国政体。虽各有得失。皇极建而君体其元。人权定而民得其所。大纲张而国固其基者。惟立宪为然。

以上讲君主立宪制的优点。此后介绍日本立宪前后的变化，讲述了立宪的各种好处，认为立宪的最大好处为：

立宪以来。皇室与政府迥然以别。纵有失政。万不累圣德。宝祚之隆。与天壤无穷矣。

这样皇帝就可以保持永不犯错误。

（二）《问立宪之流弊何在。附贵国如何》

此文开门见山，提出：

立宪之弊。在选举。在议员。在政党。

然后分条详细叙述了三者的流弊。不仅是献策,也是对日本的选举乃至世界选举制度的总结。最后提出:

夫选举也。议员也。政党也。代议制度必不可无者。而其弊如此。是以虽知立宪之本旨者。亦或疑其得失如何。然以愚视之。此皆运用不得宜之所致。非因立宪而然也。且其弊浅者。法律得以矫之。其弊深者。教育可以救之。智者不因噎废食。矧治噎有道乎。

认为即使有这些弊病,也不能因噎废食,作为拒绝立宪开选举的理由。这些坏处都可以用法律和教育加以改进。此为这一篇的主要思想。最后根据立宪议会制为代任议论行使主权的特点,提出了“议院庸人之府,立宪平凡之政”的观点。

为之议员者。不必国士。不必英才。苟能通事情。熟世故。公廉诚宾。善体民心。则为得之。且他日教化益普。岂复无俊杰出于其间。又何病焉。愚常谓也。而圣人之不得已者也。

(三)《问中国之立宪如何相宜。如何办起》

这一篇最长,达3100多字,从内容来看,可谓一篇逻辑严密的学术论文。按照笔者的分段,第一段叙述中国近代内忧外患的过程,指出中国集贫积弱的原因在于:

天下之大势。迁移不息。顺之者存。逆之者亡。乘之者兴。失之者衰。贵国乃循故守旧。不肯与世推移。日出而点灯。霜陨而履葛。拳贼之乱。神州陆沈。几不免瓜分。于是上下惕然。举国惩毖。变法自强之论作。岂意妄人躁进。倒持太阿。发起仓促。求福而得祸。改革之举。旋复蹉跌。譬诸溯急流而折舵。一旦欲走。欲止于故处。不可复得。

第二段分析清末“废科举、立宪法”之举的轻重缓急，提出立宪的步骤应该是：

贵国方处变通之际。苟不善变。则祸败立至。为今之计者。莫如慎其始。何谓慎始。

一曰。立之以信。不容异议也。二曰。成之以时。不贵速成也。三曰。行之以序。不躐其等也。然后守之以不拔之志。积之以岁月之勤。立宪能事毕矣。

对“立之以信。不容异议也”，他是这样论述的：“立宪政体。合乎先王之意。稽诸经传而可知已。”然后论述讲经典中有哪些话和立宪类似。也就是说，立宪的理论不仅仅是学西方，也可以在中国的经典中找到。所以：

今两宫断断乎复二帝三王之法于千岁之后。是所谓先圣后圣。其揆一者。岂唯取则于西洋。虽老学守旧之徒。知其如此。决不至唱异说误国是。万一有之。则有正典刑而已。

对“成之以时。不贵速成也”的论述，则先分析中国的民情国情，认为中国存在“民智未开”、“教偏”（偏重“师范”而忽略“政法”的教育），以及版图广大而交通不便的缺点，要先改正这些缺点才能立宪选举。不然的话：

教偏而民智未开。纵令有议院。谁能为议员。

窃为贵国进运。必不止于今日。数年之后。路政可举也。警察可备也。教育可遍也。风气益开。人智益进。然后定宪法。开议院。亦不为晚也。故曰成之以时。

对“行之以序。不躐其等也”,则是这样论述的:

虽然此举数年之间。岂可坐以埃机熟。其必施设准备。且行且学。异日宪法已成。心手相应。如探物于怀。取之左右逢其源。始为得之。

一句话“慢慢来”,但也不要坐等,可以做许多准备工作。譬如这样做也可以:“凡事之涉各省者。会督抚于京城而议之。其系一省者。特选议员。众之于省城而相谋。亦一法也。”

总而言之:“推小及大。而不见其不足。以大仿小。而不觉其有余。盖代议之制。自地方始。欧洲诸国。无不皆然。”

再下面是根据日本的君主立宪制的具体做法和机构,对“贵国宪法如何相宜”作出了如下论述:

曰宜于钦定。宜于置上下两院。宜于举中央集权之实。宜于明宪法常法之别。宜于揭大纲而略细目。宜于置会计检查院。苟由之而作。可以无大过矣。

最后,天行对张之洞提出一条惊天骇人之见:逼迫“皇太后还政”,才能实现君主立宪:

然贵国所君临者皇帝。亲裁万机者皇太后。自非皇太后还政。虽宪法无可措辞。若又以皇太后为主权所在。则将置皇帝于何地。伏闻天无二日。土无二王。一国两君。何以明大义。正名分。若天之所诱。断自宸衷出。而致大一统。诚贵国万世之福也。不然虽有百宪法千议院。岂能保无萧墙之祸哉。

愚昧死所以敢言难言者。亦以为贵国怀杞忧耳。

可见外国人早就看穿了西太后终身不立宪的心思。

(四)《问中国立宪能否全仿贵国办法。抑有参酌之处》

先虚晃一枪,讲两国"虽书同文。人同种。而亦有相异者","今乃欲全仿敝邦之立宪。愚未知其可也"认为不可全学。但是紧接着他却对日本的《帝国宪法》大加赞许:

但敝邦宪法。于世界尤谓晚出。取舍或精。又其发于都俞吁咈之间。而成于雍熙和乐之时。与欧美诸国由变乱者自异其撰。则贵国资以参考。亦不为无益矣。以愚观之。贵国有宜取者。有不宜取者。有不能取者。

认为有可学之处。

其次他采用和欧洲相比的方式,讲可学之处。欧洲"法律亦可以改宪法矣",也即宪法只是法律中的一种。而日本:

宪法成于亲裁。而发于诏旨。议会之所不得与。法律之所不能改也。此谓宪法在法律之上。盖议会因宪法而设。非宪法由议会而定。(中略)贵国所宜取准。其不在兹乎。

再就是:

欧洲宪章。间杂琐事。繁重委曲。不知所裁。敝邦之典。唯揭大纲。不涉枝叶。如其节目。各随其类。别编法令以附焉。(中略)亦足以为法矣。

日本最不可学之处,是日本的贵族院。再就是日本的特殊情况:

君民同其种族。情义并至。皇统一系。他国所无。是非待宪法而然。今之元首。昔之元首也。今之大权。昔之大权也。唯天皇自誓由宪法而统治。是为异耳。

两国国情不一样,特别是日本天皇"皇统一系",而中国历来是"易姓革命",所以中国学不来。最后得出结论:

盖贵国之于欧洲。异中有同。其于敝邦。同中有异。鉴其得失。同异相济。庶几乎得正鹄。敝邦之定法。虽有可参酌者。未可全仿也。

(五)《问中国官制宜先从何处改起。是否须全改》

该文首先简单地回顾了中国制度的历史,认为中国官制弊病多端、积重难返:

贵国唐宋以来。积弊已久。深入膏肓。礼文繁缛。元气以衰。乱多而治少。称为难治。

也就是说,"今日官制诚前明之遗物。唐宋以来积弊所存",所以一定要改。怎么改呢?首先是下决心:

方今贵国虽属中兴。宜以创业之心为心。创业之时。自我为古。开天辟地。唯所欲为。何曾畏首尾顾前后哉。故今改官制。小改不若大改。半改不若全改。

具体有如下几处：

一是以宪法为基准："改革本意在矫弊除害。不以纷更为能。则其有实务实职。而不戾于立宪之旨者。何必遽废之。"不合乎的则改之。

二是废除《大清会典》："贵国必欲存大清会典。则不若绝意于改革。如果欲立宪法改官制。则宜明诏天下。示不复用。此改革第一义也。"

三是改革的顺序："曰京官宜改。外官亦宜改。而京官为先。小官宜改。大官亦宜改。而大官为急。"

四是废一阁二处（内阁、军机处、政要处）：

> 窃观贵国所为。洋制华法。一心两端。屋上架屋。新旧并立。互相抵冒。互相禁制。事烦而费钜。官争而民惑。欲改化不梗。终不可得也。然则如何。曰一阁二处。并从撤废。新置内阁如敝邦之制。政体简易。号令一途。然后始可以为矣。故曰。改官制必自军机处始。六部以下。亦皆有可改者。

综上所述，以上五篇半白半文形式的文章循序渐进，有立论有反论，有建言劝进，也有参考事例、典范提供，逻辑严密，一气呵成。天行不愧为欧美培养出来的政治法律专家，放眼世界宪政史，处处以日本为榜样和模范，不仅根据欧美先例，作为一个汉学家也处处引用中国古典，先讲立宪的好处和理论根据，再讲立宪的流弊和如何克服的方法，讲中国的立宪如何才能实行，从何处办起。最后涉及中国的官制、官僚系统的改革。再就是对日本的立宪制度虽然有推荐进劝之意，希望中国能以之为楷模和典范加以学习模仿，但没有强加之意。好处尽量介绍，流弊之处认为采纳不得，连日本也应该克服。特别是劝进张之洞逼迫"皇太后还政"一段，可谓冒着生命危险的惊天动地之举。

五篇文章充满了热心和忠诚。热心指他作为一个外国人,却对近代中国的积贫积弱、处处挨打、受西洋人欺负表示极大的愤慨和同情,积极分析原因寻找病根,恨铁不成钢,恨不得马上纠正过来。忠诚是指他的文章从当时的情况来讲,基本上是合乎清朝立宪需要的,忠于聘请他的张之洞,真心为主人分忧解愁。

如果要说缺点的话,首先不能不提其时代背景。天行和张之洞作此问答时距1911年的武昌首义只有四年,在武汉住了整整两年的他居然没有半点未雨绸缪之感。在他的文章中看不到当时立宪派和革命派的对立,看不到对革命党的回应,没有对主人建议应该如何应对革命党的挑战,而是认为立了宪再"守之以不拔之志。凝之以岁月之功。夫然后宪法万古。国基赖以固。文明光被。为重于世界"(《问中国之立志如何相宜如何辨起》),一切问题都可以迎刃而解了。

再就是如此揭露清朝政治制度的弊端,充满西方民主主义和主权在民思想,甚至希望张之洞出面逼迫"皇太后还政"的建议书,奉献给张之洞这个在政治上十分反动、对西太后非常忠诚的保守型政治家,是否有些对牛弹琴呢?

结　语

本文简单介绍了在武汉做过两年张之洞的政法顾问的松平康国的生平事迹,披露了在日本找到的有关天行的第一手资料,并对天行充满热心和忠诚的长篇大作《松平顾问·张总督〈立宪问答〉》,作了简要的分析。由于缺乏中方资料,对天行的生平事迹讲得还不够,特别是他在中国的几年顾问生涯,对我们来说基本上还是一团迷雾。所以本文抛砖引玉,希望国内的同人们能够对他的有关资料加以发掘,对他的事迹和思想做更深入的研究。

西乡四郎和《武汉观战通信》

——介绍一批新发现的辛亥革命资料

1911年10月，在武昌爆发了一场以推翻清王朝政权、建立民主立宪政权为目的的武装起义。这场起义逐步蔓延至长沙、西安、九江、太原、昆明、南昌、上海等地，仅仅不到一个月，20个省中的15个省份宣布独立，这便是震惊中外的辛亥革命。

起初人们以为这只不过是一次局部性的骚乱，并没有予以重视。然而，远隔大洋的日本各界，却异乎寻常地关注它的动向，特别是新闻界对辛亥革命进行了非常及时、全面、准确的报道。

所以在中国当代的辛亥革命研究中，发掘整理当时日本各种新闻报刊对武昌首义乃至整个辛亥革命的报道，是一个不可缺少的环节，也取得了非常丰富的成果。但是中国学术界对各种信息的把握、对日本的了解还没有达到无所不包的地步，这方面的研究、整理和翻译都集中于几家大报，诸如大阪或东京的《朝日新闻》、大阪《每日新闻》、东京《日日新闻》乃至《时事新报》等中央报刊，因此不免出现挂一漏万的情况,留下了许多遗憾和欠缺。

《东洋日出新闻》是在日本长崎发行的一家地方小报。1911 年 10 月辛亥革命一爆发,该报马上派遣记者西乡四郎前往汉口进行采访。西乡四郎独自一人于 1911 年 10 月 19 日离开长崎,经由上海来到汉口,以汉口为根据地,在 10 月 30 日至 12 月 19 日期间,写下了现场战地连续报道《武汉观战通信》,全部文章共 17 篇报道、2 万余字,详细报道了北军(袁世凯军)和南军(革命军)在武汉的激战情况。观战记于《东洋日出新闻》连续刊载后,在日本和世界引起了强烈的反响。

一家日本的地方报纸,为何对中国的革命如此感兴趣? 报纸是谁办的? 西乡四郎何许人也?《武汉观战通信》的内容如何? 据笔者所知,在史学界,这一段史实还鲜为人知,而问题的关键是没有找到《武汉观战通信》全文。

笔者通过各方协助,在长崎县图书馆找到了《武汉观战通信》的完整资料,以及《东洋日出新闻》关于辛亥革命的全部报道。

本文根据《武汉观战通信》提供的历史线索,参考在日本找到的历史资料,欲对《武汉观战通信》涉及的历史问题,作一全面的论述,以求方家指正。

一 西乡四郎其人其事

《东洋日出新闻》是长崎的一家地方报纸,1902 年由日本著名的新闻工作者铃木天眼创办。创办当时为四开小报,第一版为国际新闻,第二版为地方政治新闻,第三版为社会面,第四版为广告。不久改为大报,主张不偏不党,注重地方新闻和东亚形势。1934 年废刊。

撰写《武汉观战通信》的西乡四郎也是《东洋日出新闻》的创办

人之一，任该报的发行人兼印刷人。

西乡四郎，1866 年 2 月 4 日出生于福岛县会津若松市，排行老四，故取名为志田四郎。① 父亲名志田贞二郎，是会津藩武士部队的一名战士，参加过明治维新时最大的战争戊辰战争，和明治新政府军进行过殊死的战斗，失败后当了俘虏受到监禁。1870 年，被释放了的志田贞二郎举家搬迁到了津川（当时属于福岛县，现在属于新潟县）。四郎于 1873 年开始进入津川小学学习。有记录说他毕业后，曾在母校津川小学当过一段时间的代用教员，每月拿 1 日元 50 钱的工资，但因为小学校址曾遭火灾，没有留下任何资料。随后的一段时间，他在津川待到了 1882 年，其间帮家里务农，兼习柔术（柔道的前身），开始萌发出去东京的愿望。

1879 年遵照父命，四郎成了旧会津藩老职西乡赖母的养子，改名西乡四郎。1882 年，西乡四郎跟着同乡的前辈佐藤与四郎前往东京，投靠在庆应义塾学习的同乡竹村义俊。当时四郎上京的目的是进入陆军士官学校学习，这是当时生计没有着落的日本农村青年的最后出路。西乡四郎学习欠佳，先是进入陆军士官学校的预备校成城学校补习，同时进入一个叫讲道馆的柔道场修业。此后，西乡曾两次参加陆军士官学校的考试，都没有考上。据说没有考上的主要原因是西乡的五短身材，西乡只有 1.51 米。

但是，进入讲道馆修业柔道，改变了西乡四郎的一生。

讲道馆的馆主是一个毕业于东京大学的年轻人嘉纳治五郎（1860—1938），后来被称为“日本柔道之父”。嘉纳是兵库县神户市人，1881 年东京大学文学部毕业后，担任学习院教师。他为了将日本传统的柔术改造成柔道，于 1882 年 5 月借东京下谷永昌寺的一间屋子，开设了柔道道场讲道馆，教授钻研柔道技艺。讲道馆成立后公开向社会招收住读的书生，于是初来东京生活没有着落的西

① 这一节主要参照［日］牧野登《史传・西乡四郎》，东京：岛津书房，1983 年。

乡四郎，成为讲道馆招收的第 7 个入门弟子。

西乡四郎在嘉纳的精心栽培、自己的勤学苦练下，柔道技艺进步神速。他还和嘉纳一起，开发出许多柔道新技术，完成了柔术向柔道的飞跃，成为近代柔道的先驱。1886 年在日本警视厅举办的一次武术大会上，讲道馆战胜了其他柔术流派，特别是西乡四郎运用自己发明的“山岚”背负技术，战胜了比他高大得多的对手，震惊日本柔道界。从此柔道成为日本警察的正式训练课目，讲道馆也天下大振，前来入门的弟子剧增。

1942 年，讲道馆第一个入门弟子富田常次郎的次子、著名通俗作家富田常雄以上面这一段传奇佳话为原型，以西乡四郎为原型，创作了长篇小说《姿三四郎》，1943 年日本著名导演黑泽明将之拍摄成电影，一时风靡整个日本。战后，《姿三四郎》又被多家电视台改编成电视剧在日本上演。其中，日本电视台 1970 年拍摄、竹胁无我主演的《姿三四郎》于 1981 年在中国热播，此为上海电视台译制部引进的第一部日剧，放映时整个上海市万人空巷。

成名以后的西乡四郎继续在讲道馆学习教授柔道。直到 1889 年 9 月，讲道馆主、时任学习院教头（教导主任）的嘉纳治五郎被派遣到欧洲留学视察一年，嘉纳临走之前，委托包括西乡在内的三名弟子管理讲道馆，其中西乡主要负责教授弟子。

就在嘉纳旅欧视察期间，1890 年 6 月，西乡做出了一件令世人震惊的事情，那就是从待了 8 年之久的讲道馆出走，投靠在长崎的同乡表兄井深彦三郎。[①] 彦三郎当时为了建立日清贸易研究所，正待在长崎，还为铃木天眼编撰的介绍长崎的书《新新长崎土产》写了一个序言。西乡认识铃木大概也是在这个时候。

---

① 井深彦三郎（1866—1916），明治时期的陆军间谍。旧福岛会津藩士族，和西乡四郎是堂兄弟，著名间谍荒尾精是他妻子的哥哥。中日甲午战争时为第一军司令部翻译官，也参加过日俄战争，为谍报员。日俄战争后当过清朝政府奉天将军赵尔巽的满洲开发顾问。1912 年当选为众议院议员。

关于西乡四郎为何从讲道馆出走,有许多说法,但都无确证。

也就是说,从 1890 年出奔到 1902 年在长崎和铃木天眼一起出版《东洋日出新闻》之间的 12 年内,西乡四郎究竟在干什么,目前没有确凿的资料可以证明,成为一个理不尽的公案。

但是,日清贸易研究所是由在汉口开办过乐善堂的间谍荒尾精委托井深彦三郎办的,专门培养来中国进行活动的间谍,为东亚同文学校的前身。井深彦三郎是荒尾精的姐夫,本身是军部的情报人员,所以西乡四郎这一段的生活非常可疑,表面上没有固定的职业,却先后去过朝鲜、台湾、东北,甚至上海。他在这期间还结交了玄洋会领袖头山满、黑龙会头子内田良平,乃至宫崎滔天,可以说从事的是所谓的"大陆事业",实乃对中国的间谍活动。只是由于目前还没有找到和他这一段生活直接有关的史料,暂且不去追究,但还是可以找到一些蛛丝马迹。

譬如他在《武汉观战通信》第一章"于上海"中写道,他 1911 年 10 月经由上海去武汉报道武昌首义,10 月 21 日一到上海,"22、23、24 日这三天,每天忙于拜访旧友",可以知道他在上海有广泛的人脉。随后他又写道"接到同文书院安河内的电话,得知末永节已从大连来上海,投宿在常盘会馆。马上邀上井上雪堂一同前往拜访",从此可知去上海后,他又和日清贸易研究所的后身上海同文书院接上了头。而井上雪堂,本名井上谦吉(1874—?),也是一个有军部背景的人。

根据《史传·西乡四郎》的年表,去长崎后的行踪大致如下:

1881 年 12 月,把户口从青森县迁移到了长崎县。(26 岁)

1882 年 12 月,回到故里津川,建立讲武馆教授柔道。

1883 年,去朝鲜。也去过东北。

1884 年 11 月,在仙台二高(现在的东北大学)发表《关于柔道的一些感想》的演说。

1885 年 7 月,作为南筑私立学校的柔道师范,出席过九州柔道比赛。

1886 年 9 月左右，去台湾。

……

1901 年在故乡会津若松著述《北洲遗稿》。①

1902 年，在长崎参加发行《东洋日出新闻》，为发行人和印刷人。37 岁。

1903 年 11 月，从朝鲜的义州，作为《东洋日出新闻》的通讯员，发出“鸭绿江边的消息”。

1904 年，在《东洋日出新闻》开始连载《眉山梦物语》。

……

1911 年 3 月，在长崎和中川爱结婚。（44 岁）

1911 年 10 月 30 日到 12 月 19 日前往武汉，连续发出《武汉观战通信》。（44 岁）

1913 年 3 月，孙中山访问长崎，专门访问《东洋日出新闻》，拜访铃木天眼，西乡四郎作为陪同一起参加合影。（48 岁）

……

1930 年，离职去广岛县尾道养病。（56 岁）

1931 年 12 月，在尾道去世。（57 岁）

……

可见西乡和铃木一起创办《东洋日出新闻》之后，就以长崎为生活的根据地，以报社为家，成了一名新闻工作者。

由于青少年时代的生活跌宕起伏，西乡四郎很早就得了肺结核，还有严重的类风湿性关节炎，这两种病在当时都是不治之症。所以在《武汉观战通信》中西乡自己写道，因为旧病复发，他在武昌起义还未结束时就不得不提前归国。西乡的病在 50 岁以后开始变重，辞职《东洋日出新闻》离开长崎前往尾道就是为了养病。

① 明治初期著名政治家西乡隆盛号南洲。西乡四郎模仿西乡隆盛，号北洲。

二　铃木天眼和《东洋日出新闻》

铃木天眼,《东洋日出新闻》[①]的老板,本名铃木力,天眼为号。庆应三年七月八日出生(1867 年 8 月 7 日),殁于大正十五十二月十日(1926 年 12 月 10 日)。1908 年曾当过一届众议院议员。[②]

天眼为福岛县二本松人,和西乡四郎同乡,身世也相似,出身于一个叫铃木习的会津藩士家庭。作为反政府军人的后裔,可以想见二人的相同点在于天生反骨、具有天然的反政府思想,这是他们认识后就一见如故、结为刎颈之交的主要原因。

天眼 14 岁去东京,进入东京大学预备门,后中途退学。1893 年天眼开始担任由秋山定辅创刊的《二六新报》主笔。第二年参加对外强硬派的堡垒全国同志新闻记者联合会。这一年日本因为朝鲜问题(东学党之乱)和清朝发生冲突,两国关系逐步恶化。天眼为此组织了一个叫"天佑侠"的民间军事组织,越洋去朝鲜半岛支持东学党,希望以此为契机干涉日本的军事。后来东学党事件引发中日甲午战争,日军出兵朝鲜,"天佑侠"加入日军的活动,或为尖兵,或为间谍。[③]

但是铃木并没有积极参加配合日军的行动。因为他的言行太激进,反而被日本政府追放。他于 1894 年来到长崎,四年后的 1898 年在长崎参加创刊《九州日出新闻》。随后,《九州日出新闻》内部发生纠纷,铃木退出,于 1902 年创办了《东洋日出新闻》,任报社社长和主笔。1908 年当选为日本众议院议员(长崎选区)。

---

① 现在长崎县立图书馆四楼的乡土课中,可以阅览到《东洋日出新闻》1902 年 3 月至 1924 年 12 月(1903 年 5 月—10 月部分除外)的部分。

② 《东亚先觉志士记传·下》(黑龙会编,昭和四十九年复刻本)人物传记中有"铃木力"条。

③ 这一段参考了横山宏章的《长崎遭遇的近代中国》(海鸟社,2006 年)之《长崎〈东洋日出新闻〉报道的日俄战争》一章。

作为玄洋社的社员,铃木天眼与支援过孙中山革命的宫崎滔天,以及玄洋社的头山满、黑龙会的内田良平等人的交情颇深。在辛亥革命前后全力支援过革命党人的活动。

另一方面,出身福岛县的铃木天眼之所以要选择在长崎落脚,是因为在没有飞机的近代,长崎是日本最前沿的国际港口,凡去中国、朝鲜的船只都要经过这里或从这里出发,和同是国际港口的中国上海交往频繁。孙中山的革命党也以这里为根据地,据说《东洋日出新闻》的报社内就曾藏匿过几名革命人士,包括革命成功前逃亡至日本的孙中山。

不仅如此,铃木天眼还直接支持过武昌首义。据载,日本外务省外交史料馆藏有一个题为《关于日本人援助清国的革命军的一件事例》的文件,有如下记录:①

> 明治四十四年(1911 年)十二月四日收
> 高度机密第 7569 号
> 关于日本人捐赠给革命军资金一事
>
> 外务大臣子爵内田康成殿下
>
> 在我们长崎市发行的《东洋日出新闻》社长、代议士铃木力(现住在东京)为赞成居住在长崎的华侨募捐支援革命军资金的义举,于昨天向长崎的华侨团体发出了“捐赠区区 100 日元,以作为革命军的资金,祈祝革命军成功”的电报。该华侨团体非常感谢和称赞他的义举。云云。
>
> 前面的事实属实。
> 明治四十四年十二月十一日
> 长崎县知事安藤谦介敬呈

① 引自[日]牧野登《史传・西乡四郎》,东京:岛津书房,第 346 页。

以上文件属于长崎县知事的密告。因为在辛亥革命开始后，日本政府基本上是支持清朝政府的，特别不希望中国的共和革命蔓延到日本，经济界也不希望中国市场发生混乱，但是政府不好公开出面反对支持革命的行动，特别是铃木这样的新闻人物、众议员，只能暗中戒备，收集情报。

基于以上这些因素，孙中山先生1913年去长崎访问时，曾专程去《东洋日出新闻》拜访致谢。

众所周知，1913年2月，把总统位置让给了袁世凯后，孙中山以全国铁路督办的身份访问日本，受到了国宾似的待遇。在日本各地访问之后，孙中山于3月21日来到长崎。1913年3月23日的《东洋日出新闻》，报道了孙中山先生访问长崎的盛况：

> 孙文氏以及随员何天炯、马君武、戴天仇、袁华选，在宫崎滔天、岛田经一、菊池良一等三人的陪同下，一行八人于前日(21日)乘坐列车于6点10分到达长崎，入住一家名叫福岛屋的旅馆。早先一行的列车抵达早歧车站时，内田市长、川副市参事会员和十几名官员民众专程从佐世保市出迎。到了谏早车站时，长崎知事李家、警察部长手冢等出迎同乘车去长崎。佐世保本来已经派中田猪十、金子克已前去福冈，要求孙中山一行在佐世保逗留一下，但是因为事前已经决定好了行动计划不好改变而作罢，甚为遗憾。北川市长、竹井总务部长、吉田税务署长等前往长崎车站迎接。列车一进车站，烟花升空、鞭炮齐鸣。孙文从列车后面的贵宾车厢出来，首先和徐领事、在长崎华侨代表、留学生代表握手。在欢呼声雷动中，穿着那件毛领大衣，右手挥动丝绸帽子，威风凛凛地走进了贵宾候车室。

此后，孙中山的活动无外乎出席欢迎晚宴，和各界人士见面等等。

第二天,也即3月22日下午,孙中山一行专程来到长崎市内东古川町铃木天眼的住居兼《东洋日出新闻》社址,拜访了铃木天眼。对此3月24日的《东洋日出新闻》以《孙氏和铃木社长见面》为题,作了如下报道:

> 孙文氏于前日在出席了福建会馆召开的午餐会之后,于下午3点和戴天仇、宫崎滔天、岛田经一、菊池良一一起,来到本社铃木社长的住宅访问,怀旧谈叙,拍摄了纪念合影。随后又回到福岛屋,准备参加凤鸣馆的欢迎会。

三 《东洋日出新闻》的革命报道和《武汉观战通信》

通过上面的论述可知,1911年10月10日武昌首义的狼烟刚刚燃起,作为一家日本地方小报,《东洋日出新闻》能立即派遣主编西乡四郎赶赴现场进行实况报道,绝非偶然。除了这家报纸的老板铃木天眼以及西乡四郎都是志向与所谓"大陆事业"的人,还和长崎的历史传统和地理位置有关。

长崎和中国有着很悠久的交流史。在江户时代,德川幕府采取锁国政策,日本只有长崎是开埠港,只允许与中国以及荷兰进行贸易,而对中国的贸易量是对荷兰贸易的2到3倍。

而在没有飞机的近代,长崎是日本最前沿的国际港口,凡去中国、朝鲜的船只都要经过这里或从这里出发。具体而言,开辟了长崎到釜山、仁川、大连的航线(都是蒸汽机船),长崎到香港、台湾的航线,而横滨—神户—门司—长崎—上海航线,则是当时日本、中国乃至东亚最重要的大动脉,在长江的涨水期间,这条航线甚至延续到了汉口。①

还有一个鲜为人知的重要事实，那就是长崎也是日本电信网的门户。早在1871年就开设了长崎—上海、长崎—海参崴的海底电缆。辛亥革命时期长崎—上海的电缆线在信息传递方面起了非常重大的作用，各大报社刊登的有关革命的记事，都是通过这个电缆线传递的。在那一段时期需要传递的信息太多，乃至电缆线发生过瘫痪。

也就是说，在报道辛亥革命方面，《东洋日出新闻》不仅拥有天时与人和，也坐拥地利。

《东洋日出新闻》关于武昌首义的第一份报道是在1911年10月12日。这一天的《东洋日出新闻》第二版，有一条11日发自汉口的电报，题为《抓获革命党人》，内容为："在俄国租界抓住三个革命党人（清国人），两男一女，男的剪短发，正在制造炸弹。俄国警察抓捕后立即引渡给了清国当局。"而根据历史资料，这里报道的是所谓俄租界宝善里炸弹案，被逮捕的三人，两个男的是刘燮卿、刘同，女的是刘公的妻子李淑卿。② 可见《东洋日出新闻》的消息准确。

10月14日头版，有《武昌暴动》的大标题，小标题为"攻陷武昌，占领汉阳，又占据汉口。总督逃入军舰，革命势力猖獗"，"五千革命军12日晚占领汉口支那街"，对武汉的形势作了报道。称"汉口为九省之会，东洋的市俄古（芝加哥）"之后，又详细报道了湖北、湖南等地的情况。

10月15日以《湖北革命乱情报》为题，刊登在头版头条。第二版也有大量的《中清（即华中）暴动电报》消息。

10月16日则整个头版都是武昌起义的报道。第二版同样也刊

---

① 根据水野幸吉《汉口—支那中部事情》第七章《航运》、第一节《轮船航运业》，日本邮船会社于1906年3月开通了汉口—神户之间的直通航线，途经长崎。

② 参见皮明庥、李怀军《武昌首义文库·第一卷武昌首义始末》，武汉：武汉出版社，2011年，第38页。

登大量的“中清(即华中)暴动电报”消息。

17日、18日、19日、20日除继续以前日的形势刊登大量的有关革命的报道以外,还在头版头条刊登了署名天眼生(铃木天眼的笔名)的特写《武汉今昔感》连载。文章在介绍了武汉的风土人情之后,对这次革命作了肯定性的评价。关于铃木天眼对辛亥革命的认识态度,可参见栃木利夫《辛亥革命と鈴木天眼——一人の対外硬論者の対応》一文,这里不再赘述。①

10月21日有这样一条小消息:《电报二千封》。消息说,“经过长崎电报局到日本内地去的电报显著增加,从以前的一千五六百封,中国中部发生暴动后急速增加到了二千封以上,忙刹了电信科”,云云。这也证明了长崎—上海海底电缆的重要性。

关于西乡四郎奔赴武汉一事,10月20日的《东洋日出新闻》第二版下面有这样一条小消息:《西乡氏渡清》,“本社西乡四郎氏于昨日乘坐春日丸去上海,随后将奔赴汉口”。

西乡的第一篇报道是在上海写的,题为《来自上海》,署名为西乡生,载于10月30日《东洋日出新闻》第一版左下方。文章开头写道:

> 秋高马肥,此乃壮士出征的好时节(思我远征壮士),偶有飞书传来。中清壮士决然立马横刀,高举革命之旗帜。此时此刻,虽平素何等懒惰,体弱多病,然亦勃发征战之豪情。
>
> 休道病羸非堪事　心身素是不相同
>
> 征装万里秋方好　逐鹿中原树树红

然后在文章中披露了他是如何去上海的。原来西乡四郎得知10月10日革命爆发的消息后坐立不安,亲自说服社长铃木天眼,又

① 载1974年11月《历史评论》,历史科学协议会编。

对家人等谎称去邻县旅行,然后匆忙收拾好行李,于19日下午四时搭乘“春丸号”由长崎港出发的。途中一切安然无事,21日上午11时抵达上海港的怡和码头。随后拜访了佐佐木医院的佐佐木医生,告知来意,请求在各方面给予帮助,佐佐木爽快答应,关怀备至。佐佐木是旧秋田藩的一名藩士的后裔,和铃木天眼社长是刎颈之交。

西乡四郎抵沪后,想方设法多方面了解关于此次起义的实情,虽众说纷纭,但同各大报纸所报道的基本一样。当时上海有很多报社,如《民立报》《实事新报》《时报》《申报》《神州日报》《天锋报》《新闻报》(以上为中文报纸),上海日报(日本人经营),还有英文、德文新闻、法文的报刊等。关于这次起义,报界都对革命军给予同情,他们认为此次起义非同于以往揭竿而起的百姓起义,所以纷纷表示支持和鼓励,一般市民也希望革命军取得成功。

在这次起义中冲击最大的当属银行业。得知起义的消息后,上海市民如潮水般涌至各银行、银庄门前纷纷要求兑换纸币和银货,其混乱的情景难以言表。银行无法应对这样的突发事件,只得请印度巡捕前来制止。

譬如正金银行从12日到19日一周时间内,所支付的金额高达25万银圆,平均每人只能兑换7元,由此可知当时这里曾聚集了多少上海市民。

西乡四郎10月29日上午10时到达汉口。他这样描写抵达武汉的情景:

> 10月25日中午12时,搭乘日清汽船公司的大东丸号(2,711吨)从上海出发,经镇江、南京、芜湖、九江等地,29日上午9时安全到达汉口,行程有600里,航行了四昼夜(中略)。
>
> 29日(多云、小雨)早上6时,到达距汉口约16里的地方。从汉口方向避难而来的各国船只以及驳船停泊在此。而且,远远地听到汉口方向传来的隆隆炮声。船长说,如果是这种情形

> 的话，已经没有办法将大家安全地送到汉口码头了，大家怎么办？打算通过什么途径进入目的地汉口？还是随船返回再想办法？总要做出决定，总之，先将大家尽量送到离目的地较近的地方再说吧。我谢绝了船长的好意，和同行的几个人一商量，大家说，如果不能在汉口靠岸，就通过支那的舢板去汉口，意见统一了。船已经向七里沟方向驶去。此处停泊着6艘支那舰只、水雷艇2艘。船毫无顾虑朝前驶去，顺利地到达日本租界。此时，炮声已经停止，可以听到零星的枪声，在各国租界前面停靠着两艘帝国军舰、两艘德国军舰、意大利军舰一艘、法国军舰一艘、美国军舰一艘、英国军舰一艘和俄国军舰一艘。时间已是上午9时。①

西乡四郎在他所投宿的松屋旅馆，结识了后来给了他很多帮助的小山田剑南。小山田是大阪《每日新闻》驻汉口站记者，松屋旅馆是黄兴逃离武昌后在汉口的落脚点。

西乡四郎抵达武汉时，辛亥革命已经进行了十多天了，黄兴、宋教仁等革命军的领导人刚刚抵达武汉，南军和北军在武汉三镇正展开着激烈的攻防战。各国对这场变革态度迥异，美法两国支持，英国、俄罗斯反对，日本是民间支持而政府反对。据说，孙文为取得英政府的支持还专门经由美国去了一趟英国。日本政府一边声明不支持辛亥革命，可暗地里又向孙中山提供资金上的援助。

29日、30日，西乡四郎在小山田的引导下对辛亥革命的交战地进行了调查，及时地发出了第二篇武汉观战纪实，登载在11月7日的《东洋日出新闻》上，从此才开始使用《武汉观战通信》的连载名称。

---

① 见《武汉观战通信·前记》（10月29日西乡四郎撰于汉口码头大东丸船中，原载《东洋日出新闻》11月6日）。

结　语

本文论述的关于西乡四郎、铃木天眼和《东洋日出新闻》的事迹，曾散见于学界的一些论著和有关报道，但至今为止还未有全面的论述，其中《武汉观战通信》，实乃辛亥革命资料的最新发现。而《东洋日出新闻》1911 年 10 月 12 日起对武昌首义的报道，也是非常宝贵的研究史料。

譬如武昌首义一开始，武汉风传清军驻武汉司令官、黎元洪的上司张彪逃跑。而史实是张彪的夫人杜氏（据说曾为前湖广总督张之洞的侍女）率家眷逃亡上海，对此《东洋日出新闻》10 月 16 日有报道。后来张彪一家又逃难到了长崎。11 月 16 日《东洋日出新闻》第二版右下角又有如下报道：

> 张一家转移
>
> 清国武昌师团长张彪夫人杜氏率全家 31 口人一行逃亡到了本地，借胜山町河野客栈为暂时寓所，决定等到此次动乱完结之前在此地居住。他们通过三井物产会社寻找适当的物件，以月租二十五日元的价格，租下了小岛凤鸣馆遗址上修建的这家寓所，昨日全部搬迁完毕。

又如，《武汉观战通信》再三提到西乡四郎曾去革命军营中想拜见黄兴，因各种原因没能见成。那是因为西乡四郎和黄兴在日本曾经相识。武昌首义爆发后，黄兴（28 日）和西乡（29 日）几乎同时赶到武汉，黄兴不知道西乡来到了武汉，而黄兴去武汉的消息在当时却是众人皆知的。至于如何相识，到现在还是一桩公案。史载 1909 年 1 月 13 到 15 日，黄兴在宫崎滔天的陪同下访问长崎，此间去过铃木天眼住宅兼《东洋日出新闻》社宅，和福岛雄次郎（《东洋日出新闻》编辑）痛饮。二人的见面应在此前后。①

《武汉观战通信》的中文翻译已经在武汉大学中国传统文化研究中心出版的《人文论丛》2013年号上全文刊载，我们下一步要做的，就是对《东洋日出新闻》中有关辛亥革命资料进行全面的解读和翻译。希望我们的工作，对武昌首义乃至辛亥革命的深入研究有所裨益。

① 参见前引横山宏章《长崎遭遇的近代中国》之《作为中国革命党人逃亡地的长崎》一章。

后　记

本书收集了笔者最近几年写成的有关日本的阳明学研究和中国研究(所谓“日本汉学”)方面的论文。全书分为上下两篇。

上篇收集了关于日本阳明学的九篇文章。前六篇文章阐述日本阳明学产生和发展的过程,着重论述日本阳明学和中国的关系。中国现在有些学者一提到日本阳明学,眼前总是展现出明治时期那如火如荼的社会运动,发源于中国的阳明学居然是日本明治维新的原动力、促进了日本近代化的骄傲不禁油然而生。这一部分文章会告诉人们“日本阳明学”的真相,揭穿中日阳明学关系的虚构。岛田虔次阳明学研究的三篇文章,介绍日本的阳明学研究先驱岛田虔次的研究成果,阐述了日本的阳明学研究兴起过程和意义。通过前后两组文章,笔者展示了自己对世俗的阳明学和学术研究阳明学的分界线的理解。

下篇的八篇文章,前两篇介绍日本九州的中国学研究的传统和成果,后面几篇是笔者这些年写就的有关一本汉学的文章。其中关于董仲舒的两篇,对日本的董仲舒研究中的一些糟粕进行了批判,其他几篇则阐述了中日学术交流史上的几个新问题。

新加坡国立大学教授李焯然先生是世界知名的明代思想史专家。1994 年他代表新加坡来日本福冈出席冈田武彦先生主持召开的“东亚传统文化国际会议”时,为他当翻译的我还是个留学生。我毕业后留在日本大学教书,2003 年贸然给他写信,提出想去新加坡国立大学访问,李先生欣然接待了我。2015 年 11 月我们又不期相会于广东增城召开的“岭南心学国际研讨会”。相见于三个十年、三个国家的缘分,不亦奇乎?

在增城会议期间,李焯然先生仔细询问了我近年来的学习研究情况后,慎重告诉我,他受广西师范大学出版社的委托,正在主编一套海外中国学者撰写的《海外中国学丛书》,希望把我最近的研究成果汇集成书交由他们出版。于是遵命以“日本阳明学”为中心,将近年来写成的有关日本的中国研究的文章收集成本书。书中如有错误荒谬之处,则敬请各方大家和学界同人不吝赐教。

邓　红

2016年4月吉日

作者简介

邓红，男，重庆合川人，1958年出生。1982年2月毕业于武汉大学历史系（77级）。1987年留学日本九州大学，1990年获文学硕士、1995年获文学博士学位（中国哲学史专业）。曾任教于中共四川省委党校、西南师范大学、日本大分县立艺术文化短期大学等校，现任日本北九州市立大学文学部教授。武汉大学中国传统文化研究中心兼职研究员，江汉大学兼职教授，衡水学院、内江师范学院客座教授。主要从事中国思想史研究，著有《董仲舒思想の研究》（日文，人と文化出版社，1995年）、《董仲舒的春秋公羊学》（中国工人出版社，2001年）、《王充新八论》（中国社会科学出版社，2003年）、《日本的王充〈论衡〉研究论著目录编年提要》（台北知书房，2005年）、《王充新八论续编》（中国社会科学出版社，2007年）、《董仲舒思想研究》（台北文津出版社，2008年）、《南询录校注》（武汉理工大学出版社，2008年）、《南询录今译今注》（合著，中州古籍出版社，2015年）。翻译岛田虔次著《中国思想史研究》（上海古籍出版社，2009年）、津田左右吉著《日本的神道》（商务印书馆，2012年）等。近年来兼及中国抗日战争史特别是武汉抗战史研究，共同主编《武汉会战时期日方资料汇编》（6册，武汉出版社2012—2013年）等著作。在国内外杂志发表各类学术论文数十篇。